云破月来

文本深读与语文核心素养

司保峰 著

中国出版集团

东方出版中心

本书得到复旦附中教科研基金支持

目　录

第一编

文本深读之课堂实践

第一章　当今文本解读十弊

中学里也许没有哪门学科会像语文这样"自由"而复杂，也没有哪门学科的教师像语文教师这样会经常因为不知道教什么而感到茫然不知所措。毋庸置疑，目前，语文课堂教学内容的难以确定的确是语文教学中一个严峻的问题。面对同一文本，执教者"各自为政"、莫衷一是，甚至随心所欲，想教什么就教什么，想怎样教就怎样教，多少不一，深浅不同，教法各异，鱼龙混杂，良莠不齐。

语文教学内容，从教的角度看，也就是"教什么"。它既包括对现成教材内容的沿用，也包括教师对教材的"重构"——处理、加工、改编乃至增删、更换，既包括对课程内容的执行，也包括在课程实施中教师对课程内容的创生。[1]

当前，这种语文课堂教学内容难以确定或失误的原因很多，比如作者意图难以确定、把握，文本意图富有多义性，教师对教材的处理、加工各有不同，读者意图往往受个人人生经历、阅读能力限制，课程标准与课堂教学实际内容的脱节（就编者意图来看）等。但笔者以为，其中最主要的还是关于文本解读的问题。

---

[1]　王荣生：《语文教学内容的确定性及其面临的问题》，《语文学习》2009 年第 9 期。

文本解读出了问题，才在很大程度上导致了语文课堂教学内容的失误。

孙绍振先生也曾批评目前的文本解读现状：

许多学者可以在宏观上把文学理论、文学史讲得头头是道。滔滔不绝的演说、大块的文章充斥着文坛和讲坛。在文本外部，在作者生平和时代背景、文化语境方面，他们一个个口若悬河，但是，有多少能够进入文本内部结构，揭示深层的、话语的、艺术的奥秘呢？就是硬撑着进入文本内部，无效重复者有之，顾左右而言他者有之，滑行于表层者有之，捉襟见肘者有之，胡言乱语者有之，洋相百出者有之，装腔作势，借古典文论和西方文论术语以吓人，以其昏昏使人昭昭者更有之。[1]

当前，导致这种语文课堂失误的原因很多，但个人以为，其中最主要的还是关于文本解读的问题，其弊端如下：

一、浅阅读

浅阅读导致教学内容的简略、肤浅，或导致教学目标定位失误：文本解读肤浅，抓住了次要内容，而丧失了重要内容和主要内容，未能挖掘文本的深层内涵。比如在学习梁衡《跨越百年的美丽》时，重点放在了关于"美丽"的认识上。课堂上花费了大量的时间去讨论诸如"居里夫人美在何处"、"什么是真正的美丽"等问题，而这些问题其实早已不是什么问题，属于已知的内容，却完全忽略了更多、更重要的内容。此文是发表于《光明日报》上的文章，是作者应人之邀，力图对彼时青年热衷穿衣打

---

〔1〕孙绍振：《名作细读——微观分析个案研究》，上海教育出版社，2006。

扮，注重外表而忽视内在素质和修养的风气有所纠正而所写的一篇文章。而文章却并未肤浅地主张忽略外貌看重内在美等陈词滥调，而是从哲学的高度对此加以评价，予以了升华。但课堂教学中我们往往会忽略"单元提示"的说明。本单元是关于"生命体验"单元。单元提示说"每一个人的生命体验都是独特的"、"体悟创造生命之美，是每个生命个体的意义所在"。而梁衡在谈及此话题时曾有大段的内容涉及对生命价值和意义的认识。如"哲学意义"、"人生意义"、"永恒"、"这是她用全部青春、信念和生命换来的荣誉"等关键字、词、句。可能是因为难度较大，可能是教师缺乏单元意识，更重要的可能是解读文本层次的肤浅，直接导致了本课教学内容上的误解——课堂教学内容或目标成为关于"美"的认识和讨论而非关于"生命意识"的思考。

在讲授《赤壁赋》时，很多教师概括作者思想感情，也只是"乐—悲—乐"而已，关于江、山、水、月等意象的解读也很肤浅。却不知东坡笔下的"月"，既有"月升"、"月照"、"月影"，又有"月圆"、"月亏"、"月隐"；既有给人以柔美、恬静、素雅之感的"现实之月"，又有给人以沧桑、怀旧之感的"历史之月"；还有那给人以"变与不变"思考的"哲理之月"。而赋予其上的作者情感也多受老庄思想影响。比如"乐"，庄子曾分析过有自然之乐，有人和之乐，也有天道之乐。苏轼"挟飞仙以遨游，抱明月而长终"岂非天乐吗？那种机械化地寻找作者情感线索，笼统化地对月不加区分，又能将什么正确、深刻的内容教给我们的学生呢？

在学习《种树郭橐驼传》时又不能理解这一形象的来源及作者思想的来源，若不能结合《庄子》中的有关"畸人"形象及老庄的"清静无为"思想来加以讲解，无疑将有很多问题难以解释，也只能就事论事地去谈论什么种树方法与管理百姓之法之类了。又比如对《铸剑》的解读，对于其中的"狼"、"大老鼠"、"剑"及"眉间尺"、"黑色人"、"大王"、"看客"等人物形象，在课堂教学中或没有给以足够的重视，或未能结合鲁迅本人的思想、经历加以分析，则对该文的意旨殊难把握。[1]

二、粗阅读

粗阅读使得课堂教学内容不够明晰、清楚、准确。放过细节，粗略地、简单地筛选信息、概括、总结，而这些细节恰恰对深入解读文本有着重要作用。比如在学习《蒋干中计》时，周瑜接到曹操书信，只看到封面而未看内容就怒斩来使，对这一细节的原因未曾细加分析，匆匆而过。书信封面上写有"汉大丞相付周都督开拆"这十个字。曹操挟天子以令诸侯，自称"汉"臣，表明自己的"正统"，"丞相"表明自己地位之高，无人可及；又前冠以"大"字，意在对比"周都督"官位之渺小，不足以相提并论；而"付……开拆"更是无礼之极，含有命令、蔑视之意。周瑜在小说中本就性格褊狭、狂傲，岂能受得此气？而据《三国志》记载，他早已看出曹操虽"托名汉相，其实汉贼"的阴谋，且诸葛亮曾暗示曹操此次前来大有掳二乔归铜雀台之意，是以周瑜"扯碎"书信，"掷于地上，喝斩来使"，并派人将首级送回。这一细节之中，蕴含深意，恰恰能反映出曹操、周瑜二人的人物形象、性格特征，这些地方应该成为我们课堂中的教学内容，所以不能轻易放过。

如果说在学习《蒋干中计》时可能还会注意分析周瑜的

---

[1] 可参阅笔者发表于《语文学习》期刊上的两篇文章《细微深处见深意——〈铸剑〉三题》及《孤绝的先驱者、救世者与殉道者——鲁迅及〈铸剑〉中的"黑色人"研究》。

"笑"，而在学习《香菱学诗》时，绝大多数的读者却忽略了出现频率颇高的香菱的"笑"这一细节。除了结合具体语境、上下文分析外，如果再结合香菱的悲惨身世及其在大观园生活期间的学诗对其人生的意义加以理解则会发现，笑是她内心纯真的外现，是她对文学艺术的美好享受，也是她的一种乐观精神，学诗正是她一生最美好的阶段……〔1〕

在学习《林教头风雪山神庙》时，多数读者虽关注了"风雪"的细节描写，却忽略了"火"，更多人忽视了"花枪"、"酒葫芦"、"山神庙"、"解腕尖刀"的蕴意和作用。〔2〕

三、残缺阅读

残缺阅读或片面阅读使得课堂教学内容不够客观、科学、正确。"攻其一点，不及其余"的方法的确有助于提高课堂效率，也有助于抓住主要矛盾，解决主要问题，但是往往也会因此而丧失诸多有效的重要的信息，甚至对文本的解读产生片面、残缺不全的不利影响。笔者认为，我们在进行文本解读时需要有一个整体观，应该较为全面地参考文本所提供的信息。比如在学习《香菱学诗》时，不应该只是关注香菱的苦学精神，却忽略了她"笑"着享受自由、青春、生命、诗意的美好。此外，文中宝钗和黛玉对香菱的评价，一个说是"聪明伶俐"，另一个说是"呆头呆脑"，为什么这样矛盾的信息也被忽略？宝玉对香菱的高度评价也含有深意，如为什么林黛玉喜为人师而宝钗是香菱的小姑却不愿为师？为什么陆游的诗句不可学？为什么写惜春的午睡等

---

〔1〕 可参阅笔者发表于 2009 年第 5 期《语文学习》中的《〈香菱学诗〉解疑》一文。

〔2〕 可参阅笔者发表于 2008 年第 2 期《语文学习》中的《花枪、酒葫芦、山神庙与解腕尖刀》一文。

等皆被忽略？不了解这些，对香菱的理解只能比较肤浅化、概念化，对宝钗、黛玉、宝玉、惜春等人的理解更是知之甚少，不能不说是个较大的遗憾。[1]

又如我们在学习《廉颇蔺相如列传》时只关注了廉颇、蔺相如、秦昭王，却忽视了赵惠文王，而他绝非一个简单的"懦弱"可以概括。他并未被秦王吓倒，白送玉璧，他设计问题考验蔺相如的才华、信心和勇气，他赴会前安排了自己的身后大事，他赏罚分明……在学习《项链》时又忽略了其中的弗莱思节夫人，而她在真首饰盒中放置假项链的行为，才更值得读者深思——在某种程度上她是比玛蒂尔德更为虚荣的女人；而且，笔者认为，作为玛蒂尔德的朋友，她在某种程度上也影响了、推动了玛蒂尔德命运的转化。而在《最后一片常春藤叶》中，读者大多只关注了患病的琼珊，赞美她的朋友苏艾以及献出了生命的老贝尔曼，但却忽视了那个为琼珊、老贝尔曼等下层百姓治病的医生。他说："我一定会尽我所能，用科学所能达到的一切方法来治疗她。"当老贝尔曼要死去时，他说："他可没有希望了，不过今天还是要把他送医院，让他舒服些。"说他是人道主义者也好，说这是医生的"临终关怀"也罢，这位医生更能体现普通人之间的温情。在《一碗阳春面》学习中，读者多会去赞美饭馆老板夫妇是多么关心、体贴、爱护他人，但却忽略了其中伟大的母亲。她敢于几年来在餐馆一家人合吃一碗便宜的阳春面，在丈夫死后偿还所有人的债务，"每天从早到晚拼命地工作"，她的勇敢与坚强才使得这个家没有一蹶不振，而是变得更团结、更顽强。大儿子在家长会上说："绝不能忘记母亲买一碗阳春面的勇气。兄弟们，为保护我们的母亲而努力吧！"

---

[1]　具体可参阅笔者发表于2019年第5期《语文学习》中的《〈香菱学诗〉解疑》一文。

《合欢树》中的几位朴实、敦厚、慈祥的老太太也不应被忽视。她们为什么都不知道"我"得奖？也许知道但觉得并不重要。她们最关心"我"什么？关心我的腿好了没，关心我的工作找到没。她们最看重生活，而不是名誉之类的东西。她们把我当自己的儿孙看，尤其想到"我"没有母亲之后，但她们为何只字不提母亲，只说些闲话呢？她们"终于"提到了母亲，"你母亲种的树开花了"，引发我心里一阵"抖"……我"喝东家的茶，吃西家的瓜"，正是家庭之爱到社会之爱的延伸。这些邻居老人的描写自然有其衔接、铺垫、过渡、推动情节等作用，正是在与她们的交谈、交往中，"我"逐渐体会、理解到了母亲的大爱。这些邻居老人可以说增加了文章的厚度、深度与广度。

碎片化阅读难以使人形成整体和深入的认识以及知识体系。如此一来，学生对于鲁迅先生的认识可能仅仅限于文学家、思想家和革命家等概念化的认知，对于陶渊明的认识也就是那么一个隐士而已，根本无法形成一个从作家到作品到思想等整体的、有体系的、比较深入的认识。

四、文本游离

游离于文本之外使课堂教学内容偏离了方向。如在教学《沁园春·长沙》时大讲毛泽东的人生经历和军事天才，教学《再别康桥》时大讲徐志摩、林徽因的情感故事，教学《告别权力的瞬间》时大力讨论"民主"，教学《跨越百年的美丽》时大讲"女性美"和"内在美、外表美"，教学《邂逅霍金》时过度讲解"身残志坚"，教学《老王》时大讲"知识分子的同情心"……这样就置文本的本身于不顾，放弃主要矛盾去抓次要矛盾，放弃了主要内容去抓无足轻重的内容，放弃了核心和本质去抓皮毛和表象，力气用错了地方，而学生的阅读能力和思维品质、核心素养并没有得到提升。

五、文本误读

文本误读使得师生的力气用错了地方，所教学的课堂内容成了错误的内容。先来看标点、字词的误读。如学习《老王》时，有教师分析"后来我坐着老王的车和他闲聊的时候，问起那里是不是他的家。他说，住那儿多年了"。教师认为这里要重点关注"我"问话时用的是句号而不是问号，说明作者和老王的关系是平等的，对话语气是平和、平淡的，等等，大加分析，头头是道。然而仔细一看，这里应该是一个问句吗？它既不是反问也不是设问，更不是疑问，这只是一个陈述句，如果用了问号就是错误了，这里必须要用句号才行。皮之不存，毛将焉附？标点符号都错读了，一切附加于其上的所谓"分析"、"解读"自然不再有什么价值和意义。

关于词语的误读，如有教师在讲解《秦晋崤之战》时让学生分析"不顾而唾"是指先轸不顾什么而唾。有学生说不顾自己的性命，有的说是不顾晋襄公的君主脸面，有的说是不顾自己的前途等等，看似很有道理且精彩纷呈，但可惜的是这里的"顾"并非现代汉语中的"顾及、考虑"的意思，那时这个含义恐怕还没出现，而应该是"回头"之意，"头也不回地唾了口唾沫"。而《我所认识的蔡孑民先生》中引用朱熹诗句"极高明而道中庸"，其中的"极"并非"很、极其"而"道"也非"道路"，"高明"更非现代汉语的"高明"。

有关文意的误读，如《子路、曾皙、冉有、公西华侍坐》，有教师将曾皙的沂水春风、沐浴、歌舞而归的思想理解为老庄

"清静无为"的思想，而非儒家的思想，真是怪哉。又如《诗经·采薇》第二部分，内容写到军队雄壮，四匹马拉的战车是君子所乘坐，士兵所用来掩护的。某教学参考书附录韦凤娟《采薇赏析》解释却说："不能忽略的是，在这一部分歌唱中还透露出对苦乐不均的怨恨情绪。"比如，马儿雄壮，主人自然吃喝很好，而士兵却要采薇果腹，面黄肌瘦。将帅服饰鲜明，神气活现；而士兵却在车后跋涉，衣衫残破……不得不说这是一种想当然的典型的误读，其实这里显示了军容整齐、队伍雄壮，更能表现服役士兵的内心自豪感。他们不得不参军保家卫国，又时刻怀念着故乡，渴盼着回归家园，这种看似矛盾的复杂心情交织在一起才是该诗所要表达的。

学习里科克《我们是怎样过母亲节的——一个家庭成员的自述》时，应该注意到这篇文章选自他的幽默小品选。本单元为"亲情单元"，同时选有《边城》和《合欢树》，如果不是编者误读那么就是教师误读了这篇风趣、诙谐、幽默、调侃又带点讽刺的作品。它想要表达的并不是要树立一个过母亲节的正面榜样，而是表达了在母亲节，母亲却仍旧在家劳累未能好好休息过上节日，而家里其他人却在各种理由下出去轻松、潇洒了一通。家人的自私自利，母亲的吃苦耐劳、贤良温柔与无奈对比鲜明。所以，在教学中把这篇文章当作正面的感恩文章来解读就难免出现误读的问题，从而使得我们的教学内容产生了错误。

六、以"知识"为内容

这里所说的"知识"，仅仅是指的所谓"字、词、句、语法、修辞、逻辑"等。将"知识"完全当作教学内容，喧宾夺主。比如在《荷塘月色》中大力讲解明喻、暗喻、博喻、通感等修辞手

法及精准的动词，富有音节的双声、叠韵等词语的艺术效果，并将其作为主要教学内容，却忽略了单元提示中的"意境"。或者以这些修辞法、表达法、动词、叠词来作为形成意境的主要方法加以讲解。殊不知，意境难道就是由这些所谓的"知识"构成的吗？有了这些东西就能形成荷塘月色那样的优美的意境了吗？

更为典型的还有，作者介绍（生卒年月、代表作品、所属派别、一生事迹）、写作背景、写作特色等等，在文言文教学中所占比重更大，文言句式、词类活用、通假字、古今异义……字字落实，句句翻译，让学生多背诵……注重字词语法和翻译，反而忽略了文本的内容。比如，即使一位同学能丝毫不差地翻译出《项脊轩志》或者《陈情表》，但能说他就"学过"或"读懂"了文章吗？其中所蕴含的情感与意蕴之美又在哪里呢？不是说这些所谓的"知识"内容不可以讲，但讲多少要适度，而且要看在什么教学环节有需要，否则就容易造成课堂教学内容的喧宾夺主或课堂教学效率的低下。

七、无视文体

淡化文体、忽略文体的教学，往往导致忽视主要的、重要的教学内容。不可否认，如今的很多文章已难以用现存的某种文体加以概括，高考作文也给出文体不限的要求，但文体不限不等于不要文体，难以用文体概括的文章多为较前卫、先锋的文学作品，在中学语文教学中，我们仍不能忽略文体。课堂教学中，更应该具有文体意识，否则文本解读时就难免会出现问题。比如我们在学习诗词的时候很容易走"分析"的道路，而缺少感悟；很容易走"鉴赏"的道路，而缺少"解读"。面对一首诗，师生对其进行肢解式分析，分析得不可谓不详细、具体，甚至还比较深刻，但可惜的是这首诗的韵味也就不翼而飞，这时的"诗"早已不再是"诗"而变成了"文"。诗和文章是不一样的。由于我们忽视了文体，我们的课堂教学内容就出了问题。

当然，绝句和律诗也不一样，律诗中所独有的一些特点也是我们需要学习的内容。诗和词也不一样，这不一样的地方也应该是我们课堂教学所需要的内容。李清照的《声声慢》，多押仄韵，其所参用的"i"韵，如"觅"、"凄"、"戚"、"息"、"急"等读来就在唇齿之间，颇有凄凉、委婉、含蓄之意，而该词更有入声"这次第怎一个愁字了得"的"得"，发音急而短促，采用这种读音来进行朗诵，其中的情感呼之欲出。忽略了这些，读起来却感觉怎么也不对味。

即使同属于古诗词，它们也有区别。《采薇》、《蒹葭》都是四言诗，它们与五言诗、七言诗的乐感有何不同？它们都属于《诗经》，多采用赋、比、兴的艺术手法，与大多数近体诗大不相同。如果在学习这两首诗时忽略了这些教学内容，那么《诗经》的诗又与其他的诗区别在何处呢？《〈指南录〉后序》、《白莽作〈孩儿塔〉序》、《〈呐喊〉自序》、《〈宽容〉序言》是序言但区别很大，《〈宽容〉序言》可以说还是个类似寓言的哲理故事。《窦娥冤》、《长亭送别》和《雷雨》、《关汉卿》、《哈姆雷特》虽然都是戏剧，但元杂剧和现代中国剧以及外国优秀的古典悲剧区别不可谓不小。即使同为小说，也有中国古典小说、外国现代派小说和传统小说之别，各自的侧重点也不相同，如何针对这些区别确定教学内容和教学方法，值得我们深入探究。

八、过度诠释

文本的过度诠释，可能使课堂教学内容偏离。如《荷塘月色》中的青蛙和蝉声，引发"我"从荷塘月色的沉醉中回到现实，并发出感慨——"热闹是他们的，我什么也没有"。对此，有教师分析说，这里的"青蛙"、"蝉"指那些反动派。他们在"四·一二"反革命政变后十分猖狂、得意扬扬。又如在《项链》中，一开头"她也是一个漂亮的姑娘"，有教师通过多项要素分析认为，这部小说采取的是西方常见的"灰姑娘"的小说写作模式，这个"也"就是要告诉读者现在他所讲的故事"也"是一个"灰姑娘"的故事。那为什么不能说"也"字是表明这是在和当时的其他的姑娘相比呢，尤其是玛蒂尔德的朋友——嫁入豪门贵族的弗莱斯节相比，以此来证明自己身为平民和小人物是多么的委屈和不甘心，不是更贴合文本吗？而《合欢树》呢？它的象征意义已经远远超越了它所能负担的重量。它象征作者的母亲、母亲的爱，象征着"我"，"我"和母亲的亲情之爱，象征美好的未来生活，象征一段美好的记忆，象征坚强不屈的精神，象征……我想，最后连作者和教师自己都糊涂了，既然它什么都是，那么它只能什么也不是了。又比如，在学习《老王》的时候，十有八九的教师在那个"愧怍"上下功夫。谁在愧怍？对谁愧怍？为什么愧怍？这愧怍反映了什么……却忽视了对前文的细读。虽然说愧怍很重要，但还是难免有捡了芝麻丢了西瓜之嫌。

又如，在学习《边城》（节选）第十三章时，黄昏时翠翠独坐沉思，看到"天空被夕阳烘成桃花色的薄云"，教师便分析这颜色暗示着与爱情有关的东西；"只有杜鹃叫个不息"，暗示翠翠的哀怨心情及悲剧的命运；看到眼前飞来飞去的萤火虫以及忽明忽暗的灯火，教师认为这里是喻指若有若无的"希望"；"草木为白日晒了一整天，到这时节各放散出一种热气，空气中有泥土气味，有草木气味，还有各种甲虫类气味"，教师分析这里可能是暗指"情欲"的勃发……这种逐字逐句的对"微言大义"的探讨，不能不说属于过度诠释的范畴，正如符号学家艾柯在《诠释与过度诠释》中所言，因为这种诠释行为违反了简约、经济的原则，从而使文本意图朝向更为繁杂的方向行进。这种诠释的立场似乎已经不再是一个正常阅读者的立场，而是一个所谓"专业批评"或"学术研究"的阅读立场了，也超越了我们的学生心理所能接受的范围。

九、主题先行

所谓"主题先行"，就是为了迎合特定教学目的，使课堂教学内容的定位产生了误差和偏离。比如，上海市的"两纲教育"，以民族精神和关爱生命为纲要展开教学，有的文本并不太符合该要求，那么执教老师可能会从中"挖掘"出所需要的教学内容。如学习《秦晋殽之战》时，有执教者为迎合公开课主题如爱国精神或某某道德培训基地等因素，从而就重点将内容锁定为"忠君报国"的精神，又展开了春秋战争"义还是不义"的讨论，此类教学目标与教学设计恐怕不太合适。

十、方法失当

采用不当的教学手法导致教学内容的失误。如《〈宽容〉序言》，本来是全知视角的叙述模式，课堂教学时教师让学生扮演其中的角色，如漫游者、守旧老人、村民等，采用第一人称的有限视角进行叙述，站在自己的立场谈谈自己做了些什么以及为什么要这么做。可以说这种教学方法比较新颖，有利于学生进入情境和角色，有利于学生进行体验和感悟，但这也正是此种方法的缺陷所在。原来的全知视角叙述模式隐含着作者对人、事、物的评价，在叙述中可以窥见作者的情感、态度、意图，但改为第一人称后，人人都站在自己立场，为自己辩护，混淆了是非观念，使情况变得更为复杂，不但无助于理解作者意图，反而远离了作者意图，从而也难以去理解文本的意图了。况且，学生改换视角和人称的重新叙述，花费了较多的课堂教学时间，直接导致了对文本细微之处的探讨和一些寓意的挖掘未能进行，且后面关于"宽容"的认识也没能展开，未能深入地理解文本，未能很好地达到教学目标，这不能不说是一个很大的遗憾。

这种新颖的教学手法利弊如何？如何趋利避害？采用这种手法的目的是什么？要达到什么目标？有利于目标的实现吗？我们不能为了求新而求新。怎么教要为教什么而服务。在教学内容还没有确定的情况下就匆匆采用自己和学生都并不太了解的方法是欠考虑的。在第一人称的叙述结束后，应该再有学生或以读者的身份，或以作者的身份，或以全知叙述者的身份加以评析或叙述，以弥补其不足之处。另外，通过这种不同叙述模式的区分，应该去领会宽容之难得，宽容之姗姗来迟的原因以及宽容的力量等等，才能与教学目标和教学内容联系起来，否则后面直接去谈"谁宽容谁"这个已知问题又有什么意义呢？前面花费那么大的力气就是为了后面谈这么肤浅的问题吗？可以说这样的课堂教学基本上没有确定教学目标和教学内容就匆匆上阵了，为了求新的形式而丢了实际的教学内容。

诚如王荣生教授所言，虽然说有多种语文课程形态，在各自的条件下，都能帮助学生有效地达成语文课程目标，但具体的语文课程形态应该有其相应的语文课程内容。另外，基于语文学科、目前中学语文教师及中学生的平均水平来看，语文课堂的教学内容也应该有一定的趋同性。

总之，基于以上的论述，笔者以为，若要确定语文课堂教学的内容，就要尽可能充分认识文本、研究文本、发现文本的价值，尤其是文本的核心价值，努力发现实施课堂教学的重要基础，把握好深度、广度与难度，开展"文本深读"，并尽可能地对教学环节加以巧妙设计，科学地把握好教学方法，因为毕竟"教什么"和"怎么教"也是相辅相成、难以分割的。

参考文献

〔1〕王荣生：《语文科课程论基础》，上海教育出版社，2005 年。

〔2〕王荣生等：《语文教学内容的重构》，上海教育出版社，2007 年。

〔3〕昂贝托·艾柯等：《诠释与过度诠释》，三联出版社，1997 年。

〔4〕申丹：《叙述学与小说文体学研究》，北京大学出版社，2004 年。

〔5〕步根海：《发现、发掘教材的教学价值》，《语文学习》2009 年第 9 期。

〔6〕王荣生：《语文教学内容的确定性及其面临的问题》，《语文学习》2009 年第 9 期。

〔7〕郑桂华：《凸显文本的语文核心价值——有效教学设计的前提之一》，《中学语文教学参考》2008 年第 3 期。

〔8〕司保峰：《文本深读：超越细读》，《教学月刊》2007 年第 12 期。

〔9〕司保峰：《花枪、酒葫芦、山神庙与解腕尖刀》，《语文学习》2008 年第 2 期。

〔10〕司保峰：《细节之处见深意——鲁迅〈铸剑〉三题》，《语文学习》2008 年第 4 期。

〔11〕司保峰：《孤绝的先驱者、救世者与殉道者——鲁迅与〈铸剑〉中的"黑色人"研究》，《语文学习》2009 年第 2 期。

〔12〕司保峰：《〈香菱学诗〉解疑》，《语文学习》2009 年第 5 期。

第二章　文本深读的理念和功能

一、何为文本深读

文本深读（deep reading）不同于文本细读（close reading）。文本细读随着"新批评派"在 20 世纪 40 年代美国的勃兴而为人所知。它通常是指"对文本的语言、结构、象征、修辞、音韵、文体等因素进行仔细解读，从而挖掘出在文本内部所产生的意义"的一种文学阅读与批评方法。文本细读使文学批评的中心从文学的外部因素转移到内部要素，人们开始关注文学的审美性，关注文本的形式研究。

文本深读则是在当今信息量充足、教学资源条件较为完备、师资力量较为雄厚的基础上，应素质教育、学生发展之需求，在教学中以文本分析感悟为主，力求挖掘文字背后的深层含义，并加深、丰富相关知识，进行深度拓展及延伸，以培养学生多方面的语文能力、注重创新及生成为主要目的的深化阅读方式及教学方式。文本深读要求在宏观上把握文本的社会历史语境，在微观上对文本深化阅读，使文本解读更深厚、更客观、更理性、更准确。它带有一定学术研究性质，属于研究性学习的范畴。在课堂教学方面，它具有相对完整的体系和方法，除了深入研读文本以及平等、开放的课堂教学之外，还包括部分语文活动，帮助师生达到深入解读文本的目的。

文本深读不仅可以作为一种文本解读及批评方式，还可以作为一种课堂教学方式，目前虽处于尝试阶段，但具有很大的发展潜力。[1]

二、文本深读与文本细读的区别和联系

"文本细读"源自美国"新批评派"理论，并对其深入文本内部的理论精髓有所吸收。孙绍振著有《名作细读》一书，对上百篇文本加以分析，称之为"个案分析"。孙绍振在其自序中评价说：

在这本书中，我分析了不下百篇的文本，在分析的过程中，自然贯彻着我的宏观理念，如与机械反映相对立的审美价值论，与真善美统一相对立的真善美三维"错位"理论。在方法上，用的是黑格尔的辩证法、正反合的内部矛盾转化的模式，还有结构主义的层次（表层和深层）分析法。这一切，都可以说是学术研究的普遍方法，对于中学语文教师，或者大学青年教师、研究生，可以说是进入研究领域的入门阶段。入门阶段，在方法上应该有自身的特殊性，我想那就是可操作性。为此我提出了还原（与现象学的还原不尽相同）和比较（同类比较和异类比较、历史比较与逻辑比较）。这一切，虽然没有正面、直接、系统地展开，但是，细心的读者，在我的分析过程中，要有所感觉，甚至领

悟，我想，应该是不会太困难的。

媒体评价此书：

在此书中作者回避了艰涩的理论，将传统审美与西方最新的理论成果进行了二度诠释。读者仍能读到理论的影子，但这些理论不是生吞活剥地搬来搬去。全书7章解读了85篇经典作品，文体覆盖了诗歌、散文、杂文、小品、小说，并包括报告文学、纪实类等非虚构作品；横跨古今、中西；理论涉及中国古典美学、结构学、叙事学、现象学、接受学、阐释学、西方美学、陌生化、心理分析等，真正体现了跨学科多纬度的文化分析。前6章基本以"人"为核心，从作家与受众、语言与修辞、文化心理与人文关怀诸方面对作品进行了分析，将理论的权威与人心的温润结合起来，给作品投以足够的人文关怀，将自然、社会、个体生命放置到同一高度来度量，充分显现出作者世界观的博大与一贯持有的对文化的宽容。同时体现出一个语文大家对传统文化的深深景仰，以及对人类高尚情操的肯定与畅想。从这个意义上说，孙先生在把握住人类对崇高的追求这个基本精义之外，深深地为人类在精神领域中的探求给予了足够的关注，起到烛照心灵、映衬人心的作用。[1]

以上是孙绍振先生自己和他人对于《名作细读》这本书，也是对他所开展的"文本细读"所做的部分评价。的确，孙绍振先生一直以来都非常注重文本解读，认为它是教师的基本功力所在，并不遗余力地加以提倡、推崇、研究。他本人有着较好的文艺理论功底，吸收了较多新颖的西方文论，并能够较为生动形象、深入浅出地加以阐释，是非常不易的。此外，他的所谓"还

〔1〕　吴长青：《名作的玩味与鉴赏——读孙绍振〈名作细读：微观分析个案研究〉》，《中国文化报》2007年07月12日。

原"和"比较"法，虽仍未系统化展开研究和论述，但在阅读实践中如能加以运用还是有效果的，有一些可操作性。当然，具体到阅读教学实际操作中，则较少关注得到。孙绍振先生毕竟是大学教授而非中学老师，对于课堂教学关注较少。比如，他对于《荷塘月色》中作者"不平静"的分析，认为不是政治上的而是伦理上的不平静，自然有其道理，但也是从文本之外而获得的，而且教师阅读后虽能够及时纠偏但仍然无助于这一文本的实际教学，这不能不说是一个遗憾和缺陷所在。

1. 文本深读并不排除知人论世及文本相关背景知识的介绍。

"文本细读"倾向于文本内部研究而忽略其外在，比如作者情况、时代背景等，而"文本深读"则不然。我国古人自孟子始即倡导"知人论世"，法国作家布封也说，"风格即人格"，因此了解一个作者的大致生平状况及其思想发展，对研究其作品，探讨其风格，不无裨益。

在学习《病梅馆记》时，若要探讨作者的创作意图、文本的深层含义、作者沉厚浓烈的思想情感，则不得不谈作者龚自珍当时所处的万马齐喑的黑暗清末年代，彼时之八股取士及大兴文字狱，则严重钳制了士人的思想与精神，摧残了无数人才、堵塞了才路。但即便背景如此又与作者何干？为何其他人不写？因此作者的为人、思想及其在文学、历史中之地位也不可不知。作者是清代后期著名的思想家和文学家，又是资产阶级改良主义的先驱者之一。他生逢乾嘉盛世的后期，对清朝严酷的思想统治和腐败的政治深感不满，力主"更法"、"改图"，废科举，重真材，以求挽救危局，以先觉者的敏锐预感到清王朝的危机。他认为要使国家振作起来，靠的是一场变革，而变革则需要大批的人才。龚自珍要疗救社会的病态，要拯救天下的英才，要追求精神的自由和个性的解放。《病梅馆记》写于1839年，是作者辞官南归后寓居江苏昆山时所作，正是这种思想的反映。如此这般，则可知《病梅馆记》并非在写病梅，而是要托物言志。同样，要了解中唐时期的赋敛之多，官员扰民现象，才可能使得《种树郭橐驼传》的意义更加深刻地得以理解。了解魏晋时期只看重门第、相貌而轻视才学的社会现象，才能更好地理解貌丑口讷、出身低微却才华横溢的左思的愤恨与痛苦，才能知道他的这首《咏史》并非要写松树和小苗，也不是在批判金、张两家借助祖荫的显赫，或者替冯唐打抱不平。其名曰咏诗，实乃咏怀，不过借此而发胸中之块垒与不平罢了。

2. 文本深读力求避免细读中的琐屑、饾饤之弊病，同时关注宏观视野。

文本解读，若只是关注字词句及文本形式结构方面的枝节，做局部解析，容易造成肢解和琐屑的弊病。而"文本深读"则主张站在一个较为开阔的高地，关注比较宏观、开阔的视野。比如，在《非攻》教学中，师生查找了鲁迅写作《非攻》的时间、地点、历史背景，其晚年思想、心境以及《故事新编》等其他作品，将《非攻》还原于整部小说集、作者该阶段思想状况中，去整体性地考察该文本；另外，我们还了解了墨子所处时代的一些历史状况及其思想、学说、主张等，使学生消除了一些因历史跨度而产生的对文本的距离感与陌生感。

3. 文本深读的引入须借鉴较多相关学术资料，探究更为深入。

比如在学习《指南录后序》和《苏武传》时，对于"气节"做了相当系统的梳理，如以气节作为教学主题的原因和意义、气节的形成及原因、几种关于气节的典型事例等，深入、细致地对"气节"这一主题进行了探究，为文本解读奠定了良好的基础。

4. 文本深读有效吸收了文本细读中有关"还原法"及"矛盾

法"的阅读策略，但其方法策略更为多元、灵活，如展开互文性文本对读等方式、基于理解与对话的文本解读方式、开展丰富多样的语文活动，等等。

三、文本深读的功能意义

1. 提高学生语文综合素养。

（1）引发学生学习兴趣，加强学生对语言文字的深入体验和感悟，使其在语文知识和语文能力方面均有较大幅度的提升。

毋庸置疑，目前我们的语文教育受到了较大的阻碍，原因众多，导致学生对本学科缺乏兴趣，在课外也较少主动阅读。而教师如果在教学中采取了文本深读的阅读方式，并使学生参与其中，就会使得阅读更加贴近文本，从而较为深入地体会语言文字的乐趣，体会语言文字之美，并体会到表达的快乐。比如，在一般的课堂教学中或者阅读中，教师或学生面对一个文本容易就其字面意义，而忽略了其背后的含义，也较少会思考创作者如此表达的原因，从而减少了阅读的乐趣；难以体会作者的意图，导致对文本的认识比较肤浅，通过阅读所获得的知识和能力也就相对少得多。比如，在阅读《红楼梦》之《香菱学诗》部分时，一般师生总会将精力与教学重点放在香菱的勤学苦练上，却从来不去思考曹雪芹为什么会写一个总是"笑"着的命途多舛的女子，而笔者认为，关注这一细节，对于香菱这一典型的人物形象的整体性就会具有重大的补充作用。

此外，文本深读的阅读方式还关注语文多方面能力的培养。如小型辩论、笔会等方式可以加强学生口头表达及写作能力，课前的深度预习及相关学术资料的引用可以加强学生搜集资料，合理、恰当使用学术资料的能力，等等。

（2）对学生学习方法的改善。在语文学习中，学生难免会有畏难心理，比如，作家众多，作品更是浩如烟海，需要背诵记忆的古诗词和文言文佶屈聱牙，写起文章来更是有下笔难言之感。课堂上师生也一般懒于思考，习惯讲解，更难以达到深入体会和探究。文本深读的阅读方式在实践中却可以较好地改变师生的不良学习习惯和方法，其多元的可供操作的阅读策略和方法可以有效地促进师生积极主动地进行文本探索，生生合作、师生合作学习、小组合作，探究性学习、研究性学习，让师生能够一起克服学习中的困难和障碍，自觉主动地获取知识，培养能力。

（3）促进学生思维发展，使之情感丰富、审美力加强、人格健全。一个人的情感越丰富，他的人格也就越成熟。一个人的审美能力越强，他的品位也就越高。

在以"气节"为主题，在进行文本深读的研究中，我们首先探讨了选择"气节"作为教学主题的原因。如下：

第一，当今社会比较富足、稳定，我国传统文化越来越受到国人的重视。而中国传统文化是以伦理道德思想为核心的，其中又以儒家文化为代表的人伦性的现实主义文化占主导地位。可以说儒家文化塑造了中国文化的德性主义特质。而与忠、孝、仁、义紧密相连的"气节观"则正是中国这种伦理道德文化中的重要一点，所以我们选择了以它作为文化原点来进行论述。

第二，在经济全球化和中国现代化过程中，中国的民族文化也受到外来文化特别是西方文化的猛烈冲击，民族精神在一定程度和范围上弱化了，表现为一些人的民族气节和爱国情结有所淡化，经济社会交往中因诚信缺失而引起道德滑坡，民族传统美德在一些人身上有所失落等。在新的生存与发展环境下，探讨气节问题，对于我们弘扬以爱国主义为核心的民族精神，提升民族素质，清醒民族良知，振奋民族精神，强化民族文化张力，对于我们"建设中华民族共有的精神家园"的目标，都具有十分积极的现实意义。

第三，就教育而言，当今学生思想品位、趣味堪忧。如果去试探和学生交流，你会发现他们的趣味、品位、语言、行为方式等发生了很大的变化，因为快餐文化和信息大爆炸的影响，庸俗化、低俗化倾向泛滥，普遍缺乏高尚感和崇高的意识。一些不入流的报纸杂志成为他们的阅读对象，娱乐明星成为他们极力追捧的对象，他们却几乎忘却了古代的仁人志士、英雄豪杰。因此，青少年也应该加强自己的道德修养，而气节对于青少年人格的形成和完善具有重要影响作用。

第四，人的成长、人生的完善，不仅仅在于需要懂得知识、明白道理，还要亲身实践，自我完善；也不仅是新知进步，才能增长，还要道德完善，重视道德修养。年轻学生不仅要成才，而且要成人。也正是基于以上这些原因，我们才选择"气节"作为文化原点，并在中学语文课堂中加以教学实践。

2. 提升教师语文教学能力和教育境界。

（1）使教师保持对语言文字的热爱、敏感和深层体验，防止职业倦怠。有人说，心灵的钝化最为可怕，太多的教师在漫长的教学工作中已经开始固守那一套监管学生的方法，并在其中日渐衰颓和苍老。如何把倦怠与麻木从日常教学生活中切割出去，保持对教育新鲜和敏锐的感觉，并在这种感觉中体验到一种美与幸福是教师、学校，也是当前教育需要关注的一个课题。

窦桂梅老师说："教育工作是一个让人灵魂容易结茧的工作。相当多的人把教学当成了一种苦役，在机械的周而复始中，一天天、一年年熬着，寸寸挪动，挨向可怜的退休工资。开东却坚持从生活中来，向生命里去，他的课堂构成了对生活高度的认识，并不断获得一种高峰体验。"

（2）营造和谐的课堂氛围，形成积极向上的学习心态。语文课堂上粗浅的文本解读，使得学生和老师都感到了千篇一律、人云亦云的厌倦感，这也就大大挫伤了师生对语文学习的兴趣，使其丧失阅读文本的亲近感及"仰慕"、"亲近"之情。诚如郑桂华副教授对那种课堂上"教课文"方式的批判：

所谓"教课文"，就是把课文中介绍的主要内容作为教学重点，课文里写什么知识，教师就讲解什么知识，考试中就检查什么知识。比如那时候教《晋祠》，就让学生按照课文里描写的情况，去了解晋祠的结构布局、建筑特色，并学习课文中生动的语言；教《两小儿辩日》，就借助现代自然科学知识分析谁对谁错；教《荷塘月色》，就让学生体会荷塘是如何的美，找哪里是比喻、哪里是拟人……这样来教语文，感觉好像不是怎么难，但时间一久，就走进了机械肤浅地诠释课文内容、零碎地教授语文知识的模式，不要说学生学得没劲，连自己也感到厌倦。[1]

而通过"文本深读"的阅读方式则可以让师生重新发现语言文字之美，发展思维能力，进行深入的思考与辨析，使得课堂教学中学习氛围十分热烈、和谐，也使得师生能够重新焕发积极主动学习的心态。

（3）使得教师脱离"浅薄"，让阅读成为教师基本生活方式，提升境界。

语文教师他们面对的不是惶惑的未知者，而是自以为是的"已知者"。如果不能从其已知中揭示未知，指出他们感觉和理解上的盲点，将已知转化为未知，再雄辩地揭示深刻的奥秘，让他们恍然大悟，就可能辜负教师这个光荣称号。语文教师的使命，

---

[1]《从关注文本内容到重视文本表达——华东师大语文课程与教材研究所所长郑桂华谈语文教学》，《中国教师报》，2008 年。

要比数理化和英语教师艰巨得多，也光荣得多。数理化英语教师的解释，往往是现成的，全世界公认的，而语文教师，却需要用自己的生命去做独特的领悟、探索和发现。不能胜任这样任务的人，有一种办法，就是蒙混，把人家的已知当作未知，视其未知如不存在，反复在文本以外打游击，将人所共知的、现成的、无须理解力的、没有生命的知识反复唠叨，甚至人为地制造难点，自我迷惑，愚弄学生。这样的教师白白辜负了自己的生命。[1]

研究表明，教师阅读是教师发展的重要源泉和重要标志，阅读应该成为教师的一种基本生活方式；教师阅读与专业发展存在着密切的联系，而这种内在关联性决定了教师阅读的重要性和紧迫性，决定了教师阅读内容、方法与策略的规范性。

阅读是教师发展的重要源泉和重要标志。没有书籍的滋润，难以得来深厚的学识和素养。教师要想不做浅薄的教书匠，就必须从"阅读"开始！通过"阅读"，教师可以汲取进行教育和教学工作的精神营养，并把这种精神营养转化为自己的工作能力和综合素质，充分提高教育和教学效果。

可以说，教师"阅读"量越大，他的教育和教学水平相应也就越高。阅读是教师终身学习的需要。终身学习能使教师的学识水平不断提高，达到崭新境界。教师应该做一个"职业学习者"，做一个"终身读书人"。教师应把读书当作一种生存模式。[2]

正如潘新和先生所言："读多少书，读出了什么，读出了多少自己的发现和创造，永远是衡量一个语文教师智慧水准和教学效果的潜规则。"

---

〔1〕 孙绍振：《名作细读——微观分析个案研究》，上海教育出版社，2006 年。
〔2〕 侯怀银：《让阅读成为教师的基本生活方式》，《教育科学研究》2004 年第 2 期。

第三章　文本深读的必要性

一、语文教学的需要

首先，语文课堂教学内容的确定需要进行"文本深读"。

当前，语文课堂教学内容难以确定或失误的原因很多，但笔者以为，其中最主要的还是关于文本解读的问题，因为文本解读出了问题才在很大程度上导致语文课堂教学内容的失误，这是当前相当重要的原因之一。而基于"文本深读"方式的阅读教学则可以对此加以有效的改变。

其次，语文教学中有不少经典作品，内涵、意蕴丰厚，需要进行"文本深读"。所谓"经典"，根据卡尔维诺的观点，是需要"重读"的作品，是能够给人带来屡次"发现"的作品，更是"永不会耗尽它要向读者说的一切东西的"作品。[1] 经典作品常读常新，不同时代有不同时代之解读。这就需要我们在前人阅读经验的基础上加以"深读"。

传统文艺理论认为，文学文本尤其是文学经典文本的内涵不

---

[1]　卡尔维诺：《为什么读经典》，译林出版社，2010年，第1—5页。

是单凭直觉一眼看透的，而是蕴含在一个或一系列意象中，读者通过阅读这些意象来间接品味、感受其中的意味。但由于意象具有丰富性、模糊性，就使文本内涵具有了不确定性；而且由于文本内涵处于动态变化之中，就更增加了文本的不定性、开放性与丰富性，恐怕越是优秀的作品越是如此。童庆炳先生就把内涵的丰富性作为评判经典的标准之一。不但文学文本如此，就是作为实用的文章文本也存在着这种情况。[1] 这就需要阅读者对文本加以深入探究，"披文以入情，沿波讨源，虽幽必显"。[2]

最后，如今，中学语文课堂教学中存在一个比较严重的问题，就是对文本的理解还不是很够。很多课堂教学只能说是走"近"文本，而非走"进"文本，即使能够走"进"文本，但却又难以走"出"文本，存在着肤浅化、简单化的问题，即"浅阅读"、"粗阅读"、"轻阅读"、"误读"等，这就难免使语文教学活动浮于表面，教学效果也难以有效。如同孙绍振先生所批评的那样："缺乏微观基础的空话、套话、大话、胡话乃至'黑话'，本是由来已久的顽症，却在基础教育改革中，借强调师生平等对话之机，找到了合法的'避难所'，于是，满堂灌变成了'满堂问'。所问肤浅，所答弱智，滔滔者天下皆是。表面上热热闹闹，实质上空空洞洞，糊里糊涂。在处理课文的方法上作秀，多媒体豪华包装，花里胡哨，目迷五色。但是，对于文本内涵的分析却有时如蜻蜓点水，有时如'木偶探海'。"[3] 这就需要进行"文本深读"加以正本清源，深入文本，贴近语文的根基，还其本来面目。

---

〔1〕　张天明：《经典阅读中的误读浅析·文本内容的丰富性》，《中学语文教学》2009 年第10 期。

〔2〕　刘勰：《文心雕龙·知音》。

〔3〕　孙绍振：《名作细读——微观分析个案研究》，上海教育出版社，2006。

二、学生终身学习、发展的需要

目前，我们的语文课堂教学方式仍然存在着不小的问题，严重的就是仍然较为机械、僵化，关注学生较少，不利于学生的思考和发展。而文本深读则要求最大限度调动学生参与课堂，积极研读文本，积极思考，发展思维，进行深入的探究性学习，符合可持续发展的要求。

另外，现在生活在信息社会的中学生思维活跃，阅读量增大，知识结构更为合理，学习能力更强，对自己和教师的要求也更高。他们不再仅仅满足于课本、教材中所仅有的内容和对文本的表层理解，而是渴望能够在语文学习时更加深入地解读文本，获得深层理解和感悟，以达到"发现"的满足感、成就感和乐趣。

最后，不少学者认为，语文教育不仅仅是语言教育、文字教育或文学教育，它更应该是一种文化教育，而最终却是一种育人教育。但就我们的中学语文教育而言，即使我们传授给了学生文化知识还是不够的，我们还要使学生形成自己的文化表现力，这才是掌握文化的一种能力，才是我们进行语文教育的一个重要目的。而终极目标则是实现育人。通过文本深读，加深对文本各方面的挖掘、理解，对人物、道德、情感等加以学习、探讨，从而有助于达到育人的终极目的。

如今，人已经成为教育的中心，也是教育的根本目的；人是一切教育的出发点，也是所有教育的归宿；教育在人的交往与活动中展开，人在教育的交往与活动中成长和发展；人是教育的基础。所以，一切教育都必须以人为本，以学生的发展为本，这是现代教育的基本价值观念。而"文本深读"注重挖掘民族精神的丰富内涵，着眼学生个性的健康发展，为学生营造和谐的生命环境奠定基础，为学生身心和谐发展的终身幸福奠基。而"人的教育"关照语文教学，应该使我们的语文教学既是语文的，又是全面育人的。语文教学的核心，就是通过对语言文字的体味、感悟和熏陶，培养学生正确的价值观念和生命意识。[1]

因此，为了每个学生的终身发展，改变学习方式，应从文本解读开始。

三、教师专业发展的需要

教师专业发展是指教师作为专业人员，在专业思想、专业知识、专业能力等方面不断完善的过程，即由一个专业新手发展成为专家型教师的过程。教师专业发展内容包括专业理想的建立、专业知识的拓展与深化、专业能力的提高、自我的形成等。而作为语文学科的教育者其专业知识、专业能力方面的提高需要借助阅读能力的极大提升。先前的那种"教书匠式"或者急功近利式的教师已经难以符合时代发展对教育的要求了。教师首先要学会研究，研究自己、研究学生、研究文本、研究课堂等，而这些莫不与"文本深读"息息相关。教师、学生不再满足于浅薄的教学，课堂呼唤深入的思考，思维的发展，开展深入阅读，开展研究型教学，这些使得教师必须转变成为一个研究者和实践者。

另外，教育教学活动是一个难度较大、比较复杂的专门培养人的职业，要求教师具有丰富和厚实的专业学科知识，但是只拥有专业学科知识还远远不够，还需要教师掌握一般社会成员不了

---

[1] 步根海、谭轶斌主编：《中学语文实施"两纲"培训者培训课程讲义》，上海教育出版社，2009年，第6页、第11页。

解的教育教学知识、技能和教育教学规律。教师专业化就是要求教师要在整个专业生涯中，依托专业组织，通过终身专业训练，习得教育专业知识技能，实施专业自主，表现专业道德，逐步提高自身的从教素质，成为一个良好的教育专业工作者，也就是一个人从"普通人"变成"教育者"。美国卡内基教学促进基金会现任主席、教育学家李·S. 舒尔曼指出："现在，新的专业教育和教师教育的概念已经出现。这些概念与专业教育的各个环节相联系，包括道德观、理论理解、实际技能、判断、从经验中学习以及专业社团责任感的发展等。"

因此，新世纪的教育要求教师成为学者型教师，即教师除了具备专门学科的知识、技能以及能力外，还应具有深厚的教育理论修养、广阔的教育前沿视野、敏感的教育问题意识、过硬的教育科研能力。教师必须在长期的教学实践中，不断探索和解决教学问题，培养和提高科研能力，才可能具备学者型教师素质。比如，在研究"文本深读"这一课题时就需要学习解释学、接受美学、走向理解与对话的阅读教学等前沿理论，教师可以以此来充实、武装自己，提高自己的科研能力，用以解决阅读教学中的实际问题。

第四章 文本深读与深度备课

一、主题深备课

"一支粉笔，两本教材"的教学方式，以及"两耳不闻窗外事，一心只读参考书"的备课模式，已经无法满足信息化时代下的儿童对知识的渴求。那么，如今语文教师应该教什么、怎么教？这是摆在当今语文教师面前的重要课题。传统的教学模式需要改变，才能提高语文教学效率；学生的学习形式也需要变革，才能让他们学得轻松愉悦。要做到这些，只有从改变备课模式开始。

俗话说："教要成功，备要当先。"备课的水准直接影响教学的质量。

备课需要怎样的观念与思维方式呢？我觉得，作为语文教师，应当有一种专业自觉，对每一节课抱有敬畏之心。要知道每节课，我们付出的只是职业时间，而儿童付出的却是宝贵的生命时间。教育要为学生的幸福人生奠基，而这奠基，就应从我们细致的备课做起。备课的过程就是自己的专业走向高度的过程。深度不是难度，深度决定高度。近年来，主题教学在努力实现"超越教材、超越课堂、超越教师"三个"超越"的过程中，都是借助深度备课来实现的。

面对主题教学的基本理念，可通过行之有效的课堂教学行为，证明其价值和意义。主题教学的课堂如何焕发并感染学生，实现阅读的拓展、思想的延伸、意义的建构乃至人生的奠基，这都有赖于主题教学课堂上由温度、广度、深度通过梯度所共同达成的高度。没有教师广博的阅读视野和充分的资料铺垫，课堂不可能实现有效的广度，没有细腻的教材挖掘与精心的教学设计，课堂的温度与深度就只是空中楼阁。课堂上要想呈现出这种高峰体验，必须有赖于语文教师的深度备课。这种深度备课，还是在专业共同体基础上的深度备课，姑且叫主题深度备课。

所谓"主题深度备课"，就是指以教材为起点，在深读教材的基础上，最大限度地开发可以利用的一切课程资源，达到教材解读的深度与高度，拓展教学内容的广度，充分发挥集体智慧，形成合力，使教学目标与教学内容的设定尽可能地趋于适度合理，使师生在教与学的过程中共同成长。

这种主题深度备课，从传统备课到主题深度备课，代表备课观念的转变，强调备课的整体性，见树木，更要见森林。深入把握教材意图，以及教材背后的信息，并有针对性地在容易产生偏差的问题上做阐释，实现创造性地解读教材和备课。[1]

二、合理、恰当地引入相关学术研究成果

有深度的阅读，一方面来自教师对文本的细读；另一方面来自教师对相关专家解读成果的吸收。而很长一段时间以来，高校

---

[1] 窦桂梅：《谈主题教学深度备课——以〈三打白骨精〉为例》，《江苏教育研究》2008年第16期。

的学术研究成果几乎无人利用，如同自娱自乐，但中学语文教学实践中却极度缺乏相关学术成果的引入，显得单薄、肤浅，大多只能依靠网络和教参提供的未必合适的资料加以整合，鱼龙混杂，良莠不齐，不利于语文教学。因此，笔者建议，不甘平庸的教师、有兴趣从事研究的教师、对本学科教学有责任心的教师，应该走出这一学术藩篱，敢于善于查阅、应用相关学术成果，奋力拿来，为我所用。当然，选取哪些精干、有效的学术资料，如何恰切地运用，使得学生易于接受等，均要求教师要有相当的鉴赏力、识别力、判断力。可喜的是，据笔者观察，越来越多的教师，如高学历的、年轻的教师，正在从事这一方面的积极探索，并取得了良好的效果。

笔者在讲授鲁迅先生《非攻》之前，阅读了《〈故事新编〉研究及其他》、《被照亮的世界——〈故事新编〉诗学研究》、《墨子》及《墨子答客问》等专著以及其他单篇论文，将谈及《故事新编》或《非攻》作品的部分学者论文，如高远东、王富仁、丁易等人的观点、看法推介给学生。学生又查找了鲁迅、茅盾等人的相关文章。在教学后期我们又补充了钱振纲教授论文《对儒、道、墨三家"显学"的扬弃——从文化视角解读鲁迅后期五篇历史小说》。这样，师生准备较充足，对文本的理解也就较有深度了。

在学习以"气节"为主题的两篇文章《苏武传》和《〈指南录〉后序》之前，我们发给学生相关资料：文天祥生平介绍、选入课文时删除的段落、补充历史资料、文天祥诗词、苏武出使的背景、卫律等人生平介绍，后人咏苏武诗、评价李陵的文章等。

三、深度备课，有效教学——以《香菱学诗》为例

"有效教学"即教师通过教学，在单位时间内使学生所获得

的进步与发展。有效的课堂教学是有效教学的重要途径，而深入、细致的备课则是有效课堂的重要基础。2012 年 12 月中旬，在复旦大学附属中学召开沪、苏、浙、皖四地"新语文圆桌论坛"，笔者便采取自己一直倡导的"深度备课"方式执教《香菱学诗》，授课效果较好，受到与会者较高的评价。大致过程如下：

1. 了解学情，读写拓展，有效激趣。

据调查，高一学生对《红楼梦》了解不多，对于有关香菱的其他故事情节也不甚清楚，因此，我们印发了《红楼梦》中有关香菱的部分章节，共涉及 8 个回目，并附带脂砚斋的精彩评点。通过阅读，同学们较为全面地了解了香菱这一美好人物并被其打动，也引发了写作的灵感和欲望，于是撰写读书随笔，笔者遴选部分作品刊发于班刊。笔者在班级读书角中摆放了《红楼小讲》、《红楼夺目红》等著作，深受同学喜爱。他们也从图书馆或自己家里带来了《红楼梦》等书。这样就较好地激发了学生的学习、研究兴趣，为顺利、有效地展开教学打下良好基础。

2. 分析教材，层层深入，有效解读。

（1）关注共性知识，有效进行铺垫。

讲解小说一般会将重点放在人物形象和故事情节这些共性知识上。在讲解《香菱学诗》第一课时，我们就设计一个问题进行了对比探讨："香菱学诗是怎样获得成功的？"这样使得学生了解了黛玉、香菱的一些形象特征以及香菱学诗的大致过程。另外，《香菱学诗》中涉及不少古典诗歌的基础知识。对此，我们也探讨了律诗的格调规矩、意趣、词句技巧等问题，黛玉如何讲授的问题，陆游的诗为何不可学的问题，王维诗句妙处所在等，为使学生在第二课时能更为深入研读做好铺垫。

（2）发现文本个性，有效解读文本。

对于香菱这一人物的认识，不少人授课时将重点放在了她

"苦志学诗"的"苦"字上，却忽略了其中的"诗"。其实，对于前者，绝大多数学生早已领会了，如果再讲就可谓无效。重要的是，我们应该更要关注她的"美"、她的"悲"、她的"呆"以及她的"笑"。

其次，《香菱学诗》是《红楼梦》节选部分，有其特殊性，既不能只讲该文本而不涉及《红楼梦》，也不能完全脱离文本去讲《红楼梦》。另外，这篇文章同时也是少数谈诗论艺的古典小说片段，诗词歌赋在其中占有极大比重，也阐发了曹雪芹的一些诗歌理论观点，这也是该文本的一大个性特点。对此我们希望借助一些学术见解，以期有效解决疑难问题（见下文）。

当然，像这样对文本做一些更为深远和个性化的探讨，也正是基于我校学生的学情而设计的。也只有深入文本，发现了这些特点，才能对文本解读更深入，使得教学更为有效。

（3）引入学术观点，有效解决疑难。

笔者数年前曾经开设"《红楼梦》导读"、"《红楼梦》研究"等课程，并发表过相关论文，为开课又阅读了数十篇相关论文，查阅了部分专著。此外，笔者还给学生印发邓云乡《红楼风俗名物谭》中《黛玉教诗》、《香菱学诗》两篇文章，蔡义江《红楼梦诗词曲赋鉴赏》中有关三首咏月诗的鉴赏，周汝昌《红楼小讲》中《薄命女香菱》等。最重要的是中华书局出版的"红楼人物百家言"丛书中的《红楼女性》（上下册）内收集的有关香菱的几十年来的学术文章摘录，从她的名字、性格、身世、学诗、命运、结局等方面比较全面地加以论述，我也给学生印发、阅读。这些学习、研究就使得学生较为全面、深入、立体地感受到了香菱这一人物。

在这篇文章中，曹雪芹还谈论了一些诗歌见解，很难解释清楚。首先要求教师必须清楚这些诗歌理论，其次需要结合课文内容、文中诗歌把理论解释清楚，最后还要试图让学生明白、理解这些内容。这节课中，我们引入了中国传统文学理论中的一些观点，如古代诗话中的论述，当今古代文学理论学者的专著、文章，如《沧浪诗话》、《中国文学批评范畴与体系》等。经过分析"意"、"趣"、"意趣"、"新"、"奇"、"巧"等理论范畴、概念，使得学生基本理解了这些理论，较好地解决了这些疑难问题。

3. 删繁就简，领异标新，有效设计。

于漪老师曾说，课堂教学要尽力做到"一清如水"，若要达到此效，提纲挈领、新颖别致的教学设计对于有效教学可谓重要。在黄荣华老师指点下，进行教学设计时，我们从香菱所创作的三首诗入手，这样既可以用曹雪芹本人的诗歌理论加以验证，又可以从诗歌中看出香菱这一人物形象特征。如此设计，切入角度小而准，然后扩及全文并谈及曹雪芹的诗歌理论，而后扩及原著，探究曹雪芹之所以创作香菱学诗这一情节的原因……如同涟漪一般，层层生发开来。这样就既能不脱离文本，较为深入地研读文本，又能涉及原著，达到一个较为高远的文化层面，使得学生也能通过学习本文，从而走近香菱，走近曹雪芹，走进《红楼梦》，对其产生较浓厚兴趣并形成一些文化积淀。

为了缩短古典小说与当代学生的距离，缓解学生在大型公开课上的紧张情绪，我在上课伊始就高歌一曲《红楼梦·引子》，力求将课堂带入情境中去。结束时又演唱了香菱判词，以期加深情感、印象并使得首尾圆融，余韵悠长。此举也被认为颇有新意和教学效果。

苏霍姆林斯基在《给老师的建议》中写道，帕夫雷什中学一位极为成功的历史老师曾说："对这节课，我准备了一辈子。而且，总的来说，对每一节课，我都是用终生的时间来备课的。"或许，这可以说是"深度备课"的最好注脚，也可与同仁共勉。

第五章　文本深读与深度预习

　　凡事预则立，不预则废。如果说深度备课主要是教师从自己"教"的角度去考虑、去实施的话，那么深度预习则是从学生"学"的角度出发加以设计的。预习内容可以由教师设定，也可由师生共同设定。就语文阅读教学而言，深度预习需要较为熟悉作品，可以通过朗读来加以实现。这里的朗读除了要关注朗读技巧外，更主要的是通过朗读，展开想象、联想，深入体会、感悟作品内涵，从而为深入的课堂教学奠定良好的基础。此外，查阅资料在预习中非常重要。对作者创作该作品时的时代背景、创作心境、创作目的、作者同类作品、与主题类似的他人作品、时人与后人对该作品的主要评价和观点等，最好能有个大致了解，以便于自己的解读能够站在前人的肩膀上。还有，在深度预习中，阅读者的质疑更是重中之重。爱因斯坦曾说，提出一个问题有时比解决一个问题还重要。可见质疑的重要性。初读、再读、多读后的疑问，在阅读教学中对于师生而言都非常重要。有质量、有深度的问题可以使得教师清楚学生阅读疑难所在和教学重点所在，同时这些疑问发展、提升了学生的思维。实践证明，学生在进行深度朗读、深度查阅、深度质疑时，他的深度文本解读之旅也就开始了。

一、注重琅琅书声，是深度语文的首要选择

只有熟读才能精思，这抓住了语文学习的关键。在课堂教学中，通过朗读读懂文本是阅读能力形成的过程，也就是语感形成的过程。语文课堂要形成琅琅的书声，这是本色课堂的基本体现，但仅有琅琅书声的语文课还是不算完善的；仅把握快慢、轻重、长短、升降、停顿等朗读的技巧也是不够的，在朗读的过程中，我们要把握文章深度的内容，深入领会语句的内涵，让作品的精、气、神在朗读中自然而然地流露出来。同时，在朗读的过程中，要引导学生展开想象，想象文章的优美画面和片段，深入体会、感悟，读出文章的内涵，读出文本的情感，品味出作品的意外之意、意外之境，这样的朗读才符合深度语文的要求。

二、注重激越情感，是深度语文的内在体现

"深度语文"课堂是简约的，但同时也是充满诗意与激情的。语文的文学性质决定了语文教学注重情感的激发与感染。语文老师应该是一个感情丰富而且善于煽情的人，教学中，我们应该重视各种形式的朗读，在读的基础上将文本心灵化，以情激情，深入学生的情感世界。让学生在激荡的心灵中受到熏陶、激励。我们的语文课，不乏知识，缺乏的是激情，缺乏的是感染，缺乏的是"语文味"。我们的深度语文课堂，需要在激情中，让学生领悟作者独特的思想、美好的情操和高尚的人文情怀。

三、前期较丰厚、扎实的铺垫

《非攻》教学前，学生做了如下工作：

（1）分组查找资料，了解鲁迅先生晚年情况、写作此篇的背景情况，探测其写作目的及意义。

（2）对《故事新编》的了解：题材、体裁、特点、创作方法。推荐阅读了鲁迅《南腔北调集·我怎么做起小说来》、《〈故事新编〉序言》、鲁迅致徐懋庸的信件、茅盾《〈玄武门之变〉序》等文章。

（3）对墨子《非攻》、《公输》篇章的了解：介绍、翻译这些文言文，并与本文作品相对照，分析删改之处及各自特色。（做成幻灯片进行展示）

（4）学生阅读文章，并提出疑问。此期间，教师给学生合理、恰当的建议和帮助。教学实践证明，学生在查阅相关资料的前期铺垫时即开始了对该文本的解读。

袁爱国老师在教学《人琴俱亡》课文时，重点阅读了《世说新语》里有关"伤逝"的篇章，以及宗白华《论〈世说新语〉和晋人的美》、李泽厚《美在深情》、冯友兰《论风流》几篇文章。通过研读上述相关文论，教师对课文的写作背景、主题思想、艺术特色就有了更加深刻的理解。①"伤逝"的情节：中古文人永恒的悲美。② 深情之美："情之所钟，正在我辈"。③ 敏锐执着：深刻省察人生的真谛。通过三点进行深度阅读，将文本读透，并最终指向了"生命在场"的阅读，以体验文本温度。师生通过体味文本，共同对话，感受古代文人情感世界焕发的智慧的光辉，体会魏晋士人对于死亡、人事、自然兴发的种种情感，从而丰富内心的情感，体验生命的意义。有了以上的细读与思考，"人与琴：深情之美"这个教学主题便生成了。[1]

---

〔1〕 袁爱国：《深度备课：高效阅读教学设计的必由之路——以〈人琴俱亡〉教学设计为例》，《语文建设》2009 年第 2 期。

四、宏观把握社会历史语境，还原文本语境，进行整体性阅读

在《非攻》教学中，学生查找了鲁迅写作《非攻》的时间、地点、历史背景、其晚年思想及心境以及《故事新编》等其他作品，将《非攻》还原于整部小说集、作者该阶段思想状况中，去整体性地考察该文本；另外，我们还了解了墨子所处时代的一些历史状况及其思想、学说、主张等，使学生消除了一些因历史跨度所带来的对文本的距离感与陌生感。

又如在进行"气节"主题教学研究时，我们分析、梳理了气节的几种典型（关于"守节"、"尽节"、"死节"这一文化现象的梳理）。

冯雪峰先生指出，"士节"的两种典型：一是忠臣，二是清高之士。并说"士节"是对人生的一种坚定的态度，是个人意志独立的表现。

我们在中学语文教学中所接触到的文人气节可谓不少。比如屈原（沪版教材中曾有《屈原列传》和他的《国殇》，先前的人教社版教材曾有《涉江》等），他可谓中国第一位文人，他直言敢谏，不愿同流合污，跃入汨罗江而死。他高洁的人格不仅远远超出那个时代，而且远远超出任何一个时代。"举世皆浊我独清，众人皆醉我独醒。"屈原自沉了，他肯将自己托付给清流，是因为他相信"上善若水"，他从渔父之歌——"沧浪之水清兮，可以濯吾缨；沧浪之水浊兮，可以濯吾足"——感悟到了生命的原旨和要义，至上的人生境界便是以清水去浣濯自己的精神之"缨"。"可以说是质本洁来还洁去。"

又如司马迁在《屈原列传》中的赞美。其实他本人也是一个

颇有气节的文人。在众官员对李陵之降沉默不语或落井下石的时候，唯有他敢于据理力争，仗义执言，颇有气节，这里不再展开论述。

再比如陶渊明，高一教材选其《饮酒》诗之五，这里只讲一点，不再展开。可能在平时教学中很多人会把教学目标或者重点放在作者的闲适和隐逸上，探讨他的这种悠然自得、陶醉自然的心境，并痴迷于他的这种"采菊东篱下，悠然见南山"之意境中；可能我们还会在背景介绍中讲解他"不为五斗米折腰"的故事，可在教学中却远远地忽略了这种气节与所要学习的内容之间的关联。但其实，隐逸中的恬淡只是他和他的诗歌中的一点而已，还有其他部分我们也要能够看得到。我们要尽可能通过这首诗，窥斑见豹，要整体、立体地去把握文本。首先，我们可以通过前一首诗歌——左思的《咏史》诗来理解。可以说是文本互涉。教材编辑为什么把这两首诗放在一起呢？这个问题有意思。求同存异，寻找原因。他们都是晋朝人，一个是东晋，另一个是西晋，他们所处的时代都是看重门第的，对个人才能并不十分重视……但左思对这种不公的现象敢于直言不讳，喊出了"世胄蹑高位，英俊沉下僚"的呼声，表面是咏史——金、张、冯唐，实则为抒怀——表达寒士不遇的愤激之情。而陶渊明的"饮酒"则是在品味人生。他不愿为五斗米折腰，二人其实都是有气节之人，但表达方式却不一样，左思比较激烈一些、直接一些，而陶渊明则温和一些。但陶渊明绝对不全是静穆幽远的，正是在这种气节之下他才选择了这种隐逸方式，才产生这一系列作品。而且在他的一组咏酒诗中如何能够读出他的这种气节和他的这种豪气，也是我们应该做到的。他们还有什么关联吗？龚自珍说："陶潜酷似卧龙豪，万古浔阳松菊高。"不仅仅是指他的咏《山海经》诗歌，也是他的为人和潜在的那种诗风了。金代的元好问说他"豪华落尽见真淳",《诗品》说陶潜的诗源于"建安七子"之一的应场,又挟左思风力。这就很明显地表明了这两人的诗风关系。左思的诗对于陶渊明是有影响的。我们能够在他较为恬淡的诗歌中读出他内心的不平和、他的豪气,甚至他的气节也应该成为我们教学中一个目标。正如可以从李清照《声声慢》中读出豪迈一样,《咏酒》之五并未提到酒,可是全诗令人醺醺然欲醉,虽然看似恬淡,其实颇有气骨。否则,若只是通过这首诗把他定义为一个田园诗的开创者,只是知道是他的颇为淡然的作品,就对文本的理解并不完整,也对其深层意蕴缺乏分析,那就无法立体地整体地理解陶渊明这个人和他的诗。"不为五斗米折腰"的背景只能成为背景,却无助于理解文本,只能成为一种浪费。

陶渊明的这种气节与他的田园诗对后人影响哪一个大?一样大!而且如果没有这种气节在先在前作为他的积淀和基础,又哪里会有这些田园诗、咏酒诗?甚至可以说这两者是个因果关系。那么,我们在授课时凭什么要大讲特讲他的恬淡、自由、无我之境却忽略了他的气节一面呢?这对他是否公平?

陶渊明的这种不为五斗米折腰的文人气节对于后代的影响可谓重大。唐代李白被赐金放还、离开长安后,曾写过《梦游天姥吟留别》,内有青山碧水,云霞雾霭,石洞仙府,熊咆龙吟,仙人纷纭,白鹿青崖,风格可谓雄奇、奔放而壮丽,通过类似游仙的梦境,来反映他对现实的感受。李白对功名积极求取,可以说并非自命清高之士,但长安的政治悲剧还是给诗人带来极大伤害,这场梦游天姥的醒来,无异于自己的一场政治梦的惊醒——"忽魂悸以魄动,恍惊起而长嗟"。这也唤醒了他的性格中平交王侯、蔑视权贵、傲岸不屈的一面和不屈服于命运安排的耿介骨气,所以他最后喊出了"安能摧眉折腰事权贵,使我不得开心颜"的强烈呼声,不再展开论述。

因为，文人气节不是今天我所要论述的主要内容，忠臣气节才是。屈原这个人是文人也是忠臣啊，我这里谈的是忠烈之辈的"守节"、"尽节"甚至是"死节"。要结合两篇文章来谈：文天祥《〈指南录〉后序》和《汉书·苏武传》。

男子的守节、尽节比较早的可以说是孤竹君二子伯夷、叔齐兄弟。更早的限于历史资料的匮乏，不得而知。他们在当时的历史条件下，不为王位相争而相让，是可贵的，这种美德自古以来就广为人们传颂，对于谦恭揖让的民族传统的形成产生过影响。《论语》中有至少三次谈到他们，并认为他们"求仁而得仁，又何怨？"他们二人不赞同的不是表面的周取代商，而是周对商"以暴易暴"的取而代之的方式，所以他们义不食周粟，后来为了坚持自己的气节，连野菜也不吃了，终于饿死首阳山。庄子《秋水》却以为"伯夷辞之以为名"，是出于自己的立场和观点，将他们作为自己的代言工具，是缺乏客观性的。他们对后世的人影响很大。到汉代张骞出使西域，身处逆境，仍不屈不挠，终于不辱使命；苏武奉命赴匈奴，被幽闭十九载，面对利诱，一身正气。宋代文天祥兵败被俘，仍大义凛然，视死如归，体现了民族气节。我们就讲解这两个人，这两节课文的学习过程大致如此。

追寻"气节"这一文化原点的形成、发展，并对其进行梳理，联系了中学语文教材中曾出现的或学生比较熟悉的历史人物，既可拓宽学生的文化视野，又可形成较为清晰的线索，加深、强化学生对传统文化某一知识点的认知，为进行文本深读、深教打好基础，做好准备。

第六章　文本深读与深度设计

教师要在深度拓展之后对教学进行深度设计，即如何预设好课堂流程，实现学生学习过程的深入浅出。这一环节是最重要的，也是最关键的。因此，反复琢磨，使阅读教材获得的认识和扩展得到的收获相结合，更重要的是，从教育学的角度把握如何基于学生的接受心理实现备课的再创作的过程。

一、文本解读的细致

《非攻》描写墨子去见公输班时却遭遇门丁的大喝，墨子眼神的"一射"为何就能让公输班的家丁安静不下来，感到不舒服，不得不去禀报呢？学生对此分析颇为深入、细致，认为先前来求乞者都低声下气而墨子的眼神却是平静的平等的甚至高贵的，让门丁感到了与众不同的威严。关于曹公子大讲"民气"，为鼓动大家去跟敌人拼命地演讲，教师及时补充了鲁迅杂文《忽然想到·十》，使学生认识到鲁迅先生反对"民气"论，主张富国强民的"民力"论，体会鲁迅这种从"立人"到"立国"思想，达到了这一教学目标。关于比较富有争议的《非攻》结尾，同学们也各抒己见，进行了"头脑风暴"式的解答，可谓见仁见智。教师补充了《墨子·公输》的结尾，并重点解读了"治于神者，众人不知其功；争于明者，众人知之"的关键句。补充说明了墨子以天下为己任的兼爱、非攻思想，且功成而弗居，从不以圣人自居，却施行圣人之事，具有圣人的道德品质——他沟通了群众和英雄、百姓和圣贤的界限。其再次加深了学生对墨家精神风貌的认识。

又比如在学习杜甫《登楼》这首诗的时候，关于颔联"锦江春色来天地，玉垒浮云变古今"的师生探讨，如下：

生4：我觉得还有就是第二联里面的这两句"锦江春色来天地，玉垒浮云变古今"，它其实也是一个景物的描写。但是对相同的景物，像这两句的话换到其他诗人，让王维、让李白来写的话，我们感受到的可能是一种对于风景的赞美。因为作者是杜甫，是忧国忧民的杜甫，我们可以从这样的景物的描绘上面看出一种对于家国的情怀。看到这种"锦江春色"，看到这种汹涌的江水，他可能会联想到那些来入侵的外敌；而看到那些变幻的浮云可能会想到一种世事无常，想到一种对于国运的担忧。

师：嗯，好的。他说他看到了锦江春色，还有一个是玉垒浮云而感伤。（板书：春色浮云）

这个景色刚刚同学说它不是非常壮丽的吗？怎么和忧愁有关系呢？而且他把杜甫的诗（这首诗）和王维等人的诗进行比较，一样都是写景，作者不一样，感觉就不一样，为什么不一样？因为这是杜甫所写的，有忧国忧民的情怀在其中。而且他认为这个"浮云"可能使人想起了世事无常，人世变幻，这么一种感伤在里面。还有同学补充吗，关于这一点？好，谁先说？

生5：我想补充一点。因为玉垒山它其实处在当时吐蕃和唐交界的战争的前线，这个"浮云"其实也是暗指玉垒山那边的战事，它的情况是变幻莫测，也是不能够确定的，这也是杜甫对于此的一种担忧和关切的心情的流露。

师：嗯，好，她补充这么一点，刚才她说的这个"玉垒浮云"好像内涵很丰富，一个是世事变幻无常；还有一个说是因为玉垒山是前线所在地，能感受到战乱之危急（板书：世事变幻，战乱危急）。还有同学要补充的吗？好，你说。

生6：其实这两句的话我们读起来感觉气势还是挺开阔的，有一个"来天地"和"变古今"，但是就是这种"开阔"的话，就是反而有一种世事变幻很快的感觉，这种气势非常壮阔。但是呢，这个国家正处于危难之中，诗人看着他眼前这种场景就反而产生一种天地如此开阔，而我的个人是这么的渺小，国家又是这样的风雨飘摇，我又没有办法来改变这些，来为国做些什么的感受。还有个人的渺小，生命的那种短暂吧，我觉得是。然后，这两句的话，我觉得它在诗歌上有那种以乐景衬哀情的手法。

师：嗯，很好，请坐。她谈的其中一点是个体之渺小。（板书：个体渺小）她先说，这是开阔啊，气势开阔，非常宏大，好像整个宇宙涵盖其中。"上下四方曰'宇'，古往今来曰'宙'。"此一句，涵盖宇宙。沈德潜这样评价："此联气象雄伟，笼盖宇宙，此杜诗之最上者。"

（PPT推出：气象雄伟，笼盖宇宙，此杜诗之最上者。——沈德潜《唐诗别裁》卷十三）

非常开阔，非常有气势，扑面而来的春色，古今变幻的浮云。因为它非常宏大，所以它对比出个人之渺小，甚至她还谈到生命是如此之短暂，自己可能是非常弱小的、无力的，还有这种感觉。还有同学来补充这一点吗？好，你说。

生7：我觉得这边写春色，"锦江春色"带来一种比较雄壮的景象，可以让作者联想到盛唐时期的政局稳定、百姓安居乐业的景象。但是，在安史之乱之后，这种景象已经一去不复返了。所以可以让作者抒发出一种历史的沧桑感，包括这边这句话里写道"来天地""变古今"，这也引发了作者对于唐朝政局这方面的一些感怆。

师：好的，很好，请坐。她说的是盛衰和沧桑感。（板书：盛衰、沧桑）春色铺天盖地而来，她觉得可能像唐王朝繁盛时期，后来的浮云变幻可能有种衰弱的感觉。关于这首诗，还有人评价说是"壮而感怆"。大概就是因为这些原因吧。雄壮的确雄壮，但是它也非常悲怆。

（PPT 推出：杜七言句壮而豪宕者，"五更鼓角声悲壮，三峡星河影动摇"；壮而整严者，"江间波浪兼天涌，塞上风云接地阴"；壮而瘦劲者，"万里悲秋常作客，百年多病独登台"；壮而感怆者，"锦江春色来天地，玉垒浮云变古今"。——胡应麟《诗薮》内编卷五）

这个印证了同学们的观点，把玉垒浮云和后边的诗还连了起来，还有同学补充吗？关于春色和浮云，或者关于其他的，关于"伤"的一些原因，都可以说。好，你说。

生8：我一个补充的就是我从它的解法上就是上一句"锦江春色来天地"，它是从空间的变化来写的，体现出视野很开阔的感觉，然后，下一句的话"变古今"是从时间变化来写古往今来，然后这其实和下面一联"北极朝廷终不改"的"终不改"，我觉得有一个相互呼应，"北极"在这里象征着大唐政权，"终不改"说明他（杜甫）对唐王朝能够恢复和乐、安定的时期是非常坚定的。包括他对"西山寇盗莫相侵"，写出他对寇盗入侵者的愤怒。还有，我觉得他这句话把历史写进了诗歌，这是他一种诗史的意识，同时也表现他忧国忧民的情怀。

对于这一联，我们看到的不仅是铺天盖地滚滚而来的春光和古今变幻无常的浮云，还进而联想到王朝的兴盛与衰败、敌寇的入侵、战乱和世事沧桑等，还能体会到这一联的情感与风格，进而体会和感悟杜甫其他相关诗歌的风格。而为了能够达到和实现这些教学目标，提高学生的思维能力和语文素养，教师的深读研究和深读设计功不可没。教师不停地追问、引导，引入相关的古人对于这首诗歌的评价，启发学生不断地思考，实现了高峰体验。

二、文本解读的深入

对教学目标中有关于"诗圣"的理解以及"沉郁顿挫"风格的认识，可以说都是非常宏大的，几乎在一节课中是无法完成的，但是我们却又不能仅仅停留于概念化和表面化，不能让学生从小就知道"诗圣"的概念却从来不懂得其中的原因和内涵。这就使得课堂教学带有某种学术研讨的性质，也就使得课堂教学深入了许多。我们要给学生一些有较高难度的内容，给学生一些新颖而又深刻的体验，要最大限度地调动他们的学习积极性和好奇心，使得教师不至于多少年来仍在一个地方打转，教师也应该是终身学习的，有挑战精神的，如果一个教案和解读方式多少年来都一成不变，那么教学还有什么意义可言！

师：我们来看，那么杜甫之所以被称为"诗圣"，它的原因还有哪些？谁来说？

生17：我觉得杜甫被称为"诗圣"是因为他有种圣人一样的情怀，所以我觉得忧国情怀可以叫"圣人情怀"，他对天地万物都有种浓烈的情感，比如说《春望》中"感时花溅泪，恨别鸟惊心"表达了时世的艰难，见花而伤心。这首诗里面也有比如说"花近高楼伤客心"，就是说非常细微的天地万物和关乎生命、关乎情感的东西都能打动他，他的情感是非常细腻的。而且他生在盛唐转衰的一个年代，再到战乱，不幸的遭遇使他的诗里带着一种强烈的悲天悯人的情怀。所以他的诗读着就有一种非常悲伤的感情。

师：嗯，很好。（板书：圣人情怀，悲天悯人）悲天悯人之情。还有吗？谁来说。他来说吧，给他一个话筒。

生18：就是我们都知道孔子是"至圣"，那么其实杜甫他自己受儒家文化影响也很深。从他的祖先杜预开始到杜审言再到杜甫他本人，其实都是儒家非常有名的代表人物。比如说他的颈联"北极朝廷终不改"其实就用了《论语》当中"为政以德，譬如北辰，居其所而众星拱之"这么一句话，意思就是讲他对朝廷非常有信心，也就是说杜甫他本人是对儒家文化非常了解的，也就是他之所以被称为"诗圣"不仅是因为他忧国忧民，而且是因为他在文化上的造诣以及他对儒家的了解。

师：嗯，很好。对儒家精神的继承、对文化的开拓。他自己讲"一生奉儒守官，未坠素业"（板书：奉儒守官）就是这个意思。崇奉儒学，做个官，从未放弃这些。好，还有谁来说？

生19：我觉得杜甫之所以能被称为"圣"是因为他已经达到了一种境界：不因为外物的好坏和自己的得失改变自己的心境。我在看《忆昔》的时候，它前面两个对比让我想起了一句古语是"《易》有三训，一训简易，二训变易，三训不易"就是这个变与不变的话，更加突出了变的是朝廷，但是不变的是他自己的内心，就是《忆昔》的最后一句话"周宣中兴望我皇，洒泪江汉身衰疾"表达了希望朝廷依然能够恢复江山社稷的那种感觉，也让我想到一句话就是"国有道，不变塞焉；国无道，至死不变"。

师：嗯，很好，请坐。还有谁来谈谈关于"诗圣"的理解吗？没有发言的同学吧，你先说。

生20：我觉得"诗圣"很重要的一点是他的写作风格，他的写作风格融入了他的诗史意识还有他沉郁顿挫的写作风格。因为当时他正处于局势动荡的时候，他的诗人情怀就让他即使看到世间任何一个微小的变化都能引起他情感上很大的波动，更不必说当时国家正处于硝烟四起的状况。他内心那种忧国忧民的情怀让他给这首诗和《忆昔》的后半部分赋予了自己内心很强烈的一种爱国情怀，所以我们才能这么深刻地感受、就是感同身受对"伤"的意思的理解。

师：嗯，好的，请坐。我们对于这个"沉郁顿挫"和"集大成"还有没有什么看法？好，你说。

生4：我觉得还是关于"诗圣"这个问题的话，我们刚才已经有关于"圣"的问题，但是，我们必须要注意到他是"诗圣"，也就是说在"圣"之前他有"诗"。关于"诗"这个的话，我们会想到为什么说他这种忧国情怀在他的诗里面体现得这么淋漓尽致，其实我们可以看到他对于整个词句、整个结构上的把控是非常好的，比如说他在这首《登楼》里面，他将"日暮聊为梁甫吟"这种个人伤的情怀和对于国家的整个王朝伤的情怀联系在一起，就使得他的感情既非常富有实际的感觉，又非常开阔、非常宏大，可以非常非常地打动人。同时，他可以有这么大的气势、这么好的一种诗的感觉也在于他整个就是大家所知的杜甫的诗，他的格律非常好，包括这首《登楼》也是一样的，它让人读起来非常顺畅，能够非常自然地从里面挖掘出他所要表达出的一种情感。

师：嗯，很好。体会得很深切，他所写的诗被称为"诗史"，他本人被称为"诗圣"，因为他写的这些内容很深沉，自己生命的真正的体验、血和泪都在里面，能够深深地打动人，所以有沉郁之感。他又从诗的结构和情势上讲了一些。好，你说。

生18：我再补充两点：一个是，他被称为"集大成者"，我前面讲是因为他是儒家，其实他更多的也是因为对典故非常了解，比如说他的最后一句"可怜后主还祠庙，日暮聊为梁甫吟"其实用了两个典故，以至于后来江西诗派以杜甫为尊，基本上要求字字要简。然后再讲一个"沉郁顿挫"，它的首联"花近高楼伤客心，万方多难此登临"，其实他"伤客心"的原因大家刚刚也讲到其实是因为"万方多难"才有的"伤客心"，但是他这句话讲的是"花近高楼"，然后"伤客心"而不是"万方多难伤客心"，这样的话就给人一种突兀的感觉，以此来突出这样的一个"伤"，以此来引领全诗。我觉得这也是他诗的妙处，也是他被称为"诗圣"的原因。

师：好。首联有个倒装，结构上有一个顿挫感，形成了这种姿态，很好。我们来看看所谓的"沉郁顿挫"，意在笔先，神余言外，若隐若现，欲露不露，反复缠绵，性情之厚，还说极深厚。

（PPT推出：所谓沉郁者，意在笔先，神余言外……若隐若现，欲露不露，反复缠绵，……匪独体格之高，亦见性情之厚。顿挫则有姿态，沉郁则极深厚。既有姿态，又极深厚，词中三昧亦尽于此矣。——陈廷焯《白雨斋词话》）

通过对"伤"字的分析，我们了解了他的感情之深厚。这个"顿挫"呢，有姿态，他举了个例子就是首联"花近高楼伤客心"其实不是，其实后边应该"万方多难"才是，这么一颠倒形成一种顿挫感。倒装很妙，突然而起，情理反常，令人错愕，这是作诗者的苦心，诗圣之苦心。

（PPT推出：起得沉厚突兀。若倒装一转，"万方多难此登临，花近高楼伤客心"便是平调。此秘诀也。——施补华《岘佣说诗》；此诗秒在突然而起，情理反常，令人错愕。而伤之故，至末始尽发之，此作诗者之苦心也——明·王嗣奭《杜臆》）

他的艺术手法为什么被称为"诗史"，刚刚同学分析得已经很深入了，律切精深，而且他的情感非常真切。

（PPT推出：甫又善陈时事，律切精深，至千言不少衰，世号"诗史"——欧阳修《新唐书·杜甫传赞》；先生以诗鸣于唐，凡出处去就，动息劳疾，悲欢忧乐，忠愤感激，好贤恶恶，一见于诗，读之可以知世，学士大夫，谓之"诗史"。——胡宗愈《成都新刻草堂先生诗碑序》）

杜甫的诗现存1 400多首，有1 000多首关乎生民之忧、家国之思。

（PPT推出：世上疮痍诗中圣哲，民间疾苦笔底波澜——郭沫若）

同学们分析的忧国情怀也好，圣人情怀也好，悲天悯人也好都在其中。郭沫若用这副对联高度评价了他，我们一起来读一下。"世上疮痍诗中圣哲"开始……

生：（齐读）世上疮痍诗中圣哲，民间疾苦笔底波澜。

师：好，刚才还有同学问他是"集大成者"的原因是什么，后人评价他："至于子美，盖所谓上薄风骚，下该沈宋，古傍苏李，气夺曹刘，掩颜谢之孤高。"古今诗人的优点特长全具备了。第二段，实积众家之长，适其时而已。孔子就是圣之时者也，孔子就是集大成者也。而杜甫呢，是集诗文之大成者也。

（PPT推出：至于子美，盖所谓上薄风骚，下该沈宋，古傍苏李，气夺曹刘，掩颜谢之孤高，杂徐庾之流丽……未有如子美者——元稹《唐故工部员外郎杜君墓系铭并序》；杜子美之于诗，实积众家之长，适其时而已……亦集诗文之大成者欤。——秦观《韩愈论》）

因此，他被后人尊奉为"诗圣"。好的，我们今天学习了杜甫的一首诗《登楼》。前不久听到国外的研究专家宇文所安谈论杜甫，他说："杜甫的地位独一无二、无可取代。"当然，他用一篇很深、很长的论文去讨论这个事情，讨论这个问题，我也希望在今后我们可更加深入地走近杜甫、杜甫的作品，去领会他的诗情，领会他的诗歌，领会唐朝文学的巅峰之作。

三、深度研究相关主题

在进行《苏武传》和《〈指南录〉后序》教学中，笔者提出了"气节"，展开主题教学，并深入考证了气节的形成及大致含义：

节，从竹，即声。本义为竹节，"节，竹约也"。（《说文解字》）节泛指草木枝干间坚实结节的部分。"其于木也，为坚多节。"（《易·说卦》）因为竹子在中国传统文化中被赋予"清高自诩"的含义，又因竹节坚实，不易改变，即此而引申出"气节"、"节操"等文化含义。与今天论题相关的含义还有"符节"，古代使者所持凭证。自先秦以来，帝王以竹制为"符"，用以发布命令，旨在要求属下像竹子一样有礼有节、不折不扣地履行使命。"竹衰不变节，花落有余香。"又因它与儒家学说的"山南之竹，不操自直，斩而为箭，射而则达"相契合，蕴含着丰富的哲学内涵，所以"气节"成为国人优良的传统精神。

气节的大致含义是指人们应有的高尚情操，如不阿世、不迎俗，坚强不屈，百折不挠，无所畏惧，清廉自律，高风亮节等。当其处于改朝换代、王纲解组或民族危机、国家急难时，则被赋予民族气节、国家大义等内容。所谓的"气"，便是孟子说的"浩然之气"，是文天祥说的"天地有正气"。"气"与"节"的结合形成了中国人几千年中基本的操守与品格。先秦儒家气节观在后代有不断的发挥与传承，成为评价历史人物的重要准则之一，有无气节或气节高下就成为中国知识分子评价人物的一个恒久尺度，也是知识分子自己人生追求的一个人格目标。其精神则同于孟子所说的"富贵不能淫，贫贱不能移，威武不能屈"这种磅礴天地的精神。也就是《礼记》上所提出的"临财勿苟得，临难勿苟免"、"见利不亏其义，见死不更其守"的这种择善固执的精神。

四、高屋建瓴、气象宏大的教学设计

在教学杜甫《登楼》时，在教学设计中涉及"诗圣"的内涵、沉郁顿挫的认识等等；在教学李白《登金陵凤凰台》时，通过与崔颢《黄鹤楼》的比较，引出了同台竞技的豪情，深入到盛唐气象，进而引出崔颢的诗也有所模仿《龙池篇》，最后延伸到文化的继承与发展。可以说基本上超越了一些较为平常的教学思路。

师：现存李白诗中有 11 次写到黄鹤楼，他有浓重的黄鹤楼情节，"我且为君槌碎黄鹤楼，君亦为吾倒却鹦鹉洲""黄鹤高楼已捶碎"。一起来读下面这几句，感受一下他的黄鹤楼诗的前四句："黄鹤高楼已捶碎，黄鹤仙人无所依。黄鹤上天诉玉帝，却放黄鹤江南归。"

生（齐读）：黄鹤高楼已捶碎，黄鹤仙人无所依。黄鹤上天诉玉帝，却放黄鹤江南归。

师：还不算，再读一首。"鹦鹉来过吴江水，江上洲传鹦鹉名。鹦鹉西飞陇山去，芳洲之树何青青。烟开兰叶香风暖，岸夹桃花锦浪生。迁客此时徒极目，长洲孤月向谁明。"

生(齐读)：鹦鹉来过吴江水，江上洲传鹦鹉名。鹦鹉西飞陇山去，芳洲之树何青青。烟开兰叶香风暖，岸夹桃花锦浪生。迁客此时徒极目，长洲孤月向谁明。

师：你如何看待李白这种模仿，这种同台竞技的文化行为？一生写下这么多黄鹤楼的诗？他为什么要写这些？你如何理解？谁来说？

生14：我觉得这种同台竞技的现象是一种积极的竞技，因为积极的竞技可以使一些竞技项目得到发展，当时的唐代，诗已经达到一种顶峰状态，可以说这种同台竞技的现象是帮助了唐诗尽情地发展。

师：好，可以。请坐！（教师板书：同台竞技兴盛了唐诗）兴盛了唐诗。还有呢？哪位同学来说？你来说。

生15：我觉得李白在当时久负盛名，他是自信的，当时因为崔颢的《黄鹤楼》享有非常多的盛名和很多的赞美。他虽然被这首诗折服，但是他想孜孜不倦地超越它。他是非常自信的、不服输的一位诗人。

师：好，请坐！佩服这首高明的诗，敬服这首高明的诗，古人服善，你写得好就佩服你。这就是李白的胸襟气度，我佩服你，但我的目的是超越你。我要超越你，我是李白。还有呢？

生16：我认为古代的诗人看到比较好的诗句，会情不自禁地想要去超越它，这是一种非常好的现象。越是好的名句，越需要去锤炼，去作出更加优秀的句子来。我觉得李白的一生也是蛮坎坷的，都没有达到自己想要的境界，但是他却一直都在努力，从未放弃。他本身的这种性格和他想要去超越这首《黄鹤楼》，应该也是有联系的。

师：（教师板书：不服输、不放弃）好，李白曾经也哀叹过。"大道如青天，我独不得出"、"人生在世不称意，明朝散发弄扁舟"。从不放弃，他坚信"长风破浪会有时，直挂云帆济沧海"。他相信"天生我材必有用，千金散尽还复来"。还有呢？

生17：诗是有更迭的。唐诗的平仄其实是从《诗经》和《楚辞》中演变而来。当时科举考试都是以诗来命题，所以诗在唐朝本来就是非常出名的。当时的作家是以诗作为交流方式，诗就是唐朝的一种标志、一种象征。

师：好！相互切磋。你说。

生18：刚前面一位同学讲到了唐朝这样一种背景，我想到了唐朝还有一种是文人的一种昂扬的、积极向上的精神，"不破楼兰终不还"的那种非常积极的，不服输、好胜的精神。由于整个盛唐的发展，经济、文化、军事的发展而导致的一种文学界的氛围。

师：好的，请坐！此之为盛唐气象也！昂扬向上、永不服输。"气岸遥凌豪士前，风流肯落他人后？"我是李白，怎么可能落在他人后面？"天子呼来不上船，自称臣是酒中仙。"我怎肯落于他人之后？这才是李白。

高适、王昌龄、王之涣一起饮酒，歌妓演唱其中的歌曲，第一首是王昌龄的，第二首还是王昌龄的，第三首还是王昌龄的。王之涣说，最美的女子所唱的应该是我的，那个女子便开始演唱，果然是"黄河远上白云间，一片孤城万仞山"。众人大笑，敬服。王之涣说："不是我狂妄，而是真的好。我就是写得好。"这就是盛唐气象。因为这种不服输、服高明、超高明的切磋，这种交流，才有了文学，才有了文学史。（出示PPT）

据说，北宋诗人郭功甫曾与王安石共登金陵凤凰台，"追次李太白韵，援笔立成，一座尽倾"。宋人汪元量所作《凤凰台》，也是模仿李白之作，诗末两句云："玉箫声断悲风起，不见长安李白愁。"

这就是同台竞技的魔法。你以为崔颢是原创的吗？（出示PPT）

生（齐读）：龙池跃龙龙已飞，龙德先天天不违。池开天汉分黄道，龙向天门入紫微。邸第楼台多气色，君王凫雁有光辉。为报寰中百川水，来朝此地莫东归。

师：都以为《登金陵凤凰台》出于《黄鹤楼》，殊不知《黄鹤楼》出于《龙池篇》。为了超越《龙池篇》，崔颢也写了两首诗，终于写出《黄鹤楼》。再看《龙池篇》已经成了一首打油诗。他远远超越了沈佺期。这就是同台竞技，此为盛唐气象也！我们今天为什么还要学李白？当阿法狗机器人和李世石在进行人机大战的时候，我们为何还学习唐朝？还学习诗歌？谁来说说看？我们学习他的什么？

生19：我认为学习李白，其中一个是他的傲气。因为从盛唐诗人的这种对前人的模仿和超越，可以看出后人不一定不如前人，哪怕看上去已经是极富盛誉的名作，后人也可以通过自己的尝试来超越前人，也是对前人的一种致敬。从李白的诗看，我可以比之前任何人做得更好的这种，甚至有几分狂傲。这样才能推动整个唐朝前进。

师："诗是吾家事"，写诗就是我李白的事。要有这种气魄，所以这才是我们学习他意义的其中一个所在。我们没办法不喜欢他，我们焦虑迷茫的时候，感到苦闷的时候，读李白的诗就感觉很痛快，释放了很多。当然，不仅如此。我们后人为什么学习他？

生：为了延续和继承！

师：非常好！我们全班同学共同创作了一首诗歌，向李白致敬。齐读《与诸生联句致李白》……

第七章　文本深读与深度对话

　　注重深度对话是文本深读的基本条件。当然，"对话"不是普通意义上而言的"说话"，也不是简单的"一问一答"，而是需要将文本也看作一个"主体"，实现真正意义上的交流、融合、碰撞、吸纳。

　　解释学经验具有一个对话模式，理解就是一个对话事件，对话使问题得以揭示敞开，使新的理解成为可能，对话具有一种问答逻辑形式。

　　文本是一个"准主体"，只有破除了那种生硬的主客体之间的认识关系，代之以"我"与"你"（主体与主体）之间的平等对话和问答关系，我们才能倾听它向我们说的话。这样，文本好像不断向理解者提一个又一个的问题，而为了理解文本所提出的问题，理解者又必须提出文本业已回答的那些问题。通过这种相互问答过程，理解者也不断超越自己的视界。[1]

　　《语文课程标准》也指出："阅读教学是学生、教师、文本之间对话的过程。"基于多元对话概念上的语文课才是真正语文课

---

〔1〕　王岳川：《解释本体：文本意义的审美生成》，载曹海明主编《语文教学解释学》，山东人民出版社，2007，第 8 页。

堂，在课堂中，教师是平等对话中的首席，教材是最重要的课程资源。努力探寻新课程背景下教材的文本解读新思路，提升教师对教材的解读能力，是语文课程改革最迫切的任务。文本深读需要教师和文本进行深度对话，对教材进行深度的解读才行，这样才能在课堂上洋溢浓浓的"语文味"。这就要求在备课时，教师首先得深入文本，在与文本的对话中读出新意，读出文本深度。再带领学生走进文本，与文本进行有深度的充分对话，在让学生对文本真正参与、真情体验、真切感悟的基础上，对文本进行再创造、再建构，构建出语文课堂没有预约的精彩。这样的课堂才是符合文本深读的课堂要求的。

一、与文本对话：平凡语句探深意

（1）在学习文天祥《〈指南录〉后序》前，教师要求学生细读课文，查阅相关资料，书面提出疑问，课堂上师生共同思考、讨论、交流。

① 首段第一句就说自己某年某月某日担任了右丞相兼枢密使，为什么要这么写？（生问）。

师：据史书记载，德祐二年二月（史料记载应为一月）的时候，元军已"迫"修门，南宋都城中的官员其实都已经逃跑得差不多了。某日上朝，谢太后与小皇帝发现殿堂上只六位大臣！真可谓"危急存亡之秋"也。而文天祥呢？接到勤王的诏书后痛哭失声，变卖了自己的家财，组织一万兵马前往。现在你怎么认识他这个丞相的任命呢？

生：很明显，他这是临危受命，是一心为国，而非为了名利。文章第一句话就说自己担任了此职，并不是在炫耀。

教师补充史料、点拨，促进学生思考回答，加深对文本理解。平时读书也好，授课也罢，我们很容易轻轻放过这些看似平凡的语句，但如果我们能对当时的历史情况多了解一些，则会看出其中大有深意，对于文本的理解也将截然不同。

② 可这一段最后说他出使元营时却又辞相位不拜，以资政殿学士身份出行，为什么呢？（生问）

可以说，学生很好地抓住了这看似矛盾之处，进行了积极思考，非常好。但教师没有直接回答而是采取了反问，以促进学生深入思考："如果说他以丞相身份出使，结果可能会怎样？"

学生答：可能会被扣留用来要挟南宋。他还都督各路军马，那么元军可能会极力防备他，他就无法一探虚实，实行"归而求救国之策"了，所以无论从个人安全，还是为国家大局考虑，他都要这么做。可见他不计较个人利益得失，顾全大局。

③ 而此时的其他官员呢？两相比较之下，你怎么看待文天祥？（教师再次点拨）

学生回答：其他官员"萃于左丞相府，莫知计所出"。不知所措，如同热锅上的蚂蚁，这样文官的怯懦、无能和贪生怕死就显露出来。而且在危急时刻，众官员让文天祥前往出使，都说他可以解决国难，其实无异于羊入虎口。这样一比较，可见文天祥无所畏惧，不惜为国献身的精神。

④ 被扣留后他希望激怒敌人杀了自己，"但欲求死，不复顾利害"，好像颇为不怕死，不要命，为什么？下文不是说他为了逃生历尽千辛万苦吗？这两者矛盾吗？（生问）

学生回答：如今他被元军软禁、扣留，知道回国无望，摆在面前的道路似乎只有两条，要么投降，要么死亡。但他不怕死，反而害怕自己作为一个使节会被要挟去投降，这将导致自己身败名裂，使国家受辱，所以他的这次求死是要死得刚烈，更是为了自己的名声、节操和国家尊严。

（以上是对文本第一段的学习情况，因为教师要求学生细读、深读，去发现问题，通过交流、对话解决问题。关于其他各段的类似解读不再赘述。）

（2）《苏武传》中，苏武在北海"仗汉节牧羊，卧起操持，节旄尽落"的细节说明了什么？（生问）

多生发言：

① 表明他被幽禁时间之长，文末说他壮年出使，回归时已经白发苍苍，就是明证。

② "节"的象征含义，它代表国家，所以苏武即使在牧羊时都不曾放下，表明他心存故国，不忘汉朝，忠心不改。就像歌曲《苏武牧羊》所唱："心存汉社稷，旄落犹未还。"

教师补充：厦门大学的周济教授认为，苏武作为使节，承担了和平的使命，所以他视"节"为生命，反对"降"，坚持"和"的理念。

可以适当补充较新的学术观点，使大学的学术研究与中学语文教学有较好的对接。

二、师生对话：深入引导及升华

文天祥临刑前还在自己的衣带上留下了著名的赞词："孔曰成仁，孟曰取义，唯其义尽，所以仁至。读圣贤书，所学何事？而今而后，庶几无愧！"可以说他是求仁得仁，又何怨？所以，他为了自己的信仰——气节，"慷慨赴国难，视死忽如归"。

该学生反驳：那不是可惜吗？浪费了自己的生命和才华？死了有什么价值？

教师：好，那我们一起来总结一下，看看我们能从他们身上学习到什么？他死亡的价值到底还有哪些？

学生发言：

① 矢志不渝的精神。甚至是明知其不可而为之。② 诚信。真诚待人、言行一致。③ 勇敢，无畏。④ 忠于职守的责任感。⑤ 高尚的生命价值观。舍生取义，杀身成仁。⑥ 爱国精神。维护国格和国家尊严。⑦ 反抗民族压迫的精神。⑧ 知识分子的高洁。忽必烈曾以元宰相职位为条件，诱使文天祥投降。但他只求速死，不肯贪图名利，自玷自污。

又如，在学习柳宗元《种树郭橐驼传》时，师生之间的对话如同交锋，环环相扣，层层推进，精彩纷呈，直到学生把"顺木之天，以致其性"这句核心的话语理解透彻了才罢。这里的"天"是什么，这里的"性"是什么？为什么一边要"莳若子"，同时又要"置若弃"呢？通过教师的追问，学生的思索，师生之间的对话、讨论，师生之间的认识都在逐步提升。

师：好的，哪位同学可以告诉我，橐驼种树成功的核心因素，一句话概括，用原文。告诉我，你来说。

生："顺木之天，以致其性。"

师：这句话何意，怎么解释？

生：顺应树木的自然天性，来实现其自身的习性。

师：（板书：顺木之天，以致其性）我需要这两个字，一个是"天"，一个是"性"。顺应树木的"天"，指的是，刚才怎么说？

生：是天性。

师：树木的天性，它的天性是什么？有想过吗？

生：树木的天性……

师：没关系，那么它的"性"指的是？

生：是它的习性，应该是后面的"其本欲舒，其培欲平，其土欲故，其筑欲密"。

师：自然习性，那四个要求，对吧。来谈谈，当中谈到的四个"欲"（板书：四"欲"），"其本欲舒，其培欲平，其土欲故，其筑欲密"，怎么理解这"四欲"？

生："欲"的话，我认为是，树处在这种"其本舒，其培平，其土故，其筑密"的状态下，是一种比较舒服的状态，它趋向于这样的状态，所以说是"欲"。

师：好，请坐，还有谁要补充的吗？他刚才找到了这一句话，对天性做了个解释，而且他认为这个"性"就是自然习性，就是这四个"欲"，还有别的补充吗？谁来讲讲看，假如……你说。

生：我觉得这个"欲"的话其实运用了一种拟人手法，这里把树木比作人，就写出了树木的自然天性是要达到这四种状态，然后才能够以自然的方式成长，达到最佳的状态。

师：好，它就要这样，而且必须这样，假如不这样的话，根没有舒展开，土没有平匀、没有紧实的话，会怎么样。

生：就会生长得不自然，导致树的本身就可能会出现问题，比方说是果实结得不多或者是生长得不太好。

师：根扎得不深，营养吸收不好，风吹过来就倒下了，不结实或者是没有舒展，这是四个"欲"的解释。我也懂得这"四欲"，可是我还是种不好树，所以郭橐驼种好树不仅有"四欲"要求，还有呢？哪位同学还有发现，除了种的要求外，我们还需要怎样做？好，你说。

生："其莳也若子，其置也若弃。"

师：怎么解释"莳若子"？

生：就是在种树的时候像对待自己子女一样细心地照顾，在种好树以后把它放在一边。（板书："莳若子、置若弃"）

师：好矛盾呀，种树的时候像爱护子女一样，什么态度，什么情感？

生：很细心，很……带着一种关爱的心去种它。

师：细心呵护，小心翼翼关爱它，后来就把它丢弃，很矛盾，又怎么解释？

生：因为它这个丢弃并不是要把它抛弃、不要它，而是说让它顺着自己的天性自然地生长，所以叫"弃"。

师：再问一句，为什么种植的时候像对待子女一样，后来种好了之后像丢弃了一样？

生：种它的时候类似于像打基础一样，先让它踏踏实实的，然后等它慢慢基础打扎实了就让它自然去生长，自己也可以很放心地任它自然生长。

师：请坐。（树）不具备生存能力的时候，说明是基础不牢固的时候，"若子"，一定要做到。（树）具备生存能力的时候，不要再干涉它，你的成长是不是也是这样子？这是一点，还有吗？对它的态度、照顾，还有吗？好，你说。

生：我觉得"莳若子"是因为刚开始要熟悉它的习性，就是要知其性，然后就应该知道它在什么样的状态下最自然，尽量让它这样自然地生长。就是说一开始先要知道什么样的状态对它来说是最理想的、最放松的那种。

师：好，非常好。我们来看看这句话，读一下"孟子曰"，开始。

（PPT 推出："尽心、知性、事天、顺命"。

孟子曰：尽其心者，知其性也。知其性，则知天矣。存其心，养其性，所以事天也。

孟子曰：莫非命也，顺受其正。）

生：齐读："孟子曰：'尽其心者，知其性也。知其性，则知天矣。存其心，养其性，所以事天也。'孟子曰：'莫非命也，顺受其正。'"

师：刚才最后这个女生讲"知其性"的时候，能不能用孟子的这几句话来把郭橐驼种树的过程讲出来？好，你说。

生："莳若子"是他一种"尽其心"的表现，通过"尽其心"，他可以知道这个树的"性"，知道这个树是哪一方面的材料，"知其性"之后，便知道了这个树将来应该朝哪个方向发展，在这种状态下，给这个树适合它的环境，任它自然发展，就不要去强加干涉它了。

师：好的。郭橐驼种树有没有尽心。孟子讲的是尽其善心，郭橐驼怎么对待树的？有没有尽心？你是怎么知道的？

生：（齐）"莳若子"。

师：孟子尽其心，所以才能够知其性，不尽心，如何知性（第一个视频11分56秒）？如何知天？如何顺木之天？这个"天"是什么？刚才还没讲是什么。现在有没有新的感悟？这个"天"是什么？树木的"天"。它原来可以长五米高的，它原来可以在二月份结果实的，可是它没有长那么高，它没有结果子，当然是我们种植的方法的问题，那么它的"天"使它这株植物怎么样呢？怎么说，你说。

生：这个"天"可能指它原来的潜能，郭橐驼就是在这种种树方法之下不断地激发它，先去了解这种潜能，然后不断激发潜能。

师：嗯，非常好，请坐。我在找一个词语，一直没找到，他说出来了。这个"天"可能是指它天生的基因、天生的潜能，它是有的，但是我们没有激发它，没有找到它，很好，这是郭橐驼的种树方法。了解了"四欲、若子、若弃"，还有呢？"勿动勿虑，去不复顾。"（板书："勿动勿虑"）

总之，它可以得到一个什么结果，它的结果是四个字，有没有发现？"则其天者全而其性得矣。"（板书："天全性得"）

三、生生对话：深入思考和辨析

1. 南宋王朝必定是要灭亡，被元朝统一的，文天祥抗元是不是阻碍了历史发展潮流？（生问）

学生发言：

① 对于宋亡元兴这种历史洪流的规律和发展，文天祥不会像我们现在一样看得那么清晰，毕竟他是封建时代的一个旧文人，这一点超出了他的认知范围。

② 他当时所受到的思想教育就是要忠孝节义。如果要他放弃反抗、放弃操守就等于让他否定自己，否定当时的礼仪制度，就等于让他违背自己的信念，所以他们不会去做的。

教师补充："讲气节，讲忠义，最终是要从伦理道德做起；没有伦理道德的基础，气节、忠义也是立不住的。宋代理学的出现，恰恰从根本上解决了这一问题。"[1] 由此可见，当时的理学对文天祥的气节观影响巨大。

③ 当时元军在进攻南宋的时候还是比较残忍的，尤其是屠城事件，显然他们不是什么仁义之师，所以文天祥的抗元斗争还有一种反抗当时民族压迫的意义。因此谈不上他是在违背历史发展潮流，我们不能给他扣上这个大帽子，更不能以现在的历史发展观去评价那个时候的他的行为。

2. 汉民族是注定要和其他民族共存共荣、共谋发展的，苏武

〔1〕 修晓波：《文天祥评传》，南京大学出版社，2002，第18页。

这么做是不是对民族融合反而不利？

生答：在当时，汉、匈奴等国之间是以国家的规格来相互对待的，而非民族之间规格。古代中国认为其他民族也都是国家，使者就是外交官。他们因此坚信自己是在从事国家之间的事务而非兄弟民族之间的事务，所以他们爱自己的民族在当时就等于爱自己的君王和国家，反抗对方的压迫和进攻也就是在反抗敌国的侵略。这是他们当时的认知范围，我们不能以现在的眼光去评价他们、苛求他们，说他们狭隘，对民族融合不利。

教师补充专家、学者论文，廓清易混淆的概念："严格地说，古代爱国主义和近代爱国主义并不是同属一个概念。我们常说的古代爱国主义，主要是指对本国内部不同政权的一种感情，而近代爱国主义则是指在中华民族之外的外族入侵之后抵抗外国侵略的一种思想和行动。如战国时代的屈原、宋代的岳飞、南宋末年的文天祥、明末的史可法等等，这些人所爱的'国'，其实是爱一方政权，或一方的家族王朝。所谓'爱国'是和爱他所事的王朝分不开的，因而也和忠君分不开。正因为如此，尽管他们所事的王朝大多已经腐败，也希望它能振兴强大。"〔1〕

3. 苏武家破人亡、妻离子散，而汉武帝刻薄寡恩、凶狠残暴，他这么做值得吗？是不是愚忠？（生问）

学生发言：（1）从苏武和李陵的对话中可以看出，他对汉武帝和汉王朝的报恩、谢恩心理。

（2）他认为臣对君就应当像子对父一样，应没有什么遗憾。

（3）这是他们当时所受的思想教育，符合当时的时代要求，要求他们成为君子、志士仁人。他们也都达到了这种要求。

---

〔1〕　苏双碧：《历史人物评价断想》，《求是》2002年第2期。

（4）苏武代表的是汉人的民族气节。

（5）在当时的历史条件和背景下，因为君王是国家的象征，所以在某种程度上忠君就等于爱国。忠于君王的事业就是自己从事爱国事业。

（6）他之所以这么做是出于自己内心真诚的想法，这是他自己的操守，是为了自己的理想和信念，出于一种正义和气节。君王是残忍还是仁慈、王朝是兴盛还是腐败对他们这种尽节的行为而言是没有什么影响的。

（7）"食君之禄，忠君之事"，有责任，有担当，这是自己的事业和工作，不可推脱。

（8）起码在他们自己看来值得，虽然朝政腐败。他要坚守名节，并且达到了古人对于仁人志士和君子的要求，比如忠、孝、仁、义、礼、信等。他对得起自己的良心，自己的国家、民族和祖宗。

（9）值得不值得这个提法本身就是错误的，我们不能用这些功利的标准去衡量他们的精神价值。

（10）愚忠是什么呢？就是那种无缘无故，不分理由，君叫臣死臣不得不死，死前还要山呼"谢主隆恩"的所谓"忠诚"才是愚忠。所以，他们二人都不是愚忠。

经过这次辩论后，同学们加深了对苏武、文天祥等人的理解和支持，个别同学也不再认为他们这么做比较傻、迂腐、不值得等等。

4. 对苏武、文天祥这些守节、尽节、死节的人而言，生重于死吗？又抑或死重于生？他们的生死观是怎样的？（生问）

有个很喜欢历史的学生就举出耶律楚材的例子，说他本来是金朝官员，金国被元所灭后投降，在经济、政治、军事、文化、民族融合等很多方面做出了很大的贡献。如果文天祥也这样不是

也很好吗？（这一点正好被教师当即利用）

师：耶律楚材和文天祥的选择之所以不同，根本原因在于什么？

师生讨论，明确：因为他们对于人生、人的生命的价值看法不同。耶律楚材认为要为社会做贡献，或者把自己的才能贡献出来，这才是生命的最大价值。而文天祥则认为，这个世上还有比生命更宝贵的东西。有人认为是爱情，有人认为是自由、真理，有人认为是忠诚，有人认为是气节。如孟子所说，鱼和熊掌不能兼得的时候，舍鱼而取熊掌，生命和仁义不能两全的时候，舍生取义。文天祥受到的就是儒家的教育，他少时还常读忠烈传，敬仰家乡的几位忠烈之士。

（对貌似非语文问题的讨论，并不是多余的，要看这些问题是否是学生学习的疑难点，看是否有助于解决教学目标，看是否有助于学生人格的形成。）

四、与教材编辑对话

《〈指南录〉后序》第六段：

呜呼！予之生也幸，而幸生也何为？所求乎为臣，主辱臣死有余僇；所求乎为子，以父母之遗体行殆，而死有余责。将请罪于君，君不许；请罪于母，母不许；请罪于先人之墓。生无以救国难，死犹为厉鬼以击贼，义也；赖天之灵、宗庙之福，修我戈矛，从王于师，以为前驱，雪九庙之耻，复高祖之业，所谓"誓不与贼俱生"，所谓"鞠躬尽力，死而后已"，亦义也。嗟夫！若予者，将无往而不得死所矣。向也，使予委骨于草莽，予虽浩然无所愧怍，然微以自文于君亲，君亲其谓予何？诚不自意返吾衣冠，重见日月，使旦夕得正丘首，复何憾哉！复何憾哉！

对上面这段话，无论是人教社版语文教材还是上海版语文教材都予以删除了，你认为原因可能是什么？你觉得是否应该删除？为什么？（教师补充出此段，并设问）

认为本段可删的学生发言：

① 本文是序文，目的是介绍《指南录》，而《指南录》的写作目的在上文已经表达出了，即"使来者读之，悲予志焉"。所以，此段多余，而且议论、抒情和前面的大段记叙不协调，显得太突兀，可删。② 本段引用典故较多，使用旧礼教概念、术语也很多，对中学生来说理解起来难度较大。③ 本段有较为浓厚的封建礼制和迷信思想，比如忠、孝、上天、鬼神等等。有关生死的考虑也一切都是以君王和父母为出发点的，不大适合现在的我们学习。④ 编辑可能考虑到，为了要突出文天祥的光辉形象，把他塑造成一个民族英雄，所以删除这段显示出他思想局限性的话语。⑤ 可删，但如果能作为附录，放在文章后面的思考题中，效果会更好。比如《项脊轩志》最后"蜀清守丹穴"一段，上海版高中语文教材就是这样处理的。

认为不可删除的原因如下：

① 通过本段可以全面认识文天祥，他虽然有忠孝思想的局限，但符合当时的时代要求，我们现在的读者能理解他，这对他没什么影响，可以不删。② 任何人都是有缺点的，我们无须为他掩饰什么。有了这一段，我们才能明白，他这样才是一个真实的文天祥，他是一个人，而不是一个离人遥远的英雄和神灵。③ 这一段可以直接反映出作者的内心活动，尤其是心理上的极度矛盾和挣扎，可以使他的形象更为立体化，最好不删。④ 这一段的议论、抒情更能表现出文天祥的忠贞不贰，对南宋王朝和家人的热爱，对塑造他的英雄形象反而有利。

这个问题是个开放性问题，并不要求学生有标准答案。教师要求学生跟教材编辑进行较为深入的对话，因为揣摩、领会编辑的意图有助于促进学生思考及其对文本更为深入地理解，言之成理即可。

五、与自己对话

解释学认为，阅读是一种理解，既是对他人、对世界的理解，也是读者的一种自我理解。"理解一个文本就是使自己在某种对话中理解自己"，"解释学过程的真正现实依我看来，不仅包容了被解释的对象，而且包容了解释者的自我理解"。〔1〕

---

〔1〕　伽达默尔：《哲学解释学》，夏镇平译，上海译文出版社，2004，第58—59页。

第八章　文本深读与深度语文活动

一、整体化、系统化的语文活动

文本深读并不限于文本，也不限于课堂教学。《非攻》学习课前有资料查找活动，课堂上有相关的辩论活动，课下有笔会。观赏电影《墨攻》之后，还有师生之间、学生之间的交流和评价。这些活动都是为文本深读而设，从属于文本深读的范畴，既丰富了学生的知识，拓宽了学生的视野，又使其对墨子这一人物有了更为深刻的认识，有效地达到了"了解墨家思想及其精神风貌"的教学目标。

比如，在学习秦观《鹊桥仙·纤云弄巧》的课堂里，大家讨论得意犹未尽，高二同学对于爱情这一主题，有很多想法，我突发奇想，让一位同学进行了即兴演讲，谈谈他对于校园恋爱的看法，取得了良好的课堂教学效果。

师：那么，关于爱情，你的看法究竟如何？在我们这样一个时代，在你这样一个年纪，我想找一个代表来说说看，发表即兴演讲。不久之后我们的获得上海市中学生写作一等奖的同学，将会参加中学生作文比赛，其中有一个面试的环节是即兴演讲，现在我们欢迎他。因为是即兴，所以我根本就没告诉他，来吧。主题是"爱情"，说出你的所有的想法。你可以采用你写的文章中的一些观点，或者是我们今天学过的诗词中的观点。他发了一个一千多字的议论性的文章给我，里面的观点也可以涉及你个人所认为的爱情有什么特点，也可以说说。我们再热烈欢迎他。

生：真的不知道这个问题这么大，我到底该讲什么，那么就从今天课上的内容开始吧。首先，关于之前最后一个问题，讲到各种各样不同的爱情观。对于爱情观，我是这么看，这边讲到了理性。在我看来，那些男性女性这样的问题，并不是很理智，因为你知道，女权主义者们在听到我们说男性就是怎么样、女性就是怎么样时候肯定不会高兴，它本质上就是爱情观的问题。对于爱情观，我是这么看的，这边也讲到了理性。在我看来，对于爱情，当我们去感受它，当我们去享受一份爱情的时候，我们是只适合用感性，我们需要完全用一颗心去感受它，而不要去动用我们的脑子。但是当我们想要去维系一份爱情，使得爱情变得长久的时候，我们就需要理性站出来。就比如说《孔雀东南飞》中，当他们分开的时候，一个"举身赴清池"，另一个"自挂东南枝"。但是当我们转念一想，牛郎织女也是这样被强行分开的，但他们并没有说既然你王母把我们两个分开了，我们就同时跳进银河里，我们殉情，并没有。他们就这样一年一会，从很久很久以前，一直到现在，他们依然这样一年一会。他们用他们的方式把感情延续了下来，就是所说的"柔情似水"，很柔软，但同时又很坚韧，它并不能说坚硬，也不能说坚强，更适合用"坚韧"这个词。当我们说到殉情的时候，其实它会变成一个甚至是道德绑架的问题，就是当我们被分开了，当我"举身赴清池"，你到底殉不殉情，如果说双方都可以采取像我们今天学的秦观的词里秦观的态度，我们并没有去责备他们说你们为什么没有殉情，你们的爱情不够贞烈这样的问题，而是我们在赞美他们，赞美他们相隔千里，但依然悠长，在千里之外，我们的心依然可以做到共婵娟的这样一种精神。

师：好，我现在问个问题好吧。就比如你现在的这个年纪，在校园里的这种情感，应该是怎样的更为合适，什么样的情感能保持住。可能既互相倾慕，又限于很多条件，那么这种情感该怎样处理，怎么办？应该是怎么样一种情感？我很想知道。

生：因为其实真正的爱情的产生，并不是说一瞬间我心动了它就肯定是爱情，它有一个很重要的前提就是说你这个人是不是成熟。如果说还只是个小孩子什么都不懂，只是看到个女生很喜欢，这其实和我喜欢某个玩具、某一本书并没有区别。那么，我作为一个不成熟的人试图做一些恋爱的行为，比如牵手、拥抱，一起吃饭……你问问你自己，这其中到底有多大成分不是你在试图证明自己已经长大了，不是你在试图装成一个大人的样子。真正的爱情，它是一种成熟的体现，只有你成熟了之后，你才拥有了恋爱的条件。我是这么认为，因为高中是个很微妙的阶段，老师们都在说你们根本就不成熟，但我们觉得不是这样。现在高中生跟往前推二十年、三十年时已经不一样了，我们所想的远远比那个时候的高中生想得多，但到底这个多到多少才是一种可以被称为成熟的条件；抑或我们这一群人里面，最成熟的和最不成熟的到底差别有多大，我们其实并不知道。

师：好，谢谢他。

生：我认为……

师：还有说一句话吗？说吧。

生：当你碰到这个问题时，我认为你把它表达出来本身并没有问题，但正如我们的班主任王老师曾和我们讲过的一样"发乎于情，止乎于礼"。

师：很好，他谈到一个观点，爱情也好，感情也好，是一个成熟的产物。爱情也好，幸福也罢，的确是需要我们学习的。这首词我们差不多学到这个地方，最后一个"两情若是久长时，又岂在朝朝暮暮"（板书："两情、久长、岂在朝暮"）的确是给我们现在的同学们也好，很多人也好，是一个很好的启示和启发。需要理性、需要成熟、需要学习才能获得这种能力，才能获得这种幸福和爱情。好的，这首词我们就讲到这里，最后我们把这首词再读一遍，"鹊桥仙，秦观"开始。

（师生齐读《鹊桥仙·纤云弄巧》）

最后一句真的是我们今天学习时所要说的一句话，希望各位在今后的人生道路上也能够找到属于自己的幸福、美好的情感。好，谢谢！下课。

二、深入的自主性、合作性、研究性课堂学习方式

《义务教育语文课程标准》（修订稿）指出："学生是学习的主体。语文课程必须根据学生身心发展和语文学习的特点，爱护学生的好奇心、求知欲，鼓励自主阅读、自由表达，充分激发他们的问题意识和进取精神，关注个体差异和不同的学习需求，积极倡导自主、合作、探究的学习方式。教学内容的确定，教学方法的选择，评价方式的设计，都应有助于这种学习方式的形成。"

在学习李清照词作《声声慢》的时候，解读完毕之后，设计一个活动，让学生想象词人的心境，以帮助学生体会、理解词作和词人。学生写出一段文字，从效果来看，较好地达到了教学要求。

想象诗人写完《声声慢》时的情境，放下手中的笔，内心又生一番感触。试写一段话，描述诗人当时的心理活动。

我心中有无限的哀愁如今却无人可诉，过去那些和明诚共同度过的时光是那样的美好，而如今明诚早已经先我而去，真是"天上人间，没个人堪寄"啊！谁想到家国突生变故，带走了明诚，也带走了我所有的欢乐，带来的只有我无尽的哀愁和飘零。如今我早已年华老去，却仍不能回到自己的故乡，不知我有生之年还能不能有幸回到我的故乡，再一探那明媚的风光，再听一听那熟悉的乡音。家不成家，国不成国，一切无法挽回，原以为我的奔波可以带给国家希望，可是我一个女子却什么也无法改变，连自己的命运也只能由上天任意摆布。我只能独自落泪、独自怀念，人生实难。

还是应该这样：

我一生悲喜，一切况味都自经历了一番，试想还有什么比有个情投意合的丈夫共读诗文更愉悦，又有什么比家破人亡、故国不再更加悲痛。人活一世，究竟是为了什么，要落到这样的地步。我这一生，究竟有什么意义，既不能得到自己的幸福，也无法使国家复兴，只能用这些笔笔墨墨来排遣我心中的哀愁。要怪只怪我生不逢时，短暂一生，百味尝尽。人生实难啊！

《非攻》课堂教学采用的是以问题为主导的课堂教学方法。学生阅读文本，提出疑问，上交后教师进行归纳、整理，然后有的放矢地开展教学，比较有效地避免了琐碎、混乱的弊病。课堂上学生按照文本依次提出问题，其他学生或独立思考或讨论解决，教师予以引导。

在《非攻》课堂教学中，学生既有独立思考，又有分组探究，最后我们还进行了电子化教学，走出了课堂。在班级博客及教师教学博客上展示了师生作品。学生在网页下方留言，发表评论。这种较为现代化的电子博客教学方式及评价方式在一定程度上对学生自主学习语文的积极性有所助益。

在《香菱学诗》教学中，教师首先让学生预习，并书面提问，由课代表收齐后教给教师，由教师整理后，提炼出下列问题，作为教学的内容：宝钗为什么不当老师？黛玉为什么甘为人师？黛玉讲诗的要旨和错误之处是什么？为什么陆游的诗不可学？香菱是"聪明伶俐"还是"呆头呆脑"？宝玉的话有何含义？梦中真能作诗吗？为何要写惜春午睡？香菱学诗为何笑……这些问题既是学生感兴趣的，同时也是学生的疑难之处，甚至部分问题也是教师感到疑难的地方，这样学生在课堂上也更有兴趣，表现更积极，也使得师生双方共同努力，交流、讨论，向文本和思维的更深处进发。这些内容形成论文后发表在《语文学习》刊物上。

又如，在研究性课程"《红楼梦》导读"课堂上，师生针对《香菱学诗》"香菱为什么学诗？（即香菱学诗的动机、原因有哪些?）""香菱为什么学习诗歌而非词、曲、文？"两大问题进行了深入探究。教师布置学生分组，下发了一些相关资料，学生课下自己补充资料，交流看法，写出自己的观点，然后整合成文章，做成 PPT，面向全班学生汇报成果。比如，就第二问题而言，学生小组从诗歌体裁特点、作者身世、作者审美情趣和文学观念等入手加以总结、概括，比较客观、深入、全面，可见各小组的同学都下足了功夫。这些内容整理成文章后发表在《语文学习》刊物 2010 年第 6 期上。

三、教学目的及能力培养的全面性

《义务教育语文课程标准》（修订稿）指出："语文课程应特

别关注汉语言文字的特点对学生识字写字、阅读、写作、口语交际和思维发展等方面的影响，在教学中尤其要重视培养良好的语感和整体把握的能力。"

在《非攻》教学课前，教师指导学生如何去查找、比较、分析、鉴别并利用相关资料，培养了学生这方面的能力。此外，辩论赛及写作笔会对培养学生的口头表达能力及写作能力也有较为明显的效果。

第九章　文本深读与深度拓展

深入拓展不仅是指对于"这一课"教学内容的拓展，而且还包括对课文的相关评论、课文的原著、课文作者的其他作品、与课文同题材的相关作品等的拓展阅读。教师可以通过对文本深入细致而又多角度的解读，选择恰当的教学主题，进而进行教学设计。

一、目标、定位明确的比较阅读方式

互文性阅读可以体现在互相印证对读上，从而挖掘不同"文本"之间的显性或隐性的密切联系，构建起新的文学批评、解读图景。可以选择文本中的某一角度作为精神线索互相映衬与渗透。克里斯蒂娃认为："互文性就产生于现象文本与生成文本之间交流的'零度时刻'，而处于互文性中心的则是主体的欲望，文字或书写正是一种把对能指的欲望陈述转化为历史性客观法则的自发运动。"教师可以激发学生进行文本意义世界的重构并融入体验，这种读法是合乎互文性阅读理论、合乎教学科学的。

比如在学习鲁迅作品《阿Q正传》时，涉及"看客"这一形象，可引入《药》、《祝福》、《示众》、《复仇》等作品中有关看客的描写，再结合鲁迅其他作品中相关的论述，如《娜拉走后怎样》中："群众，——尤其是中国的，永远是戏剧的看客。牺牲上场，如果显得慷慨，他们就看了悲壮剧；如果显得觳觫，他们就看了滑稽剧……"再回到课文，引导学生认识鲁迅先生在不同的文本中反复呈现看客形象的用意，就是在批判中国人的劣根性。此外，钱理群在《野草里的哲学》中对看客做了独到的分析，"表现了人性的残酷"，看客在本质上也就是鲁迅所说的"做戏的虚无党"，一个只会做戏的民族是可悲的，并且是危险的。[1]

文本深读注重比较阅读，进行横向与纵向比较，进行同质、异质之比较，给出一个"坐标轴"，其目的除了要使被比较的文本的个性彰显，便于认识和把握之外，还力图给该文本一个定位，对该文本有整体的把握与较为深入的理解。在《非攻》教学中，我们与之比较阅读的文本是《理水》。将墨子与大禹二位进行比较，这当然具有同类可比性，属于同质比较；但同时也顾及《故事新编》中其他几篇小说，如《采薇》、《出关》等，进行了儒、墨、道各家之间的比较，这属于异质比较。经过这种同、异质比较，再结合《故事新编》几部作品总体风格及特点的整体性理解和把握，就使师生对于《非攻》一文有了一个更加清醒的认识与定位，体会也就更加深刻了。如此便将《非攻》一文置于鲁迅先生的某部小说集中，置于鲁迅先生一生著述的某个时期和某个思想阶段中，置于这样一个坐标上，进行了较为深入的解读。另外，我们还将墨子与其他学派人物比较，查阅后代学人对他们的评价，将墨子定位在中国文学及历史的坐标上进行考察。经过这样的深入比较阅读，师生就有了一个更加清晰的脉络和较为深

---

〔1〕　蒋平：《科学解读：用好钥匙与互文对读》，《教学月刊》（中学版）2007 年第 12 期下。

入的理解。

　　有专家指出，世界上没有一个文本是单一的，文本之间相互联系，便构成了互释、互训与互通的网络。教师首先要将文本"读厚"，方能深入浅出、厚积薄发。教师的互文阅读既是一个接受的过程，也是一个发现的过程。教师面对文本，兼有双重身份（读者与教者），既要个性化地解读文本，又要考虑如何将自身的读解体验转化为文本教学策略。

二、互文对读，将文本读厚

　　（1）同一章节文本。如学习《世说新语》中有关王献之与王徽之兄弟情深的《人琴俱亡》，可以查找《世说新语》一书，重点阅读"伤逝"一章，根据课文内容及学生文言文阅读水平，选取《鼓琴吊丧》一文。

　　（2）同一内容文本。《晋书·王徽之传》中有关《人琴俱亡》则有另一个版本。又如，高一学习《蒋干中计》时参考《三国志》中相关章节，可以了解周瑜和蒋干的另一种形象。

　　（3）同一主题文本。人与琴的故事，古代还有《列子·汤问》中有关"高山流水"的文本，可以使用。[1]

　　又比如，李白的《登金陵凤凰台》明显与崔颢的《黄鹤楼》有着千丝万缕的紧密关系，所以在课堂上的最初阶段我们采取了两首诗互文对读的方式进行解读。有时候只看一首诗歌一篇文章，可能很难入手，不知道从什么角度解读，而如果两三篇诗词文章放在一起，则可以通过对异同点的分析，使得师生对每一个

---

〔1〕　袁爱国：《深度备课：高效阅读教学设计的必由之路——以〈人琴俱亡〉教学设计为例》，《语文建设》2009 年第 2 期。

文本都有新颖而深刻的认识。这几个文本之间，或作者相同，却是不同时期作品；或主题类似，或题材相似，或体裁相同，或情感、主旨有类似之处……即可加以互文对读。

生（齐读）：凤凰台上凤凰游，凤去台空江自流。吴宫花草埋幽径，晋代衣冠成古丘。三山半落青天外，一水中分白鹭洲。总为浮云能蔽日，长安不见使人愁。

师：有人说这首诗，堪与崔颢《黄鹤楼》相提并论。今日与诸君探讨《登金陵凤凰台》此诗特色、价值又在何处呢？好，哪位同学先来谈一谈？谁先说？好，你说。

生1：我觉得这首诗它很明显就是模仿着当年崔颢写《黄鹤楼》的风格去写的，但是李白在这首诗当中写出了他自己的东西，并没有被崔颢当年的感觉所束缚住。他与崔颢的那种特别具象的、特别详细的方式不同，它里面有李白自己的一种自在的、一种非常飘逸潇洒的风格在里边。然后，我觉得第一句就是对于崔颢当年那首《黄鹤楼》的一种突破，崔颢诗中三个"黄鹤"分在三句中，也是非常有节奏感的，不显得繁复。但是我觉得比不上李白这样两句里面出现三个"凤"："凤凰台上凤凰游，凤去台空江自流。"我自己念来是觉得，相对而言，李白在两句诗里面出现三个"凤"，它整个一个平仄和节奏比崔颢那首诗要更好。然后李白不像崔颢那样，连着四句都在讲同一件事情，他在第二句就直接开始讲眼前的景象以及他所联想到的事情，比如说"吴宫花草埋幽径，晋代衣冠成古丘……"

师：他先谈了首联，和《黄鹤楼》一诗有区别。《黄鹤楼》四句有三个"黄鹤"，这两句有三个"凤"字。他的意思我明白，更简洁、更有力，入题更快。《黄鹤楼》显得稍迟缓一些，滞重一点。他是这样讲的这个首联，更简洁、有力。（教师板书：简洁有力）而且他认为在一联之内，三个"凤"字，朗读起来更有气势。(教师板书:"气势 畅快")还有什么呢?更加明快,或者畅快一些。这是他的首联解读。还有哪个同学来说?

生2:首联是对登上凤凰台的一些发挥。然后,凤凰在古代属于百鸟之王,它代表着祥瑞,代表着和谐。然后,首联也是像崔颢那首诗也是用典。这首诗他用了"凤凰"两个字,更能显示出它的一种气势。因为凤凰在古代是一种祥瑞的象征。

师:好的,请坐。他也用到了一个神话传说,他有"黄鹤",我有"凤凰"。(教师板书:"传说祥禽")凤凰,祥禽。没谈清楚,继续谈。你来说。

生3:我觉得崔颢那首诗用了"黄鹤",其实营造了一种缥缈的气氛。最终他的这种情感却是烟波江上使人愁,是一种乡愁。而李白谈到"凤凰台上凤凰游,凤去台空江自流",它这里一个"凤去"跟它的主旨,即长安不见使人愁,当时的政治可能就是君王已经被一些小人蒙蔽。他所向往的传说,即秦穆公时政治清明时代,所以它凤凰来,现在这样一个可能有一些不大安定的年代,所以他说"凤去"。我觉得他这里以凤凰的传说比崔颢光用典更加切题。

师:更切题一些。

生3:也更加贴近它的主旨。

师:更切(教师板书:"切题"),更切题,更贴近主旨。"有凤来仪"是在一个王朝兴盛的时候,天下太平的时候才出现的。麒麟也好,凤凰也好,如今已经是"凤去台空"。这是首联。它与《黄鹤楼》一诗相比较它的特色在哪里,还有呢,还有哪个同学说说?

生4:我觉得就首联来说,凤凰在古代来说,是百鸟之王,是人们对美好事物的一种想象。那么"凤凰台上"就是对凤凰一种留念,象征着对凤凰的情感的一种皈依。然后,黄鹤是确有其物，他把自己想象成凤凰，把自己代替为凤凰，在凤凰台上自如地来去。他化身为凤凰，就仿佛是凤凰台上的凤凰。但是崔颢是消极的态度，是对岁月不再、对繁华一去不复返的伤逝，而并没有呈现一种积极的态度。

生5：我是来谈一下一二两联的。第二联比崔颢的《黄鹤楼》更加工整一些。首先可以看到，"吴宫"代指了吴国，它是与晋代一一对应的。"花草"代指当时的美女，"衣冠"代表士大夫、乡绅，这个也是非常对应的。然后，"幽径"指的是墓，而"古丘"指的是古坟，这个也是相当对应的。同时我们也可以看到这里也用了互文的手法，用一联写出了几百年的历史，同时也写出了当时的形形色色的人、事、物都正在消亡，用这样一种相对于崔颢《黄鹤楼》的手法，更加贴近当时人们的生活，更能表现诗人当时的一种惆怅、感慨的心情。用"凤去"这个典是因为当时王朝已经消亡，所以"凤去"，这一点也是虚实结合的。幽径、古丘它是眼前之景，与吴宫花草、晋代衣冠这种想象，形成了一种虚实结合，使得这首诗更有诗韵、更加令人回味。

……

生11：我觉得"三山半落青天外，一水中分白鹭洲"这一联的语言还可以和《黄鹤楼》对比，《黄鹤楼》中第三联"晴川历历汉阳树，芳草萋萋鹦鹉洲"这一句写得很具象，像工笔画一样将以前的景物描述出来，而李白把情感带入这种景色，把东西写得非常抽象，像勾勒画一样。"三山半落青天外，一水中分白鹭洲"大致的情况你可以知道，但是不能明确地描绘出来，一旦描绘出来，它的整个意境就全无了。"三山半落青天外"，山那么高大的东西，它半落在青天之外，也就有一种长安不见使人愁的感觉。离你很近，应该很高大，抬头就能看见的东西；但又变得离你很遥远，被浮云所遮蔽，相对于影射朝政衰败的感慨。

三、后期深度拓展、延伸

在学习秦观《鹊桥仙·纤云弄巧》词的时候，之前对于整首词已经有了比较深入的分析，在此基础上，师生开始探讨了所学作品中的几类爱情的模式，教师及时提供了一些所学过的或者从未学过的内容，既能把学习经历结合起来，又可以产生新的学习内容。前者比如舒婷的《致橡树》、《孔雀东南飞》，后者如朱淑真的《鹊桥仙·七夕》以及徐志摩的诗等等，这样就扩大了学生的视野，也使得他们对于爱情主题的探讨更加深入、细致，感受得更为深刻。

师：好，请坐。进行了一个比较，当然他说道，秦观所说的那个在特殊情况下还有一种无奈之情，虽然是痛苦的、无奈的，但他能够喊出"又岂在朝朝暮暮"，这的确是一种很大的进步，很高超的一种见解。

（PPT 推出：朱淑真《鹊桥仙·七夕》）

巧云妆晚，西风罢暑，小雨翻空月坠。牵牛织女几经秋，尚多少、离肠恨泪。

微凉入袂，幽欢生座，天上人间满意。何如暮暮与朝朝，更改却、年年岁岁。）

再看下一首，当然李郢的这首诗《七夕》可能会有一种讽刺性，或者批判性。"莫嫌天上稀相见"，一年一度见一次面，的确很少，可是它比人世之间的一去不回是不是要好很多，是不是也胜过他们呢？这也是一个"胜"字。"胜却人间无数"，人世间还有一些负心的，一去不回的。还有因为战争，因为其他原因，一去而不回的，让他的夫人变成望夫石，在悬崖上被展览千年，这是一种"胜"。看看女词人的一种想法，来读一遍，朱淑真《鹊

桥仙·七夕》，开始。（师生齐读《鹊桥仙·七夕》全词）

怎么比得上朝夕相伴？为什么要改成一年一度？作为一个女性词人，她难以理解、难以接受，怎么看？

（PPT推出："古今爱情"）

君当作磐石，妾当作蒲苇。举身赴清池，自挂东南枝。（《孔雀东南飞》）

但得一个并头莲，煞强如状元及第。蜗角虚名，蝇头微利，拆鸳鸯在两下里。（《西厢记·长亭送别》）

包括我们曾学过的《西厢记·长亭送别》，它的说法是："蜗角虚名，蝇头微利，拆鸳鸯在两下里。"何必去考功名，却把一对情人活生生分开，"但得一个并头莲，煞强如状元及第"。两人共在一起，不是比状元及第更幸福、更快乐吗？还有刚才女词人的那一个，为何要改成一年一度？怎么理解？（学生举手）你说。

生：因为处在女性的角度，她们是比较感性的，而且都是处于一种正在相思的愁苦中，更加希望有甜蜜的爱情，因为处在感性的时候不会思考很多爱情以外的东西，她觉得既然有爱就需要长相厮守。朱淑真在相思的时候非常愁，所以希望有情人能够长相厮守、终成眷属。其实我觉得像秦观的表达也不是说批判"朝朝暮暮"，而是说这种比较忠贞的爱情胜过那种为了在一起而陪伴的爱情，而不是说否定长相厮守这种感情。

师：嗯，好，请坐。她说秦观的观点并不是否定，也没有批判"朝朝暮暮"这种情感，情感是有很多模式、很多方式的，没有批判和否定。只是他在谈到当特殊情况之下我们该怎么办，因为苏轼说"人有悲欢离合，月有阴晴圆缺，此事古难全，但愿人长久，千里共婵娟"。人是有悲欢离合的，当分离的时候怎么办呢？不能朝朝暮暮在一起的时候怎么办呢？秦观给我们提供了这么一种想法和模式，他是比较理性的。刚才她说，从女性的观点看可能是比较感性的，我只需要你的陪伴，长相厮守就可以了，但是秦观这个可能是更理性的一种思考，有点区别。（学生举手）好，你来说说看。

生：是这样子，我从女性的角度考虑的话，我说的不是那种小情侣爱情的生活，而是夫妻之间的爱情生活。古时候女性如果嫁给男性的话，那她应该就生活在两个家之间了，她的世界只有两个家这么大，古代时候，男权比女权高很多，男性可以赴京赶考，那么他从家到路上，接触到的世界更大，接触的人更多。女性一旦嫁入这个家以后，她就已经做好了为这个家付出自己的准备，她很希望丈夫回来陪伴自己，她已经将照顾好丈夫作为自己的人生目标，而丈夫的人生目标随时可以改变。所以我就想说……

（学生举手）

师：你想为男性辩护吗？

生：我甚至想说，女性那种朝朝暮暮的情思是因为她们的生活环境将她们局限于此，而男性因为接触的世界更大，所以他们认为没必要朝朝暮暮。

师：啊，哈哈，请坐。他从这个角度来分析的。女性因为生活的世界，眼界范围的限制，可能她更看重的是我的眼中只有你，没有其他一切。可男性还要齐家、平天下，还要治国，舞台更大，所以他可能有这样的想法。（学生举手）好，有什么想法。

生：我觉得秦观可能不是想要批判朝朝暮暮，不管是男性还是女性都希望有朝朝暮暮的爱情，但是男性为了齐家，为了平天下，所以他会为了自己的事业，更需要两个人暂时分离。这种情况下，希望他们的爱情是久长时的，希望他们的感情是坚贞的，并不是希望他们不要朝朝暮暮。

师：好，请坐，还有什么补充的。（学生举手）

生：我觉得其实这两种观点没有谁高谁低，没有说朝朝暮暮就一定比精神恋爱要低一等，只是这两者所承载的方式不同。比如说牛郎织女可能认为爱情是可以用精神作为媒介的，两者是可以传达的，只是这边的观点认为，我比起精神上更相信物质能够承载我的爱情，我更需要你这个人在我身边，我才能把这个爱情表达出来，这两者没有谁高谁低的区别。

师：没有高低对错之别。对于女性来说，她说，我不懂国家、政治、军事这些东西，我只要身边的一种相伴。好，你来说。

生：我认为对于古代女性一定要丈夫在自己身边这种批判是完全不对的，这只是爱情观的问题。每个人的爱情观不一样，而且我觉得她不希望丈夫离开自己可能是因为没有安全感，古代有很多男性是希望能够长久相伴的，像《孔雀东南飞》双方对于爱情的热忱投入的情感，我们如果不能在一起就……

师：殉情而死，你怎么看待这种观点？当爱情遇到困难、遇到阻碍的时候，像《孔雀东南飞》中刘兰芝、焦仲卿双双赴死，你是怎么认为的？

生：以我现在的眼光来看我觉得这肯定是不太理智的行为，包括梁山伯与祝英台等很多这样的例子。对他们来说，爱情已经超越了生命，"生命诚可贵，爱情价更高"。爱情观不一样吧，也不好做评判，我还是很钦佩他们这种勇气的。

师：好，请坐。（众多学生举手）很多同学要发言，先让女生说。

生：我就是觉得秦观写这首词其实就是对以前一个传统模式爱情悲剧的思考，像《孔雀东南飞》，当不能在一起的时候，最后选择殉情。因为中国古代有很多作品已经形成一种既定的悲剧模式，差不多就像《孔雀东南飞》这样的结局。秦观提供了另外一种思路，在当时看来是比较振聋发聩的声音，就是一种选择，不能在一起的时候为什么不能相信久长时，就一定要殉情，付出自己的生命，其实是对一种传统爱情悲剧模式的思考。

师：很好，请坐。对传统爱情悲剧模式的思考，可能没有必要双双赴死那么激烈，如果是坚贞长久，还可以这样子，"又岂在朝朝暮暮"。（学生举手）谁先说，你来。

生：秦观其实他并没有批判，而是对爱情的超越，就像前面的《孔雀东南飞》一样，如果以秦观的观点看《孔雀东南飞》这种悲剧不科学，不是爱情。它是从对爱情的追逐，变成对爱情关系的追逐，他不在乎两者之间的爱情，如果相信自己的爱情是忠贞的话，那么这种爱情应该是像水一样的，"攻坚强者莫之能胜"的情况。所以，秦观批判的是这种，而不是批判朝朝暮暮。还有就是女词人为什么有这样的观点，因为七夕节对古代女性来说是非常重要的一个节日，在这个节日里如果没有丈夫陪伴的话，对于女性来讲是非常落寞的。其实女词人也并一定要朝朝暮暮，但是她在这种特殊的情况下，可能就是一年一度的牛郎和织女都能相会的情况，而我却没丈夫陪伴，这么一种压抑而落寞的情况才会使人产生这样的情感。

师：好，他是这样理解的。关于爱情还有很多其他的模式，一个是刚才我们所讲过的"君当作磐石，妾当作蒲苇，蒲苇纫如丝，磐石无转移"，当不能在一起的时候，无法抵抗当时的礼教、压迫的时候，他们"举身赴清池，自挂东南枝"，化为鸳鸯，相向而鸣，成为连理枝，这是一种模式。还有一种，不要在乎功名，只要朝夕相处，当然可能还有其他的很多种模式，"天涯何处无芳草"，遇到困难、挫折的时候，可能还有人采取了这种模式，等等。当然还有新时代女性的一种思考，我们来读读看。

（PPT推出：《致橡树》）

"我必须是你近旁的一株木棉"开始。（师生齐读《致橡树》）

初中有学到过或看到过《致橡树》，还有高中学过的这首诗，一起来读一遍。

（PPT 推出：《双桅船》舒婷）（师生齐读《双桅船》）

她也谈到"岂在朝朝夕夕"，和秦观的观点有相同之处，对吧。当然，除了舒婷的诗之外，可能还有其他人的诗，也是一种爱情的模式。"我是天空里的一片云，偶尔投影在你的波心——你不必讶异，更无须欢喜——在转瞬间便消灭了踪影。你我相逢在这黑夜的海上，你有你的，我有我的，方向；你记得也好，最好你忘掉，在这交会时互放的光亮！"这是徐志摩的诗。"轻轻的我走了，正如我轻轻的来；我轻轻的挥手，作别西天的云彩。"什么都不带走，什么都没有留下，我只像云彩投影在你的波心，这是一种模式。

四、教师深度总结

在进行"气节"主题教学中，经过近两周的学习、探讨，我们逐渐领会了苏武、文天祥等人的人格精神。教师在最后总结：

文天祥，当时南宋王朝军事上节节败退，小朝廷漂浮海上，已从根本上丧失了复国基础，他还在坚持什么？有学者指出："他（文天祥）坚持抵抗的实际意义如果浓缩成一句话，恐怕就是为了气节而战。他感叹'朝廷养士三百年无死节者'，显然他自己就要努力成为一个'死节者'。作为个人，这样做是他理想人格的亲身实践；推而广之，众多的'死节者'所表现出的气节，汇聚在一起，就成为一个被征服民族不屈的斗争精神。"[1]

正是这种"气节观"成为国人非常宝贵的精神财富。每当中

---

[1]　修晓波：《文天祥评传》，南京大学出版社，2002，第192页。

华民族到了最危险的时候，国人所怀念、所追忆、所敬仰的是谁？肯定是屈原、苏武、岳飞、文天祥、史可法等忠烈志士。以此号召国人，奋勇杀敌，保家卫国，救亡图存。因此，这种"气节"难道不是一种精神力量吗？气节其实也是一种国力，是民族的精神支柱，其重要性不亚于任何飞机、大炮等武器。这就是他们气节的价值所在！

2008年6月在陕西举行了首届"苏武精神与现代社会"国际学术研讨会，专家认为，苏武精神的道德价值具有多维意蕴，核心是坚贞不屈的民族气节和高尚的爱国节操，其中也渗透着苏武的人格魅力和坚强意志。而且苏武对境外也有较大影响：在韩国、日本也被视为"气节"、"忠勇"之楷模；苏武精神切合中国传统"气节"、"忠勇"的价值取向，符合中华民族的民族精神。更有论者认为，苏武精神与抗战精神、抗震精神是一脉相承的，是中华民族不竭的精神动力。（高强教授）在当前道德失落的情况下，苏武精神应是爱国教育、感恩教育的典范。（杜德栎教授）他们已经成为中国优秀传统文化的瑰宝，成为团结人民和推动社会进步的民族精神的重要支柱。

五、扩大知识覆盖面

在指导学生学习课文时，不能只见课文不顾其他。要审慎选择知识点延伸扩展，不断增加学生的知识储存，使他们吸取多种营养，尽量把课上得丰满。例如，于漪老师上《晋祠》一课，备课时设计了这样几个环节进行广度上的开拓：

（1）学生依次介绍一处祖国的名胜古迹，要求：一说清楚，二讲速度（时间两分钟）。

（2）教师出示《中国名胜词典》，告诉学生此书共收 4 400 多个条目，引出课题，指点由"晋"字作为依据，"晋祠"条目可在山西省部分查到。

（3）学生听写《中国名胜词典》中所收的"晋祠"条目。

（4）请学生把这段话标上句子顺序，并将条目介绍的有关内容与课文的有关段落对应起来。

（5）请学生比较"条目"与课文介绍的异同，发表看法。

在教学过程中，学生发现"条目"与课文在介绍晋祠与太原的空间距离时数字有差异，"三绝"所指的对象有出入，"槐树"的说法不统一。学生思考议论后明确认为：数据的差异由方位的差异决定，课文写"从山西省太原市西行四十里"，而条目说"位于山西省太原市西南二十五公里"，两者并不矛盾；对第二个问题，一学生引《中学语文课外阅读手册》中的有关内容做了完满的阐释："关于晋祠'三绝'的说法多种多样，正好证明了晋祠中值得人们欣赏的杰作特多。""槐"有"隋槐"、"唐槐"两种说法，是因为隋朝统治时间短，隋唐相隔不长，所以二说皆可。复习了隋的统一和覆灭时间，并水到渠成地牵及文史知识：朝代短暂的往往在习惯上与后一个朝代并提，如秦汉、隋唐、金元等。

短短的一堂语文课，引进有关的地理、历史知识，知识容量要比一般课堂的知识容量多出三分之一。学生在于漪老师的课堂里"思接千载，视通万里"，知识面不断扩大。

又如笔者在《非攻》教学中，涉及墨子的哲学思想、墨子所处的历史、鲁迅创作该作品时的历史状况以及鲁国、楚国、宋国等地理知识。我鼓励学生除了跟语文任课教师交流外，也要跟历史、地理等学科教师交流。跨学科知识共融的大语文学习方式为深入解读文本打下了基础。

第十章　文本深读与深度生成

一、深度生成

　　一切的学习成果，最后都将体现为最终的体验感悟与创新性生成。这个最终的生成就是教学所实现的目标和效果，当然还有其他潜移默化的影响可能在今后较长一段时间内存在，但因为时间因素及难以察觉的因素，目前我们只能看到的是学生的口头、书面或者行为的生成。从下文几个案例来看，学生对于课堂教学非常认同，而且被深深打动，所以才有良好的生成效果。

　　《非攻》教学后期进行了模仿创作及小论文写作，从艺术发生学的角度去体验、感悟作者艺术创作的心路历程，达到生成性理解，这也是深入解读文本的一种方式。教师创作了《墨子自述》小论文，以幽默风趣的笔调为墨子做了一篇小传，使学生乐学、易懂。对鲁迅《故事新编》未写法家人物的疑问使我模仿写作了《变法》。模仿也是一种创新，是对文本的一种深入体验。学生对这两篇作品阅读后进行了交流与评价，加深了认识。学生在笔会中所写部分作品，如《杂谈墨子》也基本达到了小论文的要求。

在学习《林教头风雪山神庙》之后，学生颇为感动，写了文章表达内心的情感。

祭我千行泪，谁人血？
——林冲之我见
高一　陈竹沁

天气愈寒，风嘶吼着，不饶一寸一处。眉头紧锁，几近冻结。街景一如既往地平静，却像埋伏着不可预知的未来。

今夜，是否有雪？

彤云密布，朔风渐起。空阔凄凉的边境沧州，是要下起一场大雪来。主人公林冲，用花枪挑着酒葫芦，独自行走着，全然不知命运即将突转。

这个男人，确是使人又爱又恨，又不得不对他心生万种怜惜来，但我坚信，必是没有"同情"——真男人，如何多难，也是无须丝毫同情的。他谨小慎微、忍辱负重，甚至也想着逃避；但他也必将快意泯恩仇，弃下忧思幻想，激发万千雄壮。这就注定了我们的感情也要随着他的命运起伏不定。

两次欲拿下陆虞候便是如此。第一计诱骗林冲娘子被识破之后，他就立马将陆虞候家打得粉碎，拿一把解腕尖刀便径奔去寻找陆虞候，一等就是"三日"，可他终于渐渐还是"把这件事放慢了"。林冲并不懦弱，他这样的人物定也以尊严为上。他爱他的妻子，他也的确有情有义：被刺配沧州后，就忍痛写下休书，不愿耽误娘子，何等悲壮。而这个女子更是以死亡来表明自己忠贞不移的爱情，让人为之哀痛。这是后话了。同时，他念着与陆谦如若兄弟而愤恨难平，殊不知这等小人早已视情义为无物，他"放慢了"，竟无意间把自己逼上绝境。后一计又是陆虞候"亲临"，狠心要取林冲性命，阴险毒辣，林冲闻之，又一次大怒，同样是买了解腕尖刀去寻他，持续三五日，再度"心下慢了"。

看着这样的情景，总是让人心也沉下来，却还是揪着一把拉力，悬之既紧。他无论如何也是没有办法的，他并非不想报仇，苦于不能得罪高俅陷更多人于困境。他也从不胡乱杀人，一切皆是逼不得已才为之。"人不犯我，我不犯人"，或许这正是林冲的原则，而人一次次犯他，就是故事高潮的开端，同时，也是悲剧的落幕。

他的侠义心肠，他的为他人着想，在我看来是故事的一大闪光点。真的是"天可怜见"他吧，被他救助过的小二竟出现在此，并几乎救了他的半条性命，还有那一切的巧合，风雪大作，寒冷刺骨，他外出沽酒，终于使他没有不值地被陷害死去。

当他拿起刀时，天空，阴霾的天空，或许也被划出一道锋利的伤口。而后，鲜艳的红色喷溅而出，坠落在夹杂着尘砾的灰白的雪地上，带着与生俱来的温度，与白雪共融成一片。那一瞬间，他是感到了前所未有的自由吗，还是更深的悲哀？是想着"莫愁前路无知己，天下谁人不识君"，还是"大道如青天，我独不得出"？

我不知道英雄有没有泪，甚至不知道林冲是否可称得上英雄。这个"豹子头"，这颗"天雄星"。曾经，我以为英雄只该是项羽那般，高贵的灵魂无奈地悲歌着"时不利兮骓不逝，虞兮虞兮奈若何"，从此再无归路，是"生当作人杰，死亦为鬼雄"，是不懂得忍辱，不懂得偷生；抑或如同岳飞，永远为自己的理想而战，精忠报国，哪怕被昏君延误，被奸臣陷害，也是全无怨言，心系沙场。而今天，想着那个独自走在雪地里的男子，心也跟随着他的步伐。他与他们，终究是不同的人，经历着不同的人生。林冲，这个有血有肉最终站起来的人，同样让我喜爱与敬重。我想着那一刻，他的心是否流泪，他是否想起他与娇妻曾经的缠绵，是否祭奠昨日京师的辉煌时光，是否质问如何走到这一步田地？可纵有千行泪，又向谁诉？他，只是走着，走向一条不能回头的道路，继续他的悲剧。

今夜是否有雪？是否依然有一个男人，在永恒的异度空间，使着花枪挑着酒葫芦？就让时间停留在那一次的呼喊上吧——"都走了，老爷快活吃酒！"——那，也是好的。

致林相公书

高一　杨　倩

一日不见，如三秋兮。贱妾日日茶饭不思，盼君归。

昨日，高太尉遣人提亲，老父甚为不悦，然敢怒而不敢发作，唯婉言谢绝而已。妾身闻讯，泪如雨下。冠盖虽满京华，唯我老父弱妻，憔悴损，不知谁可依傍。若夫君在此，又当忍无可忍、冲冠一怒乎？

妾身今日虽受小人轻薄，然心如金石，不为所动，愿君勿挂怀。家父虽老，亦曾为教头，略知枪棒，颇识几人，定能护妾周全。否则妾身唯求一死以保清白之身。妾身生是林家人，死为林家魂。日日盼君归。

嗟乎！君落入此般境地，无乃妾身之罪过欤？古人云，红颜祸水。若非太尉看中妾身姿色，夫君岂会无故受累？事已至此，无他，唯愿君努力保全自身，使妾宽心，否则，妾之罪难恕矣。

不知君在外安好否？衣食住行定不比家中，往昔有妾身照顾，如今怎的是好？望相公好生对待自己，万不可轻薄自身。伤在夫身，痛在妾心，妾身宁陪君颠沛流离，随身服侍，亦无怨无悔。孰料苍天竟难遂人愿，岂不痛煞人也！君当保重！

妾身恐太尉心愿难遂，痛下杀手，相公出门务必小心谨慎。小人之心难测，须防贼人诡计。呜呼，三尺之上有神明，恶人必当有恶报，奈时候未到而已。愿夫君耐得冷清孤寒，守得云开见月明，苦尽甘来，回家团圆。相公切莫鲁莽冲动，毕竟太尉权高及天，非夫君力所能及。当忍则忍，勿逞一时之英雄，断送自身之性命。

愿君事事小心，防人之心不可无。君性善良忠厚，须防牛鬼蛇神，应知口蜜腹剑、笑里藏刀，暗箭易躲、小人难防，庶几免遭奸人毒手。

君未归，妾定当相守，不忘往昔情分。相守相知，望尽天涯路；相依相怜，共度患难劫；相念相思，缠绵于悲欢。人生一梦，白云苍狗；是是非非，恩恩怨怨，终不过日月无声，水过无痕，所难弃者，一二点痴念耳。日日盼君归。

贱妾草草拜上。

在学习李白《登金陵凤凰台》前后，全班同学通过联句的方式，一致表达对于李白的敬意。

与诸生联句致李白

复旦附中 高一（5）班

我有一壶酒，足以慰风尘。
入世佐君王，出世笑红尘。
曾蹬谢公屐，狂歌上昆仑。
仗剑去故国，年少血尚温。
走马蜀道难，春风洛笛闻。
漂泊天地间，独有其乐存。
沧浪浮生阔，何能久沉沦。
弹铗歌一曲，醉里见乾坤。
寥寥青史上，一梦四千春。
唐宫珍馐列，太白诗赋陈。
侍墨侧红颜，杨妃字太真。
木兰坠青露，撷来献清芬。

不为殿上客，翻作酒中人。

终南攀不得，脱靴留黄门。

长安秋风冷，拒与权贵亲。

平生行万里，何居庙堂深。

春花秋月落，落魄复失魂。

月下亭台处，红烛残影深。

影乱西风起，云冷泣鬼神。

霓裳暖长殿，青楼箫声沉。

但伤知音稀，对月独举樽。

天地何能拘，潇洒醉此身。

今诵凤凰台，一忆泪沾巾。

师：我也有一壶酒。

我有一壶酒，足以慰风尘。

风尘不可期，壶酒有乾坤。

高诵谪仙词，我本盛唐人。

今登凤凰台，千载有余音！

二、深度反思

　　教师的专业发展是一种自我反思的过程。美国心理学家波斯纳提出教师成长的公式：成长＝经验＋反思。他还指出，没有反思的经验是狭隘的经验，至多只能形成肤浅的知识。如果教师仅仅满足于获得经验而不对经验进行深入思考，那么他的发展将大受限制。"反思被广泛地看作教师职业发展的决定性因素"。反思帮助教师把经验和理论联结起来，帮助教师实现专业知识的显性化和凝固化，从而更加有效地运用自己的专业技能。没有反思，教学将只建立在冲动、直觉或常规之上。任何外在因素对教师专业发展产生的影响以及影响程度都取决于教师是否有反思、反思的指向和反思的深度，取决于教师的自我专业发展的意识。

深度反思——一堂课结束后，并不意味着思考的终结，教学结束后要深入反思，将这一过程中的收获条分缕析地归纳总结，从中提炼宝贵的思想闪光点，并把它上升到理论的高度。可以是书面写作的形式，也可以是互动讨论、听课评课的形式，从而升华主题。

第二编

文本深读与核心素养

第一章　文本深读与文学作品教学

何谓文学？这根本就不是一个定义所能说清楚的。文学作品是相对于实用文而言的，目前中小学教育的划分是，前者包括散文、诗歌、小说戏剧，后者包括议论文、记叙文、说明文。在阅读方式上，文学作品也主要是审美的：鉴赏与解读。因此，在中学语文教学中，我们需要根据文学作品的特质，确定其教学内容。

一、品味文学作品的语言

1. 音韵、平仄、节奏。

韦勒克·沃伦在《文学理论》中说，语音的审美效果主要体现在节奏和格律上。在汉语中，我国古典诗词可以说将语音的审美功能发挥到了极致。在我们的文学作品教学中，最起码的要求就是：我们要把一首诗上成一首诗的样子，而不是像对待一篇文章那样进行细致入微的"分析"或者说是"肢解"。我们应紧扣诗词的特质，通过其音韵、平仄、格律、节奏等去加以感受、体会。

教学李清照词《声声慢》时，可感受诗词的韵律。

（1）你认为应该用怎样的语气语调来朗诵这首词？听同学朗诵这首词，并对其朗诵加以评议。

生：我认为语气语调应较为哀愁、悲苦，似一种呜咽之声。

（2）反复朗诵课文，说说这首词字音的特点。

生：字音的特点是大都比较轻柔，大多是舌尖音，发音在唇齿之间，有助于营造一种凄清、悲凉之感。

（3）找出词的韵脚（韵文句末押韵的字），概括该韵脚的语音特征并说说它们给你的心理感受。

生：韵脚为"i"，语音特征是清脆、短促。这个韵脚给人的感觉通常是一种压抑、哽咽之感，似乎有万般滋味在心头却说不尽，道不明。

音韵、平仄、格律不仅是形式的需求，更是作者表达情感和心理的需要。抓住了这个外在的形式对于领悟诗人的内心世界大有帮助。

2. 对仗和炼字。

诗歌中的对仗句是诗人创作的着力处，句子工整，颇有气势，还能表现出诗人的较为真实、丰富、强烈的情感，就音韵角度而言也朗朗上口，富有音乐之美，需要我们尽力去解读和感悟。诗词中的"炼字"，言简意赅，也非常值得学习。如杜甫《登楼》名联："锦江春色来天地，玉垒浮云变古今。"

师："来"和"变"分别写出了锦江春色和玉垒山浮云的什么特点？

生："来"字烘托出锦江春色逐人，声势浩大，令人有荡胸扑面、汹涌澎湃而来的感受，景象可谓壮丽。"变"字写浮云如同白云变苍狗，世事如沧海变桑田，一字双关，引人遐想。

师：不错。杜甫《登高》："无边落木萧萧下，不尽长江滚滚来。"谢灵运《登池上楼》："池塘生春草，园柳变鸣禽。"这两句诗中也有"来"、"变"字，可以借此来比较、体会炼字之妙……

炼字大多是古代文学大师们苦心孤诣、千锤百炼创造出的。对于对仗句和"炼字"的较为细致入微的分析正是领会作者情感、感悟诗歌语言的方法之一。

3. 戏剧语言：台词及潜台词。

在剧本中，台词是塑造人物、推动情节、开展矛盾冲突的基本手段。台词要具有冲击力和爆发力，带有对象性和意动性。因此，在戏剧作品的教学中，我们就要对此展开充分研讨。

《哈姆雷特》第三幕第一场，哈姆雷特与恋人奥菲利亚的对话的台词并不多，但却具有了巨大的"动作性"，也产生了毁灭性的后果。比如他关于女人的"美丽"、"淫荡"和"贞洁"关系的台词以及他规劝奥菲利亚到修女院去，不再生养"罪人"和他对女性的一些偏见之论，的确产生了不小的后果，制造了较为激烈的矛盾冲突，有力地推动了情节发展，对于塑造人物性格也非常有效。

台词除了富有动作性之外，还具有个性特征，需要我们加以分析、品味。《雷雨》中周朴园得知眼前人就是三十年前的侍萍时，"忽然严厉地问"：

你来干什么？

谁指使你来的？

刚刚不久前对侍萍的怀念、愧疚等情感荡然无存。刹那之间，风云变色，波诡云谲，变化无常，比较真实、典型地反映出了周朴园的性格特征。他怕事情闹大，不好收场，又用缓和的语气央求她：

我看过去的事不必再提了吧。

最后又完全撕掉"温情"的面纱，赤裸裸地说：

好，痛痛快快地！你现在要多少钱吧？

短短几句台词，又硬又软，软硬兼施，并且符合他的身份地位，与他资本家的口吻极其相称，符合他以钱为重的价值观念，也符合他伪善、自私、冷酷、严厉的性格特点。

潜台词可表达人内心另外一种真实的想法和情感，内蕴深厚，耐人寻味，教学中值得我们去挖掘。如侍萍所说的那句经典潜台词："你是萍，——凭，——凭什么打我的儿子？"当时情况下千言万语也只能吞进肚里，转化成对他的质问，而且转化得合情合理，非常巧妙。品味这样的潜台词，既可以体会语言的精妙，又可以体会人物的情感等。

4. 扭曲化、陌生化、极富想象力的诗歌语言。

俗滥的语言缺乏对读者的吸引力，而扭曲的陌生的带有阻碍和障碍的语言则给人以新鲜、陌生的感觉，也增加了阅读感知的难度，延长了感知的时间，从而能引起读者的注意，提高其阅读兴趣，增加其审美体验。如食指的诗《相信未来》：蜘蛛网怎么会"查封"炉台？烟雾怎可能"叹息"？灰烬怎么会是"失望"的？雪花怎能用来"写字"？……这些语言看似不合逻辑，不合语法，不合常规，也给学生的阅读带来一些障碍，但它们却表达了黑暗势力的强大，"我"虽然无助、失望却没有绝望，反而在困境中诞生了希望的信念，带给人以强烈的震撼和悲壮的美感。而学生对这些"陌生化"语言不易理解之处正是我们的教学内容之一。

而想象力无异于诗歌语言的灵魂。如徐志摩《再别康桥》中：

那榆荫下的一潭，

　　不是清泉，是天上虹；

揉碎在浮藻间，

　　沉淀着彩虹似的梦。

　　此处诗句很有想象力。诗人陶醉其中，物我两忘，营造出了一种如梦如幻般的意境。这里的拜伦潭意境不是一潭死水，而是既具有彩虹般的奇幻、瑰丽之美，又具有梦境般的虚无缥缈感，让人不可触碰。这哪里是沉淀的梦？分明在此清泉下沉淀着诗人最轻柔、最美好的回忆与情愫吧。

　　由此可见，对富有想象力的诗歌语言加以细细品味，是我们应有的教学内容。想象力的确是诗歌的灵魂，我们可以通过有关"想象"的训练来进行诗歌教学，加深对诗词的理解，对诗人情感的体悟。

二、关注文学作品的外形和结构

　　1. 诗形与分行。

　　徐志摩的诗《再别康桥》：

轻轻的我走了，

　　正如我轻轻的来；

我轻轻的招手，

　　作别西天的云彩。

那河畔的金柳，

　　是夕阳中的新娘；

波光里的艳影，

　　在我的心头荡漾。

　　就行数与字数来看，这种结构形式，四行一节，而且安排得错落有致，字数相近，回环呼应，与诗人那种徘徊不已、流连忘返之情相一致。四行一节，每行字数采用六七六七，或六八六八，于参差变化中见整齐，带来视觉的美感。就排列方式而言，诗行之间，以一字错开，以错落有致的形式和徘徊不已的诗情相谐调，可谓别出心裁。

闻一多提出"戴着脚镣跳舞"的主张，论述了建立新格律诗的必要性和重要性，还系统提出了新格律诗的"三美"论："诗的实力不独包括音乐的美（音节）、绘画的美（辞藻），并且还有建筑的美（节的匀称和句的均齐）。"可见诗歌形式的重要性。

2. 叠章复唱。

叠章复唱是一种诗歌表现形式，内容相同或相近的诗句反复出现，以强化某种情感的表达。章节的复叠形成了平行的诗歌结构，便于记忆和吟唱，章节的回环往复又可以增加诗歌语言的节奏感和音乐性，同时还能够起到更好地表达情思的作用。但需要注意的是，章节之间的重叠并不是意义上的无效重复，而是对诗意起到不断加强和渲染的作用。如蒹葭的"苍苍"、"采采"、"萋萋"不仅反映出了时间的变化，也暗示了诗人追求的执着之情。而采薇时，薇菜的"作"、"柔"、"刚"也显示了野菜的状态以及时间的流逝，从而暗示了士兵们在外作战不得回乡之伤痛。现代诗歌中的戴望舒《雨巷》也采用了较多重复的句子，营造了徘徊不已、流连忘返、追求不得的愁怨之思。

三、鉴赏文学作品中的意象和意境

意象即融入了诗人主观情意，使人在想象中产生画面美感的客观物象。文学意象还具有多义性和求解性。但作者选择的意象一般不会是单调的孤立的，而是组合的，具有有机联系的特点。我们的文学作品教学，除了要探究意象的所谓含义或意义之外，还要探究意象之间的关联性，从而领会诗歌的整体。比如，在教学《中国，我的钥匙丢了》这首现代诗时，我们关注了以下的意象组合：

从意象的组合中领悟隐喻的蕴含：

（1）"红色大街"—"家"—"田野"的意象组合。

（2）"儿童时代的画片"—"《海涅歌谣》"—"翠绿的三叶草"的意象组合。

（3）"蓝天"—"雨"—"太阳"的意象组合。

在什么意义上，可以将"向蓝天发出的爱情的信号"、"天，又开始下雨"、"太阳照耀我的钥匙"这三个意象组合在一起？

（4）"我"—"中国"—"钥匙"的意象组合。

用一句话概括"我"是怎样的一个人：

（1）如果你是"我"，请你对"中国"说一句你最想说的话。

（2）如果要用"中国，我的钥匙丢了"为主题画一幅油画，你准备画什么？准备把它画成什么样子？

我们还可以借助意象欣赏文学的意境之美：

《再别康桥》通过哪些意象营造了怎样一种意境呢？作者写了云彩、金柳、柔波、青荇、青草、星辉等自然景物，避开送行的人、高楼大厦和车水马龙等平常事物，仿佛脱离了人间烟火，营造出一种清新感。这些意象都是柔美而抒情的事物，浸透了作者对康河的永久的恋情。全诗通过这些意象构筑了梦幻般的氛围，如一首小夜曲，让人如痴如醉。在康河清波里，散布着绿油油的水草，它们随着和风微波轻轻地起伏荡漾，好像在向岸边休憩的人们多情地招手示意。而晚上泛舟归来，水波与星光交相辉映，所以诗人情不自禁地要在星辉斑斓里放歌。诗人的快乐通过恰当的意象选择达到了顶点，颇具特色。

审美是文学的重要特质之一，通过意象、意境进行审美教育是文学教育的重要内容。

四、体验文学作品中的情感

华兹华斯说，诗是强烈情感的流露。优秀的文学作品，大都是富有真情之作，并以生活的情感体验为基础而进行艺术创造。情感正是文学的重要特质之一。我们鉴赏文学作品，就要走进文学作品中的情感世界，与之同悲欢，并由此认识自己、理解他人。

如徐志摩《再别康桥》中的情感是潇洒与深情眷恋的统一。徐志摩一生怀有一种对"自由的灵性"的渴望，追求"爱"、"美"和"自由"。他为人为诗的特别之处也在于其自由洒脱、充满灵性。这首诗初看上去，如行云流水一样潇洒、轻柔、灵动，然而，这首诗轻柔而不轻浮，潇洒飘逸而不浅薄，因为它的每一句无不浸透了诗人的无限眷恋和真挚的深情。它不仅体现了诗人的"多情"，如第一节就用了三个"轻轻的"抒发诗人与康桥依依不舍的离别之情。因为在这里是他人生中最为美好的日子，这里拥有他太多美好的回忆。诗人用轻快的节奏、柔美的旋律表达了对康桥的依恋之情。"我挥一挥衣袖，不带走一片云彩"，诗人不忍心惊动康桥，也不愿意惊动康桥，诗人用他特有的方式，轻松、潇洒、自由地表达了对美丽的康桥深深的情、浓浓的意。

而如今，不少语文课堂缺乏对情感的关注。有老师讲解杜甫《登高》，知识渊博，认识深刻，分析得非常细致入微，概括总结得比较完善，但给人的感觉却过于"理性"，失去了情感。杜甫在诗歌中的浓厚的情感没有体味得到，那么去分析这首诗还有什么意义呢？梁启超说："古来大宗教家、大教育家，都最注意情感的陶养，老实说，是把情感教育放在第一位。情感教育的目的，不外将情感善的美的方面尽量发挥，把那恶的丑的方面渐渐压服淘汰下去。这种功夫做得一分，便是人类一分的进步。"因此，文学中的情感因素的确是我们文学教学的重要内容。

五、探讨文学作品中的主题意蕴

文学的意蕴层面可以说是文学教学中无法回避的问题。但如今有关文学主题意蕴的探讨已经不再是从前所谓"中心思想"的简单总结和概括，不再是简单、机械、概念化的标准答案，而是将一个文本看作开放性的具有生命力的事物。对于大多数文本主题意蕴的探讨很难有一个唯一的标准的答案，尤其是那些内蕴丰富的经典之作，更是为读者的解读提供了多种可能。比如《孔雀东南飞》的主题，一般是如下三个方面：反对封建礼教、批判封建家长制与向往自由的爱情。这几个方面的探讨可以说颇有道理，更难以说它就错了，但时代发展到如今，有论者认为似乎应该有主题的新解。比如有"能忍让，和为贵"、"家和万事兴"的主题；比如"学会尊重他人，善待他人"的主题；比如"要珍视生命"、"人死不能复生，爱情可以重来"等等。

对于主题意蕴的多元解读和探讨，不能要求一个统一的、一致的答案。绞尽脑汁地去探询作者创作时的最初的想法或者说所要寄托的思想、情感是没有多大意义的。因为作者所想要表达的和他表达出来的是两回事，读者再去阅读后的感受与作者的意见当然也肯定有所不同。作者未必然，读者未必不然。重要的不是答案，而是师生在探讨主题意蕴时的思路、方法、过程，以及建立一种批判性思维。其他文学经典之作如《项链》、《变形记》的主题意蕴也非常丰富，教学实践中我们都有所感触，可以说关于它们的探讨从发表一直到现在都没有停止。所以，文学的主题意

蕴应该是文学作品的教学内容之一。

六、分析故事情节与矛盾冲突

1. 情节。

在复杂的情节中表现人物形象，是叙事文学表现的一个重要特征。一波三折的故事情节，可以增强文学的趣味性、可读性，极大地调动读者的阅读兴味，更可以借此充分地展示人物性格，塑造人物形象。即使叙事长诗《孔雀东南飞》，其故事情节也能成为教学内容之一。

请在以下这些提示的基础上复述故事：

（1）故事发生在什么时候？男女主人公是谁？

（2）故事的起因是什么？有哪些矛盾冲突？故事的主人公是如何应对这些矛盾冲突的？

（3）故事发生了怎样的转折？面对这种转折，故事的主人公做出了什么抉择？

（4）故事的结局是怎样的？

（5）如果将本课课文改编成戏剧，你准备分几幕？请你给每一幕拟写小标题。

鉴于这首诗歌比较长，比较难以把握，有必要对其故事内容加以概括。在进行故事情节的小标题制作时，可以说是设置了一个语文"活动"，使之戏剧化，既可以调动学生兴趣，也可以为后面进行剧本的改编和演出张本。需要注意的是，我们不仅是在学习情节，而且是借此来分析人物性格以及作者的创作手法。

2. 矛盾冲突。

矛盾冲突是戏剧的灵魂，是戏剧主题的基础和情节发展的动力，是社会生活矛盾在戏剧艺术中集中而概括的反映。

戏剧冲突的表现形态一是人与人的冲突，即意志之间的冲突。比如《哈姆雷特》中不同人物怀有不同的目的和动机出场，构成了错综复杂的戏剧冲突。其中，有国王与哈姆雷特之间的敌我矛盾，哈姆雷特与恋人之间因误会产生的恋人之间的矛盾，哈姆雷特因与母亲之间的母子矛盾，哈姆雷特与同学、朋友之间的矛盾……在教学中，我们分组探讨这些矛盾产生的原因、具体表现、解决方法，在矛盾冲突中分别展现了人物的何样的性格，等等。这样就能借助"矛盾冲突"这一戏剧文学的特质，将其转化成重要的教学内容，对文本进行较为深入的分析。

其次是人物内心的冲突。如"生存还是灭亡，这是一个问题"。可以借此探讨哈姆雷特犹豫不决、沉思忧郁、延宕复仇的原因。第三种冲突就是人物与环境的冲突。哈姆雷特父王死得不明不白，母亲出嫁得太快，叔叔登基得过于顺利，自称父王的鬼魂更是令他迷惑不解，同学、朋友对他监视、诱骗，国家在酝酿着战争，"倒霉的我却要担负起扭转乾坤的重任"……莎士比亚表现了哈姆雷特的双重性格，而这种性格的形成除了源于人文主义者自身的弱点，更重要的是由于他所处的时代社会环境中的反动势力过于强大。戏剧冲突既是联系各个人物的纽带，又是刻画人物性格的重要手段。紧紧扣住戏剧文学的这一特质，是进行戏剧鉴赏的关键。

关于文本深读与文学作品教学，下面这篇写语文教育与文学教育的文章或许可以提供一些思考借鉴，供广大语文教师阅读。

语文教育与文学教育
——浅议目前文学教育之问题及其对策
兼论语文教育与文学教育之关系

百年中文，内忧外患。论争纷纭，莫衷一是。计有"文、白

之争"、"文、道之争"、"语、文"之争，工具主义、科学主义与人文主义之争……[1]

语文、语言、文学、文学性、工具性、人文性、语文教育、文学教育……分别是什么？语文教育和语言教育、文学教育是何关系？哪个更重要？如何平衡？是否要实行分科教学并给予文学足够重视？文学教育如何定位？文学作品教学内容如何确定？文学文本该如何解读？教材编排是否经典、合适？我们的观念是否陈旧？封闭、机械、量化、模式化的考试评价体系是否能公正考核出学生语文、文学的能力？教师是否具备相应的文学素养？教师培训是否专业、对口……

这些"天问"式疑惑涉及目前语文、文学教育中诸多问题：概念不清、性质不明、关系不定、重视不够、定位不准、把握不到、教法不对、观念不正、教材不精、评价不公、素养不够、培训不当。

笔者以为，对此我们应当：

一、释疑解惑，求同存异

关于"语文"的内涵，虽然叶圣陶先生说"语文"的本意是，口头为语，书面为文，表明听、说、读、写不可偏废，[2]但目前来看，语文是"语言、文学"的观点还是被更多人所接受。王尚文认为语文课程是综合的课程，担负着语言教育和文学教育的双重任务。[3]胡尹强认为语文教育就是语言教育和文学教育，应该回归这一常识。[4]黄耀红说："语文就是语言和文学，这是对语文内涵最为准确、最为科学、最为质朴的揭示。"[5]笔者以

---

[1] 郑国民等：《当代语文教育论争·广东》，广东教育出版社，2006，第1—6页。

[2] 叶圣陶：《叶圣陶语文教育论集》，教育科学出版社，1980，第730页。

[3] 王尚文：《求同存异，致力于提高学生的语文素养》，《课程·教材·教法》2006年第5期。

[4] 胡尹强：《语文就是语言和文学》，《语文学习》2004年第1期。

[5] 黄耀红：《百年中小学文学教育史论》，湖南师范大学出版社，2008，第198页。

为，此论有理但须明确：语文并非语言、文学二者简单相加，否则又会走向语言训练和文学教育两个完全背离的殊途上去。语言训练须借助文学作品，文学教育亦不可丢弃语言技巧，合说则两美，离谈则两伤。

关于学科性质，有论者认为，工具应和目的相对，人文应和科学相对，语文学科具有"工具性和人文性的特点"但并非"工具性与人文性的统一"。[1] 笔者认为，二者统一之论已较好地将语文与其他学科区别开，工具、人文虽非相对，也可统一，何必强求"对立式的统一"呢？对此，方智范认为："从文学教育的角度看，学生学习使用语言文字这一工具，应该是在人文精神熏陶的过程中进行；反过来说，当学生较好地掌握了语言文字这个工具，人文精神的教育更能落到实处。"[2] 对于学科性质问题，似无异议必要。

关于文学教育内涵及其与语文教育的关系，陈思和认为文学教育是学校的"文学课程"，郭英德认为它是一种"教育行为"，黄耀红则认为它是"以文学欣赏为中心、情感培养为目的，融审美教育、文化教育和语言教育于一体的教育方式"。[3] 笔者以为后者这一界定比较好地彰显了文学的特性。此外，还应当设立文学课程，而非仅仅将其视作语文教育的内容。

二、分科教学，高扬人文

从学科性质来看，语言、文学性质不同，任务不同，知识体

---

〔1〕 李定国：《语文教育不等于文学教育——兼论语文学科的性质》，《今日湖北·教育广角》2011 年第 2 期。

〔2〕 方智范：《回归语文，注重人本》，刘正伟主编：《名家解读：语文教育意蕴篇》，山东教育出版社，2009，第 88—89 页。

〔3〕 方智范：《回归语文，注重人本》，刘正伟主编：《名家解读：语文教育意蕴篇》，山东教育出版社，2009，第 24 页。

系不同，需要分科教学。[1] 从目前教育现状来看，"两者混教，只能使得一方成为另一方的附庸，二者合二为一，两败俱伤，应该一分为二"。[2] 随着时代发展，经济增长，物质利益高涨，道德素质滑坡，人文素养降低，青少年情感饥渴，易使人格异化，而作为情感、审美教育的文学教育则可以改善上述问题。[3] 另外，从学科发展趋势来看，现代化教学要求其更加科学化、细致化。因此，语、文分科极为必要。

分科教学可突出文学教育的重要性、必要性，引起人们重视，进而从各方面加以革新。此外还有助于"人"的培养，实现语文教育的总目的。正如苏霍姆林斯基说："文学的最终目的是形成人的内心世界——道德、修养和美。"[4]

三、准确定位，把握到位

首先来看文学教育的作用和意义。《普通高中语文课程标准》指出："学习鉴赏中外文学作品，具有积极的鉴赏态度，注重审美体验，陶冶性情，涵养心灵。"的确，文学对学生认识生活、养成审美情感、发展个性、健全人性起重要作用[5]；可以让学生动情，学会阅读文学作品[6]；还有助于立人，培养具有民族行为方式和思想精神的人，提升人、塑造人、净化人[7]。

其次，基础教育阶段的文学教育，处在"基本"、"基础"、"常识"的阶段，启蒙意义的文学教育应是其目标定位。[8] 它侧

〔1〕 叶圣陶：《关于语言文学分科的问题》，《语文学习》1955 年第 8 期。

〔2〕 王尚文：《呼吁"语文"一分为二》，《语文学习》2004 年第 1 期。

〔3〕 王尚文：《走进语文教学之门》，上海教育出版社，2007，第 79 页。

〔4〕 苏霍姆林斯基：《教育的艺术》，肖勇译，湖南教育出版社，1983，第 180 页。

〔5〕 庄文中：《论中学语文学科中的文学教育》，《课程·教材·教法》1999 年第 11 期。

〔6〕 孙绍振：《名作细读——微观分析个案研究》，上海教育出版社，2006，第 298—300 页。

〔7〕 卡尔维诺：《为什么读经典》，译林出版社，2010，第 89 页。

〔8〕 赵心宪：《语文学科的文学教育观念与目标定位》，《重庆教育学院学报》2004 年第 1 期，第 89 页。

重于初步的文学鉴赏，教学对象是中学的青少年，目标不在研究，更不在文学创作。[1] 如此定位，方能把握到位。

四、转变观念，教学革新

（1）转变文学观念，如避免"阶级分析"论调。另需去"魅"与去"蔽"。语文、文学教育自然包含有爱国教育、民族精神、人格培育等目标，但不可过分强调，否则会使情感、审美教育落空，沦为道德训诫或者政治及意识形态的附庸。

（2）改变科学主义、实用主义观念。有学者批评说："现在的观念是，我们所需要的是工程师、科学家、技术人员，而这些人有语文表达技能足矣，至于他懂不懂《红楼梦》、李白，背不背唐诗根本都无关紧要。"[2]

（3）接受新的思维方式，与学术界联合，创造性地消化、吸收这些成果，更新自己的教学内容，以便与时俱进，保证教学内容的质量与稳定性。还要增强课程意识，吸取国内外经验，分解组合语文课程，简化每门课程的教学目标，从根本上解决语文教学的问题。[3]

（4）紧扣文学特质，确定教学内容。文学教育的核心是文学鉴赏能力的培养。[4] 文学教育应该从审美、语言和文化三个文学特质出发，以审美教育来统摄文化教育和语言教育，在培养学生的审美情趣和审美能力的主要目标下，扎实完成文学教学的具体内容，如培养语感、培养对文学作品审美价值判断的能力、丰富和更新认知范式、扩充和优化情感体验、养成文化阐释能力、

---

〔1〕 饶杰腾：《"定位"与"到位"——20 世纪前期语文教育家论文学教育述评》，《中学语文教学》2001 年第 2 期。

〔2〕 南帆、王晓明：《寻求为生活的文学》，《读书》2003 年第 10 期。

〔3〕 张承明：《中外语文教育比较研究》，云南教育出版社，2000，第 61 页。

〔4〕 方智范：《语文教育与文学素养》，广东教育出版社，2006，第 39 页。

掌握汉语审美的规律、认识文学语言的特殊性等。[1]

笔者也曾撰文提出一些文学作品的具体教学内容，如品味文学作品语言，关注作品外形和结构，鉴赏意象和意境，体验其中情感，探讨主题意蕴，分析故事情节与矛盾冲突，赏析创作方法与技巧等。[2] 此外，余虹认为文学作品的要素解读有形象、意蕴、语言、结构、表现手法、风格。[3] 朱贻渊提出文学文本解读的六个基本要素：文学话题和话题背景、语境、主题意蕴、意义陈述的逻辑、文学形象、表现模式。[4] 均可资参考。

在文学作品教学方面要遵循文学教学的规律。20世纪50年代苏联专家在华听课后提出，"不要把语文课上成政治课"，即防止政治化倾向。洛寒提出"不要把语文课讲成文学课"，其实是指"勿脱离本文"，"化为文学理论之概念而讲之耳"，"盖针对教学上之积弊而言"。[5] 即文学教育不可脱离文本而概念化、理论化。笔者以为"不要把语文课上成语言课"以避免工具化，而是要让学生"能够体验"以及体验之后的反思。[6] 在文学作品解读方面展开平等对话，多元解读。[7] 此外还可学习美国"新批评派"的文本细读法，笔者也曾撰文提出"文本深读"的文本解读方式，可资借鉴。[8]

---

〔1〕姚素珍：《香港中学文学教学研究》，广东教育出版社，2006，第299—300页。

〔2〕司保峰：《文学教学内容的确定：理论与案例》，上海教育出版社，2011，第13—23页。

〔3〕余虹：《文学作品解读与教学》，高等教育出版社，2011，第130—149页。

〔4〕朱贻渊：《文学文本解读教学的基本要素》，《中学语文教学》2014年第3期。

〔5〕叶圣陶：《叶圣陶语文教育论集》，教育科学出版社，1980，第725页。

〔6〕孙绍振：《名作细读——微观分析个案研究》，上海教育出版社，2006，第308—322页。

〔7〕谢梅枝：《建国后中学语文科中的文学教育发展与启示》，华东师范大学硕士学位论文，2010，第32—34页。

〔8〕司保峰：《文本深读，超越细读》，《教学月刊》2007年第12期。
司保峰：《语文课堂教学内容的确定：理论与案例》，上海教育出版社，2010，第22—33页。
司保峰：《语文教学现场微型报告》，上海教育出版社，2013，第56—64页。

五、精编教材，科学评价

教材编选，分科为好。因彼此的教学目标不同，分开教材处理符合课程设计的原则，是进步的做法。[1] 建议组织全国之力，精编、统一一至三种教材为好，且要使其具有"文学的兴味"。此外，"经典性与时代性"、"民族性与多元性"也是教材选文应注意的。[2]

六、转变培训，提升素养

培训应该更有针对性，内容要新颖、适用。为提升文学素养要处理好审美性与思想性的关系，更新文学观念。相关部门还可通过考核、鼓励、资助等方式，让教师创造性改编使用教材[3]，阅读文学作品，开设文学课程，进行文学创作，开展文学研究，指导文学社团等，以形成良好的文学氛围。

---

〔1〕　何万贯：《论语文文学教育的普及化》。转引自：黄耀红：《百年中小学文学教育史论》，湖南师范大学出版社，2008，第31—32页。

〔2〕　倪文锦：《语文的整体功能与文化特质》。

〔3〕　文玮：《高中文学教育中存在的问题及改革策略》，东北师范大学硕士学位论文，2006年。

第二章　文本深读与教材编订

当前，这种语文课堂教学内容难以确定或失误的原因很多，比如作者意图难以确定、把握，文本意图富有多义性，难以取舍，教师对教材的处理、加工各有不同，读者意图往往受个人人生经历、阅读能力限制，就编者意图来看，课程标准与课堂教学实际内容的脱节等。但笔者以为，其中最主要的还是关于文本解读的问题，因为文本解读出了问题才在很大程度上导致了语文课堂教学内容的失误。

第一，就课程角度、语文学科特性来看，长期以来，语文学科始终没有一套知识点具体、逻辑关系明晰的学科教学内容序列，导致许多教师在面对选文时不知如何下手。语文学科的人文性与工具性论争更是聚讼纷纭。语文学科显然已经背负了太多的重任，字、词、句、段、语、修、逻，教书育人、思想道德建设、精神文化修养、高考成绩提高……全部加在语文头上，但我们很容易忽略一个显而易见的事情——语文是一个审美的客体，从而将语文课上成政治课、思想课、道德伦理课、词语课、语法课、朗读课、背诵课、练习课、口语课、写作课……而唯独不是语文课本身。课堂教学内容驳杂，随意性也很大，这样也就使语文课丧失了本身的美感和魅力，使学生丧失了学习语文的兴趣，使教师丧失了教育的热情和信心，使语文课上好上坏一个样，上多上少一个样，上和不上一个样，名存实亡。

第二，当时特定时代的话语系统、价值观念和特定意识形态的影响，使语文课堂教学内容的确定出现了问题。比如对《项链》、《变形记》的学习，受当时思想的影响，很容易将教学内容确定为对玛蒂尔德的"小资产阶级的虚荣"大加批判、嘲讽；学习《变形记》时，则是批判资本主义社会的罪恶，对人的压迫。而时间和实践证明，这种受到时代因素影响的课堂教学内容是"左"倾的、意识形态化的、机械的、僵化的、割裂的、片面的，是不可取的。如今，受多元文化因素的影响，我们却又很容易走向另一个极端，注重个性化解读，教师对学生的回答不加对错区别，从而难以确定文本解读的标准。

第三，文本本身的因素。如郑桂华老师所说，语文学习对象（课文）的整体性、丰富性以及隐秘性和单元教学需要的教学内容的单一型、局部性、明晰性无疑是一对矛盾。文本具有丰富性特点，各方面可讲内容多而课堂时间极其有限，教学进度需要考虑，教师只能有所选择，有所取舍，因而导致教学内容的难以确定。

第四，编者意图及教材自身原因也可能导致课堂教学内容的难以确定。一般来说，编者意图会通过选文、注释、教材的单元提示与课文提示、练习题及删节部分等加以表示。〔以下论述教材为上海高级中学语文课本（试用本），华东师范大学出版社出版。〕

（1）就选文而言，因目前的语文教材基本没有对所选文章加以更明确的定位和区别，如王荣生教授所言，分为"定篇"、"例文"、"样本"、"用件"等类型。这样就难以突出所选之文的特点、着重点，难以明确其教学目标，难以确定其教学内容，教师

也就难以因"材"施教。

（2）单元提示及课文提示某种程度上不够明确，甚至带有误导性，导致课堂教学内容的难以确定。如高一上学期的"山川草木"单元。如果说《诗经·蒹葭》和左思《咏史》还较多与树木、草木有关，那《种树郭橐驼传》却不是在讲树而是在讲种树的方法，在讲管理百姓的方法；而龚自珍《病梅馆记》的重点也不在于讲述或论述梅或病梅，而在于救梅之人。陶渊明《饮酒·其五》中"结庐在人境"则更奇特，因为出现了一个"采菊"的字样而归于此单元。试问，这首诗的重点真的在于"菊"和"采菊"吗？它还出现了"饮酒"、"结庐"和"飞鸟"，我们能将其列为"酒文化"单元、"亭台楼阁"单元或者"花鸟虫鱼"单元吗？高一上学期"亲情单元"选择了《边城》（节选），高三上学期却另有"家园、亲情"单元，选有《诗经·采薇》、李密《陈情表》、陶渊明《归去来兮辞》，明显侧重的是家园，而《陈情表》主要表达的却不是"回归家园"的主题，更多的是中国的传统美德——忠孝观念。因此，似乎可列入高二下学期的传统美德单元，如《廉颇蔺相如列传》、司马光《训俭示康》等。而鲜明体现"气节"的《苏武传》和《〈指南录〉后序》却分别列于高三上、下两个学期，一为"史传"单元，一为"刚毅精神、品格"单元。如果说"史传"单元中《秦晋崤之战》出自《左传》，《鸿门宴》出自《史记·项羽列传》，《苏武传》出自《汉书·苏建传》还是比较符合情况的话，而最后一篇的选择竟然不是《伶官传》，却是一篇序文《〈伶官传〉序》——很明显，它已经不再是叙事体的史传风格了而是议论类文体，岂不怪哉！那么，本单元是要学习什么呢？史传品格？人物形象？总结历史教训呢？还是三者兼有？这就令师生一头雾水。似这般，让教师如何去确定教学内容呢？所以，编者的编排意图应该明确，单元提示或课文提示、说明应该准确，不能模棱两可，或者眉毛胡子一把抓。难怪当今许多语文教师课堂教学中会不知不觉忽略单元意识，因为单元提示做得还不够好，编者的意图和教师的意图之间还存在着鸿沟。

（3）再看选文的连贯性。陶渊明的诗《饮酒》、赋《归去来兮辞》如何被割裂安排？《诗经》中的《蒹葭》和《采薇》又为何不能在一起？（蒹葭和薇菜不都是植物吗，为何不都放在"花草树木"单元呢?）李白的《登金陵凤凰台》、《梦游天姥吟留别》，杜甫的《登楼》和《月夜》，苏轼的《水调歌头》和《前赤壁赋》、《石钟山记》都遭遇了此种命运。说实话，表面看来是强调，是重复，可实际效果呢？虽然每次都再讲一遍作者，却效率低下，更糟糕的是学完后师生对于《诗经》、陶渊明、李白、杜甫、苏东坡的认知仍是一些记忆中的碎片而已，根本就谈不上有一个较为整体的系统的认识和理解。这不能不说是一个悲哀。建议教材除了将这些文章作为专题加以编排外，能不能对作者、作品、风格、相关评论的学术文章做些介绍呢？能不能请与作品相关的专家加以指导呢？教材的编纂需要这些真正的专家，比如苏轼研究的权威、李商隐研究的权威、鲁迅研究的权威等，否则仅仅一首《锦瑟》的编排就够语文教育界评论许久，鲁迅的《铸剑》的编排就够语文教师争议不休。文章大意的浅层次都理解不了，遑论课堂教学内容的确定？

（4）教材的课后练习缺乏应有的功能导致教学内容难以确定。课后练习题的设计应该可以对教学目标、教学内容有所暗示和提示，应该有助于教学目标的达成，并在某种程度上成为课堂教学内容的一部分，但如今的课后的思考与练习却往往指向不够明确，且过于简略，一般会设置两三个问题，敷衍塞责。问题的设计不能切中要害，更不能引发师生的兴趣。本来它应该提供给师生的是达到教学目标的练习，而现在看来它却大大地简化了。别说不做，即使做了这些练习，基本也无助于课堂教学目标的实施。这样的例子俯拾即是，不胜枚举。比如《林教头风雪山神庙》课后练习第一题："通读全文，用两三个词概括林冲的性格，并说说你的依据。"请问这数个词语能概括林冲的复杂性格吗？尤其是他复杂的心理变化？这样概括是不是太概念化了？紧接着第二个题目是关于细节的，比如对"风雪"、"花枪与刀"，体会作者一路点染、心细如发的匠心。第一题根本就无法达到理解林冲的人物性格的目的；第二题却转向了对创作论的理解；第三题则是所谓的拓展，选一位英雄跟林冲进行比较分析。可以说这样的练习与教学目标、教学内容相去甚远，聊胜于无而已。

（5）对删节部分的处理某种程度上导致了教学内容的残缺与片面。我们的教材删过《荷塘月色》的江南采莲部分及美人出浴和阴影如鬼的比喻，删除了《林教头风雪山神庙》的庙前杀敌，删除了《苏武传》中苏武接受单于兄弟食物一节以及李陵的劝降，删除了《〈指南录〉后序》中的文天祥关于忠孝节义的感慨，删除了《项脊轩志》中的最后一段议论……理由当然很多，如篇幅限制，思想内容腐朽、落后，比较血腥、暴力，与全文风格不一致，容易引发青少年不良思想因而不适合他们阅读等。对此，笔者以为，除了是长篇小说的节选以外，其他的选文都尽量做到不要删节，否则会破坏其整体性，使我们某种程度上缺乏对作者、对文本的较为客观、全面、科学的认识。比如《林教头风雪山神庙》删除的庙前杀敌部分，同时删除了关于花枪、尖刀、酒葫芦、山神庙等处的描写，使该描写残缺不全，丧失了极大的艺术性，甚至使读者产生了误读，可谓得不偿失。可参阅笔者发表于《语文学习》上的《花枪、酒葫芦、山神庙与解腕尖刀》一文。而笔者在讲授《苏武传》及《〈指南录〉后序》时更是补充完整才进行学习。李陵的劝降是《苏武传》中极其精彩的部分，很大程度上展现出了苏武的人物形象及其人格，而教材全部予以删除，语文教育界很是惊诧。反观上海教育出版社出版的"国家课程标准高中试验课本（试编本）"中的《〈指南录〉后序》就未做删节。试问，这样的不太负责任的删除怎能不会对课堂教学的内容有所影响？

此外，现在的教材绝大多数还缺少预习和链接部分的内容，而这些则对课堂教学内容的确定有所帮助。有人说教参中不是有链接部分吗，可是我们要求的是，请编者从学生学习的角度去设计教材。链接是只给教师看的吗？预习不可少，它有助于学生产生兴趣，提前进入文本；链接不可缺，它有助于学生理解文本，还能扩大学生的知识面和视野。

总之，目前的语文课本虽然较以往有所改善，但距离优秀语文教材还比较远，距离师生要求还比较远，距离课堂实际教学要求还比较远，还缺乏较为充分的学理依据，不能让广大教师更好地使用、广大学生更好地学习。试问，这样的语文教材如何才能有助于课堂教学内容的确定呢？

第三章　文本深读与专题教学

一、鲁迅《非攻》专题教学与研究提纲

1.学生预习、查找资料，制作幻灯片，课堂展示（学生合作学习，教师予以指导）。

（1）《非攻》写作时间、地点、背景、创作目的及意义。

（2）《故事新编》的题材、体裁、特点、创作方法。

（3）对墨子《非攻》、《公输》篇章的了解，与本文作品相对照，分析删改之处及各自特色。

（4）组织学生阅读文章，并提出问题，教师收集、整理问题。

2.课堂教学（以问题教学为主）。

（1）第一课时。

（2）第二课时。

3.口语训练——辩论。

墨子的"非攻"是正义之举还是在阻碍历史进程？

4.写作训练——笔会。

（1）文章读后感：《飞翔的木鸢》、《杂谈墨子》（学生作品）。

（2）电影《墨攻》观后感：《止战之觞》、《何处觅桃源》（学

生作品)。

(3) 小论文：趣味文史系列之《墨子自述》(教师作品)。

(4) 仿作：《故事续编》之法家人物——商鞅《变法》(教师作品)。

5. 拓展、延伸——印发、阅读相关论文。

(1)《对儒、道、墨三家"显学"的扬弃——从文化视角解读鲁迅后期五篇历史小说》。

(北京师范大学钱振纲先生论文。《北京师范大学学报(社科版)》1999 年第 4 期。比较阅读了《理水》、《采薇》、《出关》、《非攻》和《起死》五篇作品。若需要可网上查阅，今略。)

(2)《我们能对鲁迅要求什么》(教师论文)、《不灭的精魂》(学生获奖作品)。

6. 展示、交流、互评。

在课堂及教师博客或班级博客上展示、交流、评价以上作品。

二、《非攻》课下准备及课堂展示

(1) 学生分组查找资料，了解鲁迅先生晚年情况、写作此篇的背景，探测写作目的及意义。(教师予以指导，可提供部分资料，学生将其做成幻灯片。)

① 《非攻》写作时间、地点、背景：1934 年 8 月；上海；中国历史上，红军北上抗日和胜利到达陕北。

② 写作目的、意义：

A. 现实意义。"'国家务夺侵凌，即语之兼爱非攻。'(《墨子·鲁问》) 鲁迅看到 20 世纪 30 年代日本帝国主义对中国的侵凌和儒家奔赴国难的态度之不济，而对墨家价值进行重新思考发

现。"（高远东《论鲁迅与墨子的思想联系》）

B. 文化意义。鲁迅晚年寻找文化的依归、认同，安身立命的心灵栖息之地。《故事新编》似乎更像是鲁迅对传统文化的观照与检视，很难想象，在这样一部奇特的小说中包含了中国几乎所有的主要文化思想流派：儒家、道家、墨家等。但作者写作这些作品并非要复古。整体上看来，"鲁迅似乎都试图表达这样一种类似的意旨：在国家政权腐败、物欲横流、内战频繁和日寇入侵所危害的时代，形而上的思想是没有立足之地的。鲁迅从字面的意义上接过道家和儒家的主张，由此导引出一些荒谬可笑的结论。在这里，鲁迅的手段就是重写，把古老的素材转变成对于当代情势的社会批评"。王富仁曾经别有意味地指出："鲁迅并不绝对地否定中国古代的任何一种文化，但同时又失望于中国古代所有的文化。"

C. 讽刺别人还是自况？（推荐阅读《南腔北调集·我怎么做起小说来》、《〈故事新编〉序言》、鲁迅致徐懋庸的信件）可知，鲁迅一向反对别人"视小说为非斥人则自况"（大意：把小说看作不是排斥别人就是自比）的庸俗社会学观点。

D. 综合因素。关于大禹治水和墨子非攻的传说或历史记载，本来就是中国文化遗产中的充满着人民性的因素。因此，鲁迅选择了这样的题材来创作历史小说，是有明显的战斗的现实意义的。

E. 立人观点。（推荐阅读《中国人失掉自信力了吗?》，了解鲁迅先生关于"中国的脊梁"及其立人思想。）

我们从古以来，就有埋头苦干的人，有拼命硬干的人，有为民请命的人，有舍身求法的人，……虽是等于为帝王将相作家谱的所谓"正史"，也往往掩不住他们的光耀，这就是中国的脊梁。

这一类的人们，就是现在也何尝少呢？他们有确信，不自欺；他们在前仆后继的战斗，不过一面总在被摧残，被抹杀，消灭于黑暗中，不能为大家所知道罢了。说中国人失掉了自信力，用以指一部分人则可，倘若加于全体，那简直是诬蔑。

要论中国人，必须不被搽在表面的自欺欺人的脂粉所诓骗，却看看他的筋骨和脊梁。自信力的有无，状元宰相的文章是不足为据的，要自己去看地底下。

（2）对《故事新编》的了解：题材、体裁、特点、创作方法。（阅读《南腔北调集·〈自选集〉自序》、茅盾《〈玄武门之变〉序》，做成幻灯片展示。）

①《故事新编》的含义：所谓"故事"并不是人们讲述的故事，而是陈旧的故事，"故"是指陈旧的。"故事新编"，语词结构如同"朝花夕拾"。

基本创作方法："所写的事迹，大抵有一点见过或听到过的缘由，但决不全用这事实，只是采取一端，加以改造，或生发开去，到足以几乎完全发表我的意思为止。人物的模特儿也一样，没有专用过一个人，往往嘴在浙江，脸在北京，衣服在山西，是一个拼凑起来的脚色。有人说，我的那一篇是骂谁，某一篇又是骂谁，那是完全胡说的。"（选自《我是怎么做起小说来》）

②题材："想从古代和现代当中都采取题材，来做短篇小说。"

③体裁：历来有以下多种观点，比如寓言式短篇小说、针对现实的寓言讽刺作品、以"故事"形式写出的"杂文"、历史小说、新历史小说、超越问题之作……鲁迅认为历史小说有两种：一种是"博考文献，言必有据"；另一种是"只取一点因由，随意点染，铺成一篇"。而《故事新编》"叙事有时也有一点旧书上的根据，有时却不过信口开河"。他还说这部作品，"并没有将古人写的更死"。

经过阅读、考察，我们认为，这些作品仍旧符合小说的写作特点，比如故事情节有开端、高潮、结局。那么，它是何类小说？我们认为不符合寓言故事的结构类型，其主旨并非要通过故事来讽刺现实。何况，《故事新编》里的"故事"是陈旧的史实，是神话、传说或历史，不是什么普通故事，而且讽刺现实也只是作者顺手一击，并非主要目的，所以我们认为《故事新编》不是讽刺性寓言故事，而是写古人的短篇历史小说。或许有人质疑说，既然是历史小说就要注重真实性，不能信口开河。但我们认为，历史小说也是小说，不妨有些虚构和无伤大雅的玩笑。在《故事新编》中作者并未拘囿于历史，而是创造出了自己的特点。它符合历史小说范畴，又有所突破，所以有人认为是打破文体界限之作。（类似作品，当代作家中有王小波的《寻找无双》、《红拂夜奔》等。）

④ 特点：

A. 熔铸古今，历史与现实相融合，古代和现代错综交融。"用历史事实为题材的文学作品，自五四以来，已有了新的发展。鲁迅先生是这一方面伟大的开拓者和成功者。他的《故事新编》，在形式上展示了多种多样的变化，给我们树立了可贵的楷式；但尤其重要的，是内容的深刻——在《故事新编》中，鲁迅先生以他特有的锐利的观察，战斗的热情和创作的艺术，非但'没有将古人写的更死'，而且将古代和现代错综交融，成为一而二，二而一。鲁迅先生的这种手法，曾引起了不少人的研究和学习。然而我们勉强能学到的也还只有他的用现代眼光去解释古事这一方面，而他的更深一层的用心——借古事的躯壳来激发现代人之所应憎与应爱，乃至将古代和现代错综交融，则我们虽能理会，能吟味，却未能学而几及。"（茅盾《〈玄武门之变〉序》）

B. 加入了"油滑"的因素。鲁迅先生在《〈故事新编〉序言》

中说，《不周山》中添了个身穿古衣冠的小丈夫，"这就从认真陷入了油滑的开端，油滑是认真的大敌，我对自己也很不满"。"叙事有时也有一点旧书上的根据，有时却不过信口开河。而且因为自己的对于古人，不及对于今人的诚敬，所以仍不免时有油滑之处……不过并没有将古人写的更死……"他又在《我怎么做起小说来》一文中说，此举"将结构的宏大毁坏了"。《非攻》中出现了募捐救国队，《理水》中出现了"维他命W"、"OK"、"莎士比亚"之类的字眼，《起死》中的庄子最后吹起了警笛等等，某种程度上来说，这些"油滑"有损于历史小说的历史真实的描写和表现，但也增强了对现实的讽刺和有利的鞭挞，刺痛了某些人。更为重要的是可以使作者打破狭窄的严肃性、固定的艺术规范和僵硬的表现形式，更富有自由和灵感，更富有奇特的艺术想象力和创造力。虽然鲁迅对这些"油滑"多次表达了不满，但并非追悔，他说这可谓有一利必有一弊，有一弊必有一利。

（3）对墨子《非攻》、《公输》篇章的了解：介绍、翻译这些文言文，并与本文作品相对照，分析删改之处及各自特色。（做成幻灯片，展示）

① 本文第一部分增添了公孙高与墨子的论争、阿廉与墨子的对话、阿廉与耕柱子的对话。第二部分增添了他在宋国的见闻、曹公子的演讲、墨子与管黔敖的对话。第三部分增添了在楚国的见闻及与门丁的对视。第五部分增添了墨子与公输班的几次论辩或交锋。

② 墨子《非攻》主要通过生活事例，进行类比论证，表达了反对不义之战的主张，属于议论范畴。《公输》重在讲述墨子与公输班和楚王的交锋的核心事件，主要通过语言描写和动作描写来完成。鲁迅《非攻》的故事情节更为具体、详细、生动，增添、补充了相关背景和环境的描写，故事的开端、发展、高潮和

结局更为明显，语言上也比较幽默风趣。

③ 墨子《公输》的原文及翻译（略）。

（4）组织学生阅读文章，并提出文本中不清楚、不明白或者有疑惑的问题。（上交作业本，教师批阅、整理相关问题，加以准备，以便上课时应用。本文教学采取问题教学法，由学生事先预习，提出疑难问题，由教师进行分析、归类，尝试解决，对课堂教学中学生所提问题做到心中有数。因为问题来自学生，学生会更有兴趣，也更加关注。）

三、《非攻》课堂教学

教学目标：

（1）了解墨家思想及其精神风貌。

（2）从墨子形象中认识鲁迅从"立人"到"立国"的思想。

（3）品味鲁迅在塑造墨子这一形象时所运用的艺术手法。

教学重点：通过作品中的细节描写，认识、分析墨子这一形象所体现的精神风貌。

教学难点：认识鲁迅创作这一作品的思想动机。

教学过程：

导入：哲学家冯友兰曾经说，孔子是文雅的君子，墨子则是战斗的传教士。而我想说，如果把孔子比喻为一块温润之玉，如切如磋如琢如磨，诲人不倦，是一位良师益友，那么孟子不妨誉为一块明丽、锋锐的水晶，光艳耀人，璀璨明亮，像你的净友，颇有雄辩家之风，更有舍我其谁的气势。而墨子呢，我个人觉得他简直像是一块黑而亮的铁石，貌不惊人，然而坚实、内秀且实用，更像是一位踏实肯干、坚韧不拔的智者和勇者。今天我们就来学习一篇鲁迅先生的作品《非攻》，瞻仰一下这位墨家创始人的风采。

本文我们已经预习过，课下也查过相关资料，并进行了课堂展示，了解了一些相关知识，现在对文本有什么问题，请尽管提出来，由同学或老师解答，或者我们共同讨论解决。

第 一 课 时

生：我对课文题目有些不理解，请问"非攻"有什么含意？据我所知，这个故事是由《墨子·公输》改编而来。为何两者题目有所不同？

师：好问题！很有眼光！请查找该组资料的同学来为他释疑解惑。

生：我觉得意思很简单，就是"不要攻打别人、别国"的意思。

师：好像简略了些，请你们组同学补充一下。

生：我认为"非攻"的意思就是"以攻为非"，把侵略、攻打别国认为是错误的、不正确的事，这是墨子的重要主张之一。

师：好！那你觉得为何在《墨子》中以"公输"为名，鲁迅先生却以"非攻"为题呢？

生：因为这个事件——也就是楚国攻打宋国——是由公输班这个人制造了云梯、钩拒等战争工具引发的，墨子为了救助宋国才前往阻止，才发生了这个"止楚攻宋"的故事，而且可能墨家也认为这个罪过在于公输班，《公输》篇的目的在于警告和劝阻类似于公输班之类的人，吸取教训，所以才以此为名。而鲁迅先生改了这个故事，目的和宗旨是要宣扬、赞美墨子以天下为己任的救世精神、实干精神及其反对战争的学说和主张，所以才以"非攻"为名。

师：说得很好！很有道理，有自己的看法和观点，说明他思考得比较深入。在《墨子》一书中，真正的以"非攻"为题的有上、中、下三篇，谈的都是关于反对不义之战的道理。可见鲁迅先生以此为题还是很贴切的。（对学生发言评价，小结、补充相关知识，解决类似疑惑，询问提问者是否对此回答满意，满意则继续，否则询问哪里还有问题，然后讨论解决）这位同学对回答比较满意，请问还有什么问题？

生：我阅读第一部分时，一开始就看到孟子的弟子公孙高和墨子的一番对话，不知道其中有什么玄机？作者想要表达什么意思？

师：哪位同学来谈谈？

生：文章一开头就说公孙高来找墨子好几回墨子都不在家，后来终于在门口"遇见"了他，用来表明墨子非常忙碌，席不暇暖。

师："席不暇暖"，好词语！有没有写到墨子的席子？

生：有。"公孙高辞让了一通之后，眼睛看着席子的破洞，和气地问……"

师：除了表明墨子忙碌外，这句话还表明了什么？

生：墨子生活非常简朴、简单。

师：不错。那公孙高此来有什么目的呢？能看出来他是个什么样的人？

生：他来质问墨子，和他辩论的，想要压倒墨子。他不赞成墨子"非攻"的主张，说猪狗都斗，何况人呢。我觉得他比较虚伪，从他所谓的"辞让"、"和气"可以看出来。后来墨子批评他们儒家说话称尧舜，开口就说猪狗，可怜。他就"很生气"，说墨家兼爱无父，像禽兽一样，就这样原形毕露了。我想鲁迅先生之所以安排这次辩论就是想要通过公孙高反衬出墨子的生活细节，简单、朴实、忙碌、以天下为己任。还表明鲁迅先生对儒家的认识和态度：儒家主张仁、智、礼、义、信等，可在墨子这里受挫——他来和墨子争吵辩论，不仁；没能胜利，不智；骂人无父，无礼。后来宋国将被攻打，他们儒家人也并未相助，不可谓义。可见他们多么伪善，言行不一，口中所主张的和亲身所实行的是两码事。

师：你说得太精彩了！认识得很透彻，总结得很全面。你说出了儒家部分人士的言行不一的缺点，与公孙高相对比，你认为墨子怎么样？

生：公孙高骂墨家无父，墨子也不生气，耕柱子笑着转述这些话，墨子也只是笑了一笑，更显示了儒家人的气量狭小，墨家的豁达大度。另外，我觉得墨家真正做到了言行一致。他们主张兼爱、非攻，就去制止战争；他们主张节俭，生活也就真的如此。这一部分中写到墨子的家当，他跑到厨房亲自做饭，喝井水，出发前的装束只有破铜刀、破包袱，吃的是盐渍藜菜干和窝窝头，穿的是草鞋。

师：不错。可以说墨家真的是做到了"口言之，身行之""言必信，行必果"。可见作者之所以写公孙高与墨子的辩论以及墨子的家当等等这些细节，就是要突出墨家的这种讲信义的品质及其实践精神。请继续发问。

生：我注意到这一部分中还有墨子和他学生阿廉的对话，我有些不大理解。就是墨子劝说阿廉"并非因为他们言行不一致，倒是因为少了呀"这句。作者想要表达什么意思呢？

师：哪位同学来谈谈？

生：阿廉之所以不去"工作"是因为嫌弃"老板"给的薪水少。本来说给一千盆粟米的，现在只给五百盆，所以不去。墨子问他给一千多盆的话去不去，他还说不去，于是墨子一针见血地指出，阿廉不去"就业"的实质原因并不是对方言行不一，而是阿廉自己嫌弃薪水太少了。通过这次对话，大概想表明墨子主张待人以宽，而且婉转地批评、规劝学生不要过于注重钱财，不要只是为了钱财才去工作，应以天下为己任，以救助天下困苦人为重。

师：说得很好。这一部分后半部分还透露了一个重要信息，同时也是故事的开端，是什么？

生：通过墨子之口说出了公输班造云梯，楚国准备攻宋的事件，并且墨子做好准备，前往阻止。

师：鲁迅先生用了一个什么词语来形容墨子对此事的打算呢？你能读下这个句子并谈谈对这个词语的理解吗？

生：用了一个"按"字——"宋是小国，怎禁得这么一攻，我去按他一下吧"。这个"按"字，显示出墨子对此行似乎胸有成竹，并有举重若轻、轻描淡写的大将风度。他很自信，可以说他在战略上是藐视对手的，所以会让读者揣测墨子在军事和战术上应该是比较有研究，也很有能力的，下文肯定会有好戏看。这个词既反映出墨子的风采，又吸引读者，为下文埋下伏笔。

师：想不到这一个词语竟然有这么大讲究。你领会得很透彻。就这样，我们可爱的墨子穿上草鞋，背着仍在冒着热气的窝头上路了，鲁迅先生写他一边回答学生的问话，一边"只是走"，有何含义？给你什么感觉？

生：一个人一边走，一边背上的窝头在冒热气，给人感觉很好笑，同时也令人很敬佩。说明墨子是个行动者、实干家，而不是个喜欢夸夸其谈的人。

师：说得很好。你能不能想象冒热气的窝头，模仿"席不暇暖"想个四字成语？

生：炊不暇熟。

师：嗯，这两个成语很对称。

师：话说墨子先生途经宋国（即将被楚攻灭的小国），他的所见所闻又是如何呢？写这些细节有什么作用呢？请同学们谈谈自己的看法。

生：他看到宋国一副贫弱的样子，看不到大屋、大树、活泼的人和肥沃的田地，到了都城里，也感到很"萧条"，但也很"平静"，到处都是减价的条子，没有买主和好货色，满街尘土，除了"贫弱"没有异样。之所以写这些细节，是为了和墨子到楚国后的见闻进行鲜明对比，并为他劝说楚王不值得攻宋做了铺垫。

师：说得很好，能联系到后面相关部分，做到了整体上的把握。那么，他在宋国还有何见闻和感受？请继续补充。

生：他觉得宋国没有变化，好像"被攻得习惯了，自认为是活该受攻的了，竟并不觉得特别"。这里极力写出这些国民思想的愚昧和麻木不仁，并不曾想到自救，或者已经完全绝望了，反正也无衣无食，连搬家躲避战争的想法都放弃了，城墙也破旧，只添了些新石头，掘了掘护城河，都是象征性的防御，一些闲人居然还在沟沿上钓鱼，可谓破罐子破摔，我想作者之所以这么写是含有讥嘲口吻和沉痛的心情的。

生：对不起，我的看法和你有所不同。我觉得墨子还是看到了一些希望的。比如，他看到城墙虽然破旧，但有几处添了新石头；护城河掘过，墨子在钓鱼的闲者中细看也没发现自己的学生，他还是十分欣慰的。我想这些看似简单的防御甚至也是墨子的学生所做的，不信的话请看这部分后文，他的学生曹公子在号召群众，鼓劲打气，管黔敖在推沙子、准备防备云梯，禽滑厘在试验连弩、察看地形，都说明了墨家子弟积极备战的一面。

生：对不起，我也不能同意你的一些看法。比如曹公子，我认为他就是个空谈家，你听他说的什么呀，"我们给他们看看宋

国的民气！我们都去死！"这些话又有什么用处呢，不过是发牢骚而已，他并没有像其他墨家门徒一样身体力行去做防御工作。也许你说这种"宣传工作"是战争所需，属于"战争总动员"，但即使他的老师墨子也对此不屑一顾，他没有挤进去跟他打招呼，只赶自己的路，可见是师徒道不同不相为谋了。下面又通过管黔敖刻画曹公子一阔脸就变的嘴脸，做了两年官就不跟同门说话了。这些都说明曹公子脱离群众，脱离实际，是个空谈家而已。墨子并不赞成他，说他在"玩"气，"嚷"死，是故弄玄虚。

师：（学生之间的见解不一致，产生了认知上的矛盾，思路比较活跃和兴奋，正是进行引导和点拨的好时机）那么你认为作者想通过曹公子的言行表达什么意思呢？

生：他想表达的意思已经由墨子的话说了出来，"死并不坏，也很难，但要死得于民有利"。也就是说死亡本身并没有好和坏的区别，去死也需要很大的勇气，所以很难，明知不敌对方还要去莽撞地和敌人硬拼无异于自杀，这种死亡可以说没什么意义或者说意义不大，墨子主张死得于民有利，生命要展现出他最大的价值出来才好。

师：解读得很好。关于曹公子的话，以及墨子对他的评价，我想补充点材料。我想也许鲁迅先生之所以写这一部分，也许有顺手一击，批判当时的社会现实的意思。他在《忽然想到·十》这篇文章中说："大概两三年前，正值一种爱国运动的时候罢，偶见一篇它的社论，大意说，一国当衰弊之际，总有两种意见不同的人。一是民气论者，侧重国民的气概，一是民力论者，专重国民的实力。前者多则国家终亦渐弱，后者多则将强。我想，这是很不错的；而且我们应该时时记得的。可惜中国历来就独多民气论者，到现在还如此。如果长此不改，'再而衰，三而竭'，将来会连辩诬的精力也没有了。所以在不得已而空手鼓舞民气时，

尤必须同时设法增长国民的实力，还要永远这样的干下去。"（幻灯片放映）

可见，鲁迅先生认为，只谈民气而不谈国力，是很危险的。先生主张国强则可抵御外侮的，只凭个人振臂一呼就能天下云集响应是不可靠的，空谈误国，光靠嘴上功夫而不做点实事也是注定要失败的。鲁迅先生不但主张要"立人"，唤醒国民，使其思想健康、活泼，富有生机，并认为具有墨家实践、实干精神的人才是"中国的脊梁"，还主张通过由此来增强国力来"立国"。（教师及时予以补充、深化、概括、小结。）

师：墨子到了宋国后的确看到了它的贫弱，也看到了学生的努力和希望，自己也十分自信，那么墨子经过这番实地查看后，有何认识？

生：他并未把希望完全寄托在自己的劝说上，他不能肯定公输班是否能听从他的话，所以劝学生做好准备，不要指望着口舌的成功。可见墨子虽然擅长辩论，但更看重的还是实干，认为言谈并不十分可靠。

师：不错。由此可以看出墨子在事功方面颇有经验。他对那些唯利是图、翻云覆雨的君王并不十分相信，对他们有更加清醒的认识，他更看重的是自己这方面所做的实事和准备。

第 二 课 时

师：墨子先生终于到了目的地楚国，见闻完全与宋国相反，非常富足、祥和、安宁，街上通俗歌星在唱当时的流行歌曲《下里巴人》。墨子很聪明，找公输班的住址就去问木匠。店主说他是"山东老"、"造钩拒"的，可见他由此闻名，店主对他也没有尊重之意。这一部分中有什么问题不清楚的吗？

生：墨子来到公输府邸叩门，遭遇门丁的大喝，并被认为是

来告帮求助者，并因此吃了闭门羹，可是为什么墨子这"目光的一射"就能让门丁安静不下来，觉得有些不舒服，去禀告主人公输班呢？

师：你阅读得很细致，观察得很仔细。哪位来谈谈？（一生举手）看来这目光中好像含有深意，你认为告帮的人目光该是怎样的，而墨子的目光该是怎样的呢？门丁又是个什么样的人？

生：先前可能的确是有很多贫穷的老乡到公输家来求助，他们的目光可能是卑微的、乞求的，神态是低声下气的，苦苦哀求，以求打动门丁，禀告主人，取得一些资助。然而墨子却没有这个打算，所以我想他的目光应该是平静的、平等的、坚定的，甚至可以说不怒自威，夸张点说，甚至有些高贵，一个学识渊博的人就是自己的国王，他不需要向他人乞求怜悯和同情，反而会去救助别人，对别人充满关爱。所以，当门丁看到这个穿戴和乞丐、告帮者相似的人，其眼光竟然这样不同时，便感到了不自在、不平静，认为十分"古怪"，不敢不去禀告主人。

师：哇，好复杂的眼神！分析得很有道理。我想这个眼神的复杂程度足以难倒很多著名演员的。这样墨子就和他老乡会面了，这一部分同学们有什么问题吗？

生：虽然说是老乡，也多年没见，但公输班也没有必要情感变化这么迅速吧，简直可以说是"瞬息万变"了，我对此不太理解。

师：哪位同学来谈谈？

生：门丁一描述墨子的相貌，公输班就"大惊"，大叫起来。因为想不到这么个名人、忙人会跑到这里来找他，他感到荣幸，更感到不可思议，当然还有惊喜，所以反应强烈，放下东西就跑了出去迎接。在院子里见了面，公输班很"高兴"。可是当墨子说出了要他杀人的要求时，他变得"不高兴"了，当墨子说可以支付杀人酬劳时，他就"发怒"了，说自己有原则，讲求仁义，不杀人。于是就这样落入墨子所设的圈套，被抓住了把柄，墨子趁机将公输班制造云梯和钩拒的行为等同于杀人，使他哑口无言，变得"怅怅"地找出了楚王的挡箭牌。正是通过公输班"大惊—高兴—发怒—怅怅"的神情变化，我们知道他就这样一步一步地落入了墨子的圈套，局势完全由墨子所控制了。这时墨子的反应却与公输班恰恰相反，作者竟然用了两个"沉静地说"，来表明墨子的沉着应战和胸有成竹，表明墨子的机智聪慧。

师：分析得真不错。那么，墨子便要去见能决定战事的楚王了。他如何说服王的呢？

生：讲故事，设圈套。从生活中的事例和道理开始，让楚王说出自己的观点和想法，然后把事件转回到楚王自己的身上，让他自己认识到自己的错误和荒谬。墨子之所以能说服成功，有以下几个原因：① 楚富足，宋贫弱，捞不到什么好处，耗费国力而已，得不偿失。② 用自己的军事才能和实力击败公输班的武器和进攻，使他们丧失希望。③ 面对公输班的生命威胁，墨子十分镇静，戳穿了他的阴谋，并警告说自己的学生已经做好了准备，使楚国的战事彻底化为一场泡影。

师：那楚王对此应该感到恼羞成怒才对，他怎么会"感动"地说是"好法子"，就不去攻宋了呢？

生：墨子不怕困苦，千里迢迢来到楚国，令人敬佩。墨子为了一个毫不相干的小小宋国，竟然毫不顾惜自己的生命安危，冒着杀头的危险劝阻楚王，令人震撼。而且墨子果然是个贤能的人，以天下为己任。还有，他有非凡的军事才能和攻守策略，让人佩服。他的进攻策略甚至可以反过来率领学生和宋国人攻破楚国，然而他并不这样做，楚王的确感到一些危险，当然也为他这种非攻的主张和身体力行的精神所感动。

师：太全面了。简直对楚王了如指掌啊。

师：按理说，在墨子成功劝阻了楚国攻宋后，故事应该结束了，小说也应该结束了，那么这第五节又有何用？

生：如果说第一部分谈的是墨子的生活细节，第二、第三部分说他的事功经验，第四部分讲他的外交智慧，那么这部分应该是说他的精神品质。

师：那请你谈谈这一部分反映出他的哪些精神品质呢？

生：任务完成后，墨子本想立刻回鲁国的，但要把所借衣裳还给公输班，所以回到公输班家，吃了顿不知是午饭还是晚饭的饭。这件事说明了墨子守信的品质。

师：不错，谈得很恰当。请同学继续补充。这部分还谈了些什么？

生：我认为这部分主要谈到了墨子的一些学说、主张。地点就是在公输班家，通过墨子和公输班的几次辩论或称交锋展现出来。

第一次是关于"贵贱仁义"之辩。公输班认为墨子的主张劳形苦心，扶危济困是贱人所做的事，君王们不会听取。墨子却说吃穿的东西也是贱人生产的，君王就要，何况美好的仁义呢，让公输班只好认输。

第二次交锋是关于钩拒和义的辩论（如果把钩拒作为器具，把仁义看作道，那么就是"道与器"之辩），墨子用了形象的比喻，谈到用爱来"钩"，用恭来"拒"，这样相爱相恭才能相利。而舟战中的钩拒却只能相互残害，结果完全不同。

第三次交锋是关于木雀和车轮的辩论（也就是"巧和用"之辩）。木片和竹片做的鸟鹊可以在天上飞三天，的确算得上极其巧妙的，难怪公输班这么炫耀，在多次碰壁和失败后拿出了看家本事，也为了化解尴尬气氛，却不曾料到还是被墨子毫不客气地否决了——他认为"有利于人的，就是巧，就是好；不利于人的，就是拙，就是坏的"。

通过这几次交锋，墨子的崇尚信誉，扶危济困，兼相爱，交相利，以及实用主义的学说、主张和精神品质被一一形象地表达出来。从课本注释来看，这部分内容出自墨子《贵义》《鲁问》，作者纵横驰骋，令人赞叹鲁迅先生的文笔。

师：分析得很有条理，看问题也很深刻。对这部分还有什么问题？

生：除了这些，墨子最后在宋国被搜身、抢走包袱、赶走的遭遇也能反映他什么精神品质吗？为什么要写这样的结尾呢？

生：我觉得是在讽刺那些百姓们的无知、可笑，对挽救了自己的恩人们不了解、不清楚，更不知道回报，反而恩将仇报。

生：我觉得是在抨击当时的社会现实，比如募捐救国队搜查、"募捐"了他的包袱，那些人不但不救国，反而借战争大发战争横财，欺骗人们捐款。

生：我觉得墨子是可悲的也是可怜的。他那么有才能，有热情和爱心，却不被人理解。

生：我觉得结尾对墨子来说也是一个玩笑和讽刺，他花费了巨大的心思和努力，居然换来的是这些。这个荒诞的结局说明墨子们的努力是无意义的，没有什么崇高和伟大可言。

生：我觉得是在批评墨子的学说、主张难以在民间施行，不被人理解，他有些脱离群众和实际。

生：我觉得应该是在赞扬墨子，他做出了这么多的贡献，挽救了整个宋国，并没有居功自傲，要求封赏或报酬，更没有暴露自己的身份，而是默默地接受了这种遭遇，说明他豁达大度、淡泊名利。

生：《非攻》结尾说墨子的功劳只有神明可知，却不被欢迎，得不到回报，而那些把功劳做到表面和明处的人却能沽名钓誉，

赞扬了墨子，批判了沽名钓誉者和没有见识的国人。

生：最后的一段结尾，进入了另外一种境界，好像使前文的所有努力与崇高顿时化为乌有，让一种存在化为虚无，让神圣化为荒诞，却一笑了之，可以说前文肯定了一切，而结局又否定了一切。

……

师：（小结）同学们谈得都非常好，各有见解，比较深刻。老师补充一点资料。《墨子·公输》结尾说："子墨子归，过宋，天雨，庇其闾中，守闾者不内（纳）也。故曰：'治于神者，众人不知其功，争于明者，众人知之。'"也许墨子并未把止楚攻宋等制止战乱作为社会历史使命，但的确把它作为自己的责任，且功成而弗居，也从不以圣人自居，然而却施行圣人之事，具有圣人的道德品质，而且这个圣人并非高不可攀的，却能让人触手可及，正是他沟通了群众和英雄、百姓和圣贤的界限。

师：分析完了文本，最后请同学们谈谈墨子的人物形象及其精神。

生：墨子是个仁、智、义、勇、信的哲人形象。他"兴天下之利，除天下之害"，积极奔走，一心为了大众，为民族利益而不惜献身。他的道德思想充满劳动气息，他本人的人格大公无私，其言行一致、劳神苦心、牺牲自我、强力从事、热诚救世、见义勇为的崇高精神仍闪耀着不朽的光芒。

师：那么，你认为学习本文有什么现实意义？

生：墨子改革现实、尚贤使能、重视生产，强调节俭，讲求实效的治国方略至今仍能发挥着作用。他维护和平，反对侵略的"非攻"思想仍然是今天国际关系的一个准则。我本人也联想到了历史上所学的周恩来总理提出的处理国际关系的"和平共处五项原则"以及现在所提出的和谐社会的思想。

师：你的概括言简意赅，联想也很丰富、恰当。请另一位同学谈谈，鲁迅先生创作这一作品的思想动机是什么？

生：正如同学们查找的相关资料所展示的，有其现实原因和意义，因为作者有感于日本侵华，国家危难，国人却无能为力，发而为文。他对于那些富有救世精神、牺牲精神的革命者也有所赞赏。当然，鲁迅先生也想借此寻求文化上的依附，追问到底哪种文化能够于国于民有用而不是愚弄人民。他想到了墨家的实干精神，并以此表达了其立人、立国的思想。可以说，鲁迅先生在墨子身上找到了道德的高尚与完整。

师：请同学们谈谈本文有何艺术特色，写作手法有什么特别之处。

生：古今熔铸、油滑。比如曹公子的演说，作者寓有讽刺当时国民党政府的意思。从课文注释来看，1931年日本帝国主义侵占我国东北后，国民党政府采取不抵抗主义，而表面上却故意发一些慷慨激昂的空论，以欺骗人民。又比如，募捐救国队影射当时国民党政府的欺骗行为。在日本帝国主义的侵略面前，国民党政府实行卖国投降政策；同时却用"救国"的名义，策动各地它所控制的所谓"民众团体"强行募捐，欺骗人民，进行搜括。很明显墨子当时是没有"民气"论和"募捐救国队"的，这就把历史与现实融为一体，同时也十分油滑，对现实有所讥刺。然而他让墨子的窝头在背上冒热气，穿上公输班的衣服像个高脚鹭鸶，公输班劝墨子吃辣椒、大饼和肥大的葱，这些油滑却显得十分温暖而富有爱意。

生：我想说的是，这种手法并不等于简单的幽默风趣，也不是现在人所为的"恶搞"，它有一定的战斗意义和艺术价值。正是这些艺术手法的运用，才使得作者"没有把古人写的更死"，反而使创作更富有想象的空间，同时也打破了所谓历史小说的框架和束缚，使这种问题达到了一种新的境界和高度。我们阅读时也能带来一些愉悦和轻松。我想，鲁迅先生并不希望把这些圣贤写得道貌岸然、光辉灿烂，而抹掉了他们的英雄主义和浪漫主义的光环，把他们写成真正的"人"——常人和凡人，而不是所谓的"神"或"圣"，所以他的文风也不必那么庄重、严肃，而是采用了轻松的笔调。

生：作者在写作时还采用了白描手法。这是鲁迅小说中惯用的创作手法。比如对谦谦君子公孙高、弄玄虚尚的曹公子、势利而蛮横的门丁，只需寥寥数语，着墨不多，然而却都刻画得栩栩如生。

生：本文还使用了大量的动词。比如第一节中，墨子回到自己房间，摸出咸菜和破铜刀，找了一个破包袱，打了个包裹，紧了紧皮带，走到堂下，穿好草鞋，背上包裹，头也不回地走了。这一系列的动词和连续的动作，生动形象地塑造了一个实干、苦干、硬干的行动者形象。因为他的心里放着劳苦大众，以及对他们的悲悯之爱，所以他"只是走"。

师：好，同学们分析得比较全面。可见形式和内容的关系还是相得益彰的。没有这些艺术手法的精彩运用也就难以达到作品如此良好的艺术效果。

关于课文我们就学习到这里。下节课我们要进行一场辩论，请课代表通知论题，并根据要求划分正反两方，也请同学们做好发言准备。

口语训练——辩论：

围绕一个话题，从正反两个角度进行辩论，用以激发师生深入思考，因为真理愈辩愈明，还可训练学生的表达能力及思维能力。

论题：墨子非攻是正义之举还是阻碍历史进程。

写作训练——笔会：

每人写一篇文章，然后汇集起来，在班级里展示、传阅、讨论，可以极大地开拓师生的视野。

飞翔的木鸢

——读鲁迅《非攻》有感

陈竹沁

眼前似是真真定定站了一个人：高个子，乌黑的脸，旧衣破裳，布包着两只脚——是吧？你也说，明明是一个乞丐的模样——全身都蒙裹着一层黯淡的尘砾。可是不对，哪里不对？是哪一处出了差错？是他那散发着坚定却又从容、气定神闲的目光。只一抬眼，便足以射穿所有的不屑与"威严"。

是啊，是那个人了。被称"无父"、被诋为"禽兽"也只付之淡然一笑，明明是如此善辩据理力争的人——并非无言以对，而是自有坚定的执着在心。他全身上下没有一样东西逃得出个"破"字，竟是"头也不回地走了"，哪里会顾上"学者"的体面与身份，乃至脑中眼前早是装满了小小一个"宋"——与他毫不相关的遥远的"宋"。面对立志称霸的楚王也是一贯地从容，毫无畏惧，终于是软硬兼施地劝得了对方放弃攻宋，其雄才谋略如此。是说着"我等贱人所谓行义的东西也是大人、王者所需"的人，是公输班酒后发着"丢饭碗"的牢骚时也要毅然吐出"比敲碎宋国的所有饭碗好"的人，是不懂得稍许恭维谈着"木匠的做车轮活比起会飞的木喜鹊还要巧"的人。一个"以绳墨自矫而备世之急"的才士——墨翟。

春秋战国之交，是怎样的一幅情景？在浮躁的现世的日子里回望，真是愈加模糊了。农业、手工业发展迅速，工商业爆发，却只有些"农与工肆之人"，小生产者遭受着压迫，过着艰苦的生活。战争也开始愈演愈烈，而痛苦的更当是社会底层的人民群众，国破家亡也罢，反正一向是如此疾苦的命。浅陋如我，是不知那别门的诸子百家如何，却唯墨子让我心存感动。他体味着最普通却也最艰难的贫弱，他把百姓的安危放在自己的心里，当作自己的事业，主张"非攻"、"兼相爱、交相利"，有力要以力助人，有财要将财分人，有道要用道教人，以使"饥者得食，寒者得衣，劳者得息，乱者得治"，而他也正是如此"口言之，身行之"的。这一切主张，哪怕在今天看来，也有其广泛深远的意义。充满着爱与希望的气息，凝结着将我围绕，在日趋寒冷的秋末之夜，让我心里如有火眼照耀，亮堂而又温暖。

然世人皆知"非攻"却不知"救守"，我甚至想，鲁迅先生在末年写下此文的本意或是如此。墨子带其弟子三百人守宋，自己前往楚国进行游说。"就是杀掉我，也还是攻不下的"一言让我震撼，也让我深深地感受到他的光芒。墨子主张"救守"，支持防守诛讨之战，反对攻伐掠夺的不义之战，他提倡"深谋备御"，而非坐以待毙，以积极防御制止以大攻小的侵略战争，并守中有攻，积极歼敌。联想鲁迅先生所处抗日战争之境况，这条铮铮铁骨的硬汉，或许正也是借着这位伟人的光芒，来发出他自己有力的呼喊吧：我鲁迅死了不要紧，中国人民不会再麻木，国不会亡！

可值得一提的，却是像文中墨子归途的窘境。当他以及如他一样的鲁迅在为救国而奔走时，却依然有愚昧的势力在阻挡着他们的步伐，不禁让人唏嘘不已。

再回想我们所处的时代，没有战争纷乱，大抵也该庆幸自己的幸福。但愿能感受先哲的理想与崇高的道德，也不要忘记历史继而"背叛"。

传说墨子曾制造木鸢，能飞行在天空中。因为"传说"而真足以"传奇"，我也为之惊叹。却想着墨子正如同木鸢一般，飞翔于他自己毕生追求的信念中。而于我，他的影子投射在历史的天空中，哪怕不够广大，哪怕不是什么"圣人"，也是那样灿烂伟大的存在。

后记：总想着一个情景：与墨子交谈。分明明白一切也还要问出一句"先生为何定要劝楚勿攻，旅途又如此艰辛的"，想着他淡然回道："你不懂我的意思……"他慢慢讲出些千回百转却又精深的道义来，也是心甘。

查过资料，竟很自然地崇拜起这几千年的古人来。"崇拜"多少有些低俗与词不达意，却很真实。大概年轻是比较泛崇拜吧，有时也只是微小如此的原因，甚至近乎毫无因果。

杂 谈 墨 子

王骁弈

《史记》写孔子师徒，用了1 500字；写孟子，用了240字；写墨子，用了24个字："盖墨翟，宋之大夫，善守御，为节用。或曰并孔子时，或曰在其后。"——写了等于白写。

胡适先生说古人编书最不细心，《墨子·经说》上、下诸篇绝不是墨子的书。因此，其人其说之真面目也多被淹没。今之学者评论墨子为"站在劳动人民一边"，"仅墨子一家代表被统治阶级的意识形态"更是以偏概全，将今人的思想强加于古人之上，试问，两千多年前的古人怎么可能产生阶级意识，形成所谓"阶级论"？难道在出现封建制度的春秋战国时代，墨子的思想就已经超越了封建社会？他的学说和主张中难道就没有为君王的打算？

我虽不是墨子一党，但对墨子也十分敬佩、崇拜，虽然我不喜欢他的兼爱学说（孟子因此骂他无君、无父，是禽兽），我认为该学说有滥情嫌疑。但我很佩服他两点：其一，有人说他发现了小孔成像原理，如果是真的，那就是发现了光的直线传播原理，比朱子只知道阴阳二气强了不知多少倍；其二，他敢赤裸裸地谈利害，这说明他已经接近了理智，虽然一般人对此嗤之以鼻，并给予划清界限。另外，科学技术为墨子学说的重要构成部分，墨学也是中国逻辑学的源头。

春秋战国的诸子百家几乎都是能言善辩的演说家，墨子的口才也是很了得。当他在山东听说湖北人要攻打河南人，立即连夜启程，走了十天十夜，进入了楚国都城，经过一番口手并用的较量，制止了一场单边主义的国际冲突。

另外，在《非攻》中，我注意到了墨子脚下的草鞋，鲁迅对其种种情况有深入细致的描写，俨然成了他的大众形象，墨子穿草鞋的出处来源于《庄子》，"使后世之墨者多以裘褐为衣，以跂蹻为服"。这让我想起了一幅中国油画——《毛泽东去安源》。毛泽东是乘坐火车而非步行，但他穿的也是草鞋，可惜的是画家认为草鞋与其想象中的青年毛泽东大不一样，于是改成了布鞋。有多少人能够理解草鞋与布鞋、皮鞋之间的区别呢？谁知道这种生活方式和人生态度的区别呢？当然，《庄子》中提及穿草鞋的只不过是墨家门徒，后人却觉得草鞋与墨子风尘仆仆的形象甚为符合，因此硬是给墨子也穿了草鞋。

说墨子就不能不提墨家。先秦诸子，百家学派，墨学是唯一以其创始人的姓氏为门派命名者。墨子在世的时候，已经很有声望和影响力。墨子死后，墨学仍然兴旺了一两百年。用韩非子的话来说，世之显学，儒墨也。墨家"从属弥众，弟子弥丰，充满天下"，门徒甚多。但秦汉嬗替，墨学突然沦亡，百年之间，灯熄烟灭，难道不奇怪吗？

之前我说墨子没有阶级意识，但有一点，墨子是极有先见之明的。墨子喊出了时至今日仍具震撼力的声音："虽在农与工肆之人，有能则举之，高予之爵，重予之禄，任之以事，断予之令……故官无常贵而民无终贱。有能则举之，无能则下之。""是故选天下之贤可者，立以为天子……又选择天下之贤可者，置立之以为三公。"

很简单，一个"选"字，从上到下，从天子到村长。"夏传子，家天下"，墨子身后两千多年，有几个能有此等见识与觉悟？由此可见，墨家学派的先进之处。而墨家在那时又贵为显学，主导着社会的主流话语权，那么墨家的沦亡又做何解释呢？

庄子对墨子及其门徒有一段总评，大意是说，墨子他们的思想动机是好的，但过于极端，世俗容不下他们，天下芸芸众生也不至于傻到放弃声色犬马，做一个苦行僧，再来个文化苦旅。尘世的欲望虽然低级，但到底胜过了高端的"圣人之道"。

我又想起了近代共产主义的兴起，如从十月革命到苏联解体。实践是检验真理的唯一标准。我们看到纯粹理论上的共产主义必须要经过消化、吸收、改进，与本国国情结合起来。另外，有些主张乃是人类思想境界达到完美时候的理想主义，而人无完人，现实生活中很好的想法容易走样，当还不能站稳脚跟的时候最好不要尝试跳跃或飞翔，我想这也许是墨学覆灭的一个重要原因吧。

止 战 之 殇
——电影《墨攻》观后感
张杰卿

他的名字叫革离，却未与人隔离，而是怀揣着"兼爱"、"非攻"的思想主张，只身来到梁城，试图阻止十万赵军的进攻，又是一个智勇双全的墨家门徒！

赵军一次又一次地疯狂进攻，而他指挥着全城军民一次又一次地奋起抵抗。一波又一波地进攻，一轮又一轮地防守。他思考着，随即陷入了困惑，每次战胜除了会产生无数的尸体和残破的废墟之外，还会留下什么？到底什么是胜利呢？消灭了敌人就是胜利吗？击退了敌人的进攻就是胜利吗？自己活下来了就是胜利吗？

在一次守城之战中，革离把敌军引入了瓮城，火油滚滚而下，敌人鬼哭狼嚎。他也从城上跌了下去，身处其中，不禁毛骨悚然。他惶惑而惊恐地环视四周被大火吞没的士兵，百味杂陈。他不知道自己的所作所为是否正确，是正义还是邪恶。或许战争根本就不能用这些道德的标准来衡量。

还有一次，他预计到赵军会挖地道偷袭，于是率领部队做好充分的准备，埋伏在对方的地道出口，赵军果然出现了，但他们不知道自己已经身陷重围，直到灯火亮起，他们才明白自己的处境。怀着兼爱的思想，革离心软了，他想让敌军从原路退回去，不再攻城，可是梁王如何肯放过这个歼灭敌人的大好时机呢！他们大肆屠杀赵军，而对方也自杀性地予以了强烈反击。

这个墨家的门徒困惑了，他迷茫了。胜利是什么？难道这些士兵的性命毫无意义？眼前的一具具尸体，让他的信念动摇了，那些响亮的口号在现实面前是多么的苍白无力。

他遭受猜忌，被迫害而逃亡，忠实的徒弟梁太子替他死了。当赵军杀了个回马枪占领梁城，他仍然心系于此，挖通了河道，引水而至。赵军退却了，赵将自尽了，大水也溺毙了自己所爱的女子。梁城的弓箭手们纷纷扔下弓箭，毅然离去。——不能再有人流血牺牲了，战争是该停止的时候了。革离带着几个孩子，消失在原野中，或许这就是无所谓有无所谓无的希望吧。

这场悲剧的发生是因为理想与现实的差距。统治者总是为了维护自己的阶级利益去处理问题，而非攻、兼爱的思想，并不会给他们带来什么好处，所以梁王启用了革离守城，在危机解除后，又夺走了他的兵权，并视他为异端，加以追杀。

这是一场无人胜利的战争，梁王失去了民心以及继承人，巷淹中损失了精锐的兵力和自己的生命，而革离失去了爱人，也没有为自己的思想和学说找到一个真正的出口。

何处觅桃源
——观电影《墨攻》有感
陈竹沁

当铁蹄铿然有声地惊起了拂晓的红日，行军部伍之声整齐划一，扬起地上昏黄的尘土，是谁的手臂在风中一挥，所有的宁静便将不复存在。无论是村落邻里对生活的哀叹和抱怨，年轻女子随意点唇画眉的玩乐，还是宫廷里奢靡的歌舞升平，此刻之后，都将要化作尘封的过往。

空气中开始弥漫着令人胆战心惊的气息：赵军要攻打梁城了！赵军要攻打梁城了！

你说，电影开始了，可不知为何故事却在我心中早已落幕。也许这是早就落笔的毫无悬念的轮回与宿命吧——即便是强大的赵国也难逃此劫。因为那是日出而作日落而息的人民最终的呼喊，是"大一统"时代强烈的召唤。然而，脑海里还是有一些"倔强"的名字硬生生地冒了出来，有血有肉，有情有义，充满了温暖的爱意。

一、革离——间隔、离伤

这是一位充满智慧与人性光辉的墨者。因此，这部影片的英文名是 *A Battle of Wits*——智慧之战。他衣衫破陋，却毫不畏惧战争的艰险，竭尽全力保护人民，为正义，为弱者而战；他孑然一人，前往梁城救援，却坚定沉着，运筹帷幄之中；他成了梁国的军事统帅和英雄，却丝毫不贪慕权势，其心与百姓相连。这些都足以令人景仰，不必多说。可在我看来，最可爱、温馨的画面却是他一句微笑着的对答：

"你去哪里？"

"跟值得爱的人道一声平安。"

微弱的火光闪烁在他的眼眸中，令人亲近，那是在他被莫名地猜忌、追杀后的亡命之旅。他宣扬大爱，却不敢直面女将领逸悦对他的仰慕与倾心，连连退避——他本身就与自己所宣扬的"兼爱"产生了间隔。我知道墨者苦行僧式的生活方式，但我根本不了解墨者的婚姻爱情生活，史书几乎毫无记载，谁又能妄加猜测。也许这个女性本来就是导演拉来凑数的"花瓶"，为了不至于让影片显得那么男性化，那么生硬，而进行的一些软化和点缀。甚至这种安排最终会导致一些非议或质疑——给墨者安排一次爱情遭遇，合适吗？但我觉得影片能在这方面进行探讨还是很有意义的。革离的"兼爱"主张遭遇了实践中的问题，使他最终懂得了自己的"小爱"，这又何尝不是他思想和学说的飞跃呢？这何尝不更显得他富有人情味，贴近生活，给人以温暖呢？而且这次爱情遭遇也毕竟不致使墨者的"兼爱"显得那么空泛与矛盾了。

除了与情感的间隔，墨者革离对于人性，尤其是君王的人性缺乏应有的认识，二者之间也存有间隔。梁王是个背信弃义、寡廉鲜耻、翻云覆雨的小人。然而革离毕竟没能看透人性的弱点吧，最终被他恩将仇报。不但自己逃亡，那个爱着自己的逸悦也未能逃脱厄难。这是墨者与专制王权之间的间隔，也是墨者和君王的悲哀。起初的梁王似乎对他万分信任，二者似乎毫无猜忌与间隔，而后梁王却又猜疑忌恨交加，心狠手辣地予以残害，似乎在二者间筑起深沟高垒，不可跨越。他不再是英雄，也不需要这个光环，却反而成了叛贼。故事情节急转直下。他看着自己曾为之战斗的那座城池以及那些死伤的兵士和百姓，黯然离去。我仿佛听到他叹息地说，人与人之间的间隔难道就不能消除了吗？只有消除，才能相互关爱。

终于，这个一向能够救黎民百姓于战火的优秀的墨家门徒，对救助自己的爱人却无能为力。那个女子在无言地盼望中渐渐绝望，令观者为之动容。那是他亲手所掘的河道，流水冲刷着牢墙，汩汩地流着，是谁离别的哀伤……

二、巷淹中——小巷正被水流淹没中

这是片中唯一可以被用来调侃的怪异的名字，细思却正是赵军最后的绝境，不禁哑然失笑——想不到一语成谶。

他是赵军的统帅。对于这些侵略者，是应该以"敌军"称之吗，或者是要报之以相应的谴责态度？我竟不以为然。我甘愿称其为巷将军，因为他保全了作为将军的尊严，完全配得上我的敬重。虽然他所谓"赵军本不打算攻打梁城，只是经过，买些粮草"的言语不过是军事上的谎言；虽然他因军事谋略不敌革离而陷整个赵军于水火，并且，因为他执意与革离比拼最终导致了全军溃败。无论如何，他都只不过是一个悲哀的配角。可事实上，我看着他激昂地激发战士的斗志，不甘屈辱和失败，越挫越勇。他约定革离城下比试高低，与他人无关，只因作为军人的胆识与尊严。在最后兵败的刹那，他选择了独自留下，命令士兵返回家园，一个人独自承担了所有责任与过错。他说"活着就是胜利"的时候，我不置可否。可现在我要说，的确，那些能够回家的战士，他们胜利了，因为毕竟生命才是至高无上的珍宝。他说"这场战争没有胜利者"的时候，我只感到悲哀。可现在，我可以说，巷将军，你是胜利者，因为你赢得了尊重。革离，也同样是胜利者，因为他是个英雄。唯有那个在门窗外阴险而猥琐地奸笑着烧死巷将军的自鸣得意的梁王，才是最低贱、最愚昧、最不堪的失败者，他失去了至亲的儿子，失去了大臣的帮助，也失去了国民的信任。

再次细细回想那最后的一刻，就让时间定格：带火的箭矢穿过房门，进入狭窄而幽暗的屋内，瞬息间火光四射，照亮了身穿盔甲年近垂暮的军人。他只是平静地坐着，似乎还带着一抹洞穿一切的淡泊的微笑，其悲壮也已堪比英雄……

后记：

突然间很想问一句，这世上究竟有没有桃花源？

革离怀揣着"兼爱"、"非攻"的思想，身体力行就是为了创建、改造一个和平、安宁，没有战火的社会，百姓都相亲相爱，互帮互助。而巷淹中则是以极端的武力和战争试图占领大块的土地，牺牲大量的生命去完成吞并的大业，然后也许会建设和平、安康、稳定的家国。可以说，二者都有些过于理想化、极端化了。也许桃花源是存在于每个人心中的，永远不要放弃对它的追求，但也不要将其过于当真，或许这才是正解。

第四章　文本深读与思维品质的提升

——以"说理文《简笔与繁笔》教学
内容的确定"专题教研活动为例

一、变革语文教研方式，提升师生思维品质

阅读思维是文体思维，教不同的文体就是教不同的思维。教研员在组织、开展语文教研活动时应注意指导教师根据学生基本学情、课程内容、文本内容、文本的文类特征、文本的个性特征等来选择不同的阅读方式，确定教学内容；并将单一化、模式化的语文教研活动方式变革为深入、连续、综合的教研活动方式，切实提升师生的思维品质，达到有效教研。

1. 基于文类共性特征的第一层次教学。

授课教师	授课学校	授课内容	授课班级	授课时间
孟良妮	松江一中	《简笔与繁笔》	高三（8）班	2010 年 11 月 18 日
教学目标		（1）正确理解提倡简练为文，根据内容的需要，用简使繁的道理 （2）感受作者严密辩证的观点，运用典型生动的事例，全面深入论证中心论点		

教学片段一

师：首先要确定文体，本文是一篇……

生：（齐答）议论文。

师：本文是典型的议论文。议论文应都有中心观点，本文的中心观点是什么？

生：提倡简练为文。

生：简笔与繁笔，各得其宜，各尽其妙。

生：无论繁简，要是拿"无可削"、"不得减"做标准，就都需要提炼。

生：发诸真情。

师：文章的中心观点应该不能脱离文章的核心关键词。

生（齐答）：简笔与繁笔，各得其宜，各尽其妙。

……

师：作者是怎样提出观点的？

生：先从作者的主张说起，作者并未全部否定他们的看法，"诚然"、"不单"两个词语指出他们的认识过于武断了，然后再辨析明确自己对于简笔与繁笔的理解。

师：作者用词非常科学，很有分寸，很严密、很辩证。

师板书：论点——严密、辩证。

师：围绕中心观点，作者是怎样展开论证的？

……

师板书：论据——典型、生动。

……

师板书：论证——深入、全面。

评析及建议：恰当划分文类，选择合适的阅读方式。

这位教师将《简笔与繁笔》定位为议论文，也关注到三要素及其特点：论点严密、辩证；论据典型、生动；论证深入、全面。

但这也可以说是大多数说理文都具有的共性特点，这种教学方式也存在着模式化的倾向。更需要注意的是，学生只是从文章中找出一些话语概括出议论文的特点，思维缺乏深度，也难以得到发展。本课更没有具有操作性、实践性的语文活动，只是传授了简单、粗浅的有关议论文的所谓"知识"，缺乏批判性思维和创新思维，这样对于文章写法的概述和结论也仍是概念化的，难以在学生头脑中形成真切的立体化的认识，教学效果不够好。王荣生教授说："教学内容的确定，取决于课程的目标要求、教材的结构特点，但更取决于文本特点以及学生主体的发展需求。应根据学生的阅读实际情况，选择适合学生学情的，对学生读不懂、读不好的地方有切实帮助的教学内容。"从上述教学片段来看，学生对于本文的"中心论点"分歧非常大，而教师却未能就此展开讨论。本文毕竟是一篇说理文，作者的基本观点或者说主要观点还是应该加以明确的。而且，除了该文章所属文类的"共性特点"外，更需考虑其形式上的"个性特点"。下面来看两则有关文艺随笔的论述：

（1）文艺随笔是一种形式灵活、笔调轻松、富有趣味的批评样式。随笔很注重内容的知识性，它不像规范的论文那样，注重逻辑和理论论证，而是选用富有趣味的材料做铺垫，从中引出对某种观点和具有哲理的议论，再与文学领域的有关话题联系起来加以评论。与此相关，随笔的行文很讲究文采，笔调轻松活泼、亲切随意、深入浅出，具有可读性和艺术魅力。

（2）朱光潜先生也在《漫谈说理文》一文中指出："实用性的文章也要求能产生美感"，"我很相信说理文如果要写好，也还是要动一点情感，要用一点形象思维。如对准确、鲜明和生动的要求也适用于说理文"。

因此，把《简笔与繁笔》看作典型议论文，只关注论点、论据、论证的教学就忽视了该文的特性，对文章教学功能的确定不够明确，从而导致教学内容确定的失误。因此，我们建议：学习《简笔与繁笔》，不仅要注意其理论性、逻辑性、概括性，培养学生的科学精神、理性思维，还要关注其文学性，进行适当的鉴赏式阅读。这种对文章体式特征的认识本身就是一种辩证思维的，更是一种透过现象看本质的认识，是一种批判性思维，同样有助于师生思维品质的提升。

2. 基于学情和文本个性特征的第二层次教学。

授课教师	授课学校	授课内容	授课班级	授 课 时 间
童明辉	松江一中	《简笔与繁笔》	高三（4）班	2010 年 11 月 18 日
教学目标	（1）掌握文艺随笔的体裁及特点 （2）赏析本文旁征博引的妙处，学会用辩证的观点、典型的事例、简练生动的语言论述问题的方法			

教学片段二

师：让我们以本文为例，看看作者是怎样在"用简"、"使繁处简练为文"的？

生：作者在文章中选用了一些成语和词语，语言表达简洁、生动，言简意丰。如"繁冗拖沓"、"穷形尽相"、"言简意赅"等。

生：句式简洁。如"描摹物态，求其穷形尽相；刻画心理，能使细致入微"等。

生：作者在谈简笔用得好时自己本身用的就是简笔，而分析繁笔的例子时，作者的评析居多。

……

师：本文在第二段阐述简笔用得好时使用《水浒传》中的例子可否换成孔乙己买酒时一字传神的"排"字？

师：文章的第三段也用了《水浒传》有时却又不避其繁的例子，可否省略？

师：文中为何不举鲁迅简笔用得好的例子？

评析及建议：依据学情和文本个性特征，选择说理文教学内容。

从童明辉老师执教的片段及其反思报告所知，她认识到了《简笔与繁笔》这一文艺随笔的文本个性特征，又因为她任教的班级是历史班，学生语文能力较强，认识水平较高，因此她将教学内容确定为"从文艺随笔的角度鉴赏文本"。比如，她引导学生去探讨本文是否在写作中贯彻了"简练为文"的观点，既可以让学生对于文中的"简笔"、"简练"等观点有所认识，又可以让学生运用此观点来鉴赏、评析本文，能够比较好地让学生学以用。教师让学生探讨简笔与繁笔相关例子是否可以互换等，以了解事例的典型与精当，有些超越教材的意思，有些鉴赏性、批判性阅读的味道，比较好。但却没有对本文的生动性、形象性、趣味性、知识的丰富性等倾向文学性的内容加以赏析，而且缺少说理文理性思维和科学精神的内容，这不能不说是一个遗憾。

3. 基于提升师生思维品质的第三层次教学。

当今的高考说理类文本测试，学生得分往往偏低，这也从一个角度说明了学生的理性思维不足。而对说理文学习，恰好可以提高学生的理性思维能力。所以，说理文的教学内容之一就是培养学生的理性思维能力，即通过对文本的学习，学会如何理性地分析问题，如何辩证地思考问题。

（1）根据文本内容，确定"培养学生理性思维和科学精神"的教学内容。

下面以司保峰执教的《简笔与繁笔》为例来说明（松江二中高三（8）班，2011年9月9日）。

笔者曾做调查问卷，表明不少教师、学生对于本文的主要观点不清楚。于是，笔者决定在第一课时对此加以讨论、交流，以期把握作者的主要观点，了解说理文的一些特点。

教学片段三

师：什么是简笔？什么是繁笔？二者关系如何？

生：简笔就是言简意赅。

生：简笔就是凝练厚重。

生：简笔就是惜墨如金。

生：简笔就是一字传神。

生：繁笔就是用墨如泼，汩汩滔滔。

生：繁笔就是穷形尽相，细致入微。

……

生：二者是简笔与繁笔的关系，各得其宜，各尽其妙。

师：你认为本文的主要观点是什么？找出能够支持你观点的证据和理由。

生：我认为主要观点是"提倡简练为文"。理由之一，它在文章最后一句，非常清楚地表明了态度。理由之二，《水浒传》中"破落"、"紧"两个词语用得好是在证明简练，《拳打镇关西》和《社戏》的例子表明繁笔不是啰唆，也是证明简练为文的道理。理由之三，简练不等于简笔，提倡简练不是提倡简笔。

生：我认为主要观点是"简笔与繁笔，各得其宜，各尽其妙"。理由：从文章题目看要论述两者关系，从两者关系看要各得其宜、各尽其妙，从论据看不是为了证明简练之好，而是证明简笔与繁笔各自的"宜"和"妙"……

后经过分组讨论，两个观点相互修正，趋于统一。一方为：提倡简练为文，但不反对恰当的繁笔。另一方为：简笔与繁笔，各尽其宜，各得奇妙，但针对现实问题，提倡简练。可以说二者的含义区别不大，基本相同。师生最后基本同意以"简笔与繁笔，各尽其宜，各得奇妙"作为主要观点，总结原因如下：

① 从文章标题看：简笔与繁笔，并未偏向哪一方面，而是要二者兼顾加以论述。

② 从第 1 小节所写的二者关系来看，"简笔与繁笔，各得其宜，各尽其妙"。二者是辩证关系，不可割裂开来。（这是对论题的回答，也应是本文主要观点）

③ 从第 2、第 3 小节的事例论据看，既有简笔事例，也有繁笔事例，各为两个。简笔事例证明简笔之妙，繁笔事例证明繁笔之好，以例证法证明："简笔与繁笔，各得其宜，各尽其妙。"并未偏向一方。

④ 从第 4 小节的理论论据来看，以引证法证明，刘勰的话表明了判断简笔与繁笔的标准是什么，顾炎武的话表明达到繁简适当的方法是什么。对于简笔与繁笔均予以理论上的论述，也没有偏向某一方面。

⑤ 从文章最后一句话来看，"提倡简练为文，重议文章繁简得失这个老题目……"单凭此句难以认定主要观点就是"提倡简练为文"，毕竟作者还重议了繁简得失，作者是辩证的，不是偏向哪一方的。

⑥ 根据作者态度，他所提倡的繁笔也是"以繁胜简"，这也就是"简练"，所以说"提倡简练为文"观点可以被"简笔与繁笔，各得其宜，各尽其妙"这句话涵盖，无须另提。而"简练为文"却无法涵盖全文。

⑦ 从标题、内容的词语使用频率来看，本文关键词是"简笔与繁笔"而非"简练"，而主要观点表述时最好不要脱离关键词。

⑧ 从句式来看，有人质疑"简笔与繁笔，各得其宜，各尽其妙"不是表明观点的判断句。其实它是，只不过它省略了一个词

语"应当"而已——"简笔与繁笔，（应）各得其宜，各尽其妙"。

⑨ 作者周先慎的观点是："我讲的不过是许多人已经讲过的一个朴素的道理：写文章要繁简得当，各得其宜，各尽其妙。但是，老题目、老观点，写来还多少能给人一点启发，使人感到有一点新的意趣，其原因就在于文章中有我的体会在。"

评析及设想：

实践证明，学生在对简笔、繁笔的认识上果然存在问题，简单地认为简笔就是简练、言简意赅，忽视了它的弊端；对繁笔的认识也是如此。而通过这节课则首先明确了"简笔"与"繁笔"的真正含义及其关系。其次是明确了"简练"与"简笔"的区别——本文是提倡简练，但并非在提倡简笔。最后，"简练"其实已经包含在"简笔与繁笔，各得其宜，各尽其妙"这一作者观点中了，无须另提。

人对事物的认识是螺旋式上升的。有的老师、学生说，《简笔与繁笔》不需要教学也看得懂。这里所说的"懂"或许只是字面义上的。也许凭直觉或者语感的确能够看出作者观点，但若让他说出个所以然来，却无从谈起。而经过如此这番的深入讨论、论辩、交流后，即使现在认为的观点仍是原来那个观点，但此时的认识已经超越了先前的自己，因为其思维已经得到了极大的提升。看起来似乎是老生常谈，无非是找个主要观点，但也可以让它变成一个"语文活动"，通过这一活动，让学生去挖掘文字、语言背后最深层的含义，可以去弄清楚作者思路、文章结构、一些疑难词语等，可以让学生去透过表面现象看本质，去层层深入地思考，去批判地思考，去辩证地思考，去科学地、理性地思考。当然，这只是在第一课时，对于重点高中的文科班而言这样的教学内容虽有必要，但仍是不够的，笔者打算在第二课时探究文艺随笔的文学性特质，以期让学生了解该文本的个性特征，采用鉴赏、解读式的阅读方式。就"文艺随笔"而言，笔者以为，除了要培养学生理性思维和科学精神之外，还要培养其形象思维和一些文艺品位。

（2）根据文类特征，确定"读写结合"的教学内容。

一是可以充分利用文本材料进行片段训练。如学习《拿来主义》后的写作训练范例：

周杰伦大胆拿来了美国的黑人音乐，吸收了 Rap 元素，又融进了我们民族的传统武术，进行了创新，创作了《双节棍》等作品，这种在继承基础上的创新就是拿来主义精神。

这段文字以文本语言为支撑，训练了语言表达力，重构、升华了自我的精神世界，体认到了文本的当下意义，一举多得。

特级语文教师赵雷在十几年前执教《简笔与繁笔》时，就曾让学生分别以简笔和繁笔笔法写作公交车上的见闻片段，加深了学生对文章内容的认识，取得了较好的教学效果。

二是以说理文基本的写作思路、作者的观点陈述技巧和论证艺术为教学内容，作为示范，来提升学生写作说理文的写作素养。如果学生能够从较为规范的说理文中学习到作者是如何陈述观点、如何论证、如何进行"问题分析"的，这对写作教学来说，应该起到较好的引导作用。四川师范大学文学院教授、特级教师刘永康执教《简笔与繁笔》时关注到了读写结合，从"事例论证的特征"展开教学，如下：

教学片段四

说明简笔的妙用与繁笔的妙用都分别用了两个例子，去掉一个行不行？

说明繁笔的妙用为何要用两个例子，去掉一个行不行？

既然同学们认为两个例子都不能去掉，那么能不能增加例子？

根据分析，得出使用事例论证第一个原则：事例是必要的，而且是充分的。

"破落"和"紧"能不能颠倒顺序？

"拳打镇关西"和"等小叫天上场"能不能颠倒顺序？

根据分析，得出第二个原则：观点与事例要丝丝入扣，不能错位，观点要统帅事例，事例要证明观点。

说明简笔的妙用却偏偏用长篇小说《水浒传》的例子，这是为什么？

说明繁笔的妙用却偏偏用一向惜墨如金的鲁迅先生的例子，为什么？

根据分析，得出第三个原则：事例要有代表性，要典型。

请同学们看看，作者举例子后，后面的话起什么作用？

以此得出第四个原则：对事例论证所使用的事例要做适当点评。

刘永康教授的课切入角度小，主要关注了"事例论证的特点"，提醒学生举例后要点评，在最后还进行了训练，来看是否能够典型地证明论点，这样就让学生认识得比较深入、细致、具体。事例论证在说理文中运用广泛，对于学生而言，能够这样掌握"知识"，肯定有助于其写作。《简笔与繁笔》是说理文，因为种种原因导致其观点不明，不少词语含义不清，这就需要弄清观点，理清思路。更重要的是本文为高三第一学期的课文，学生在说理文写作方面普遍感到困难，实行读写结合的实践，这是应有的教学内容之一。

（3）确定可供操作、实践、迁移训练的教学内容。

在刘永康教授的课上，他举出三个事例，让学生领会简笔与繁笔，体会其标准。一个事例是《二郎神庙碑记》："劝人莫如劝人行善，劝人行善莫如劝人修庙宇，劝人修庙宇莫如劝人修二郎庙。二郎者，大郎之弟，三郎之兄，老郎之子也。庙前有古树二株，人皆以为树在庙之前，我独以为庙在树之后。庙内有钟鼓二楼焉，钟声嗡嗡，鼓声咚咚，是为之记。"

另一个事例是《庄子·列御寇》："朱评漫学屠龙于支离益，单（殚）千金之家，三年技成，而无所用其巧。"

第三个事例是一首歌谣："紧紧蒙张皮，密密钉上钉。天晴和下雨，打起一样音。"

经过课上同学们的修改，可简化为："紧蒙密钉，晴雨同音。"

当然，在其他教学中还有其他事例可用于训练和拓展，如孙德生《我教〈简笔与繁笔〉》使用了纪晓岚对杜牧《清明》诗的删减故事，以及对《四喜》诗的文字增添，也非常有趣味性。笔者也想到，可以使用最简短、最精炼的诗歌，让学生体验，如顾城的诗歌《生活》就只有一个字："网"。还有号称世界上最短的恐怖小说：地球上除了你自己外再无他人，此时敲门声响起……

这些内容是教材、文本所不具备的，属于"教学内容"的重构，需要教师根据所学课文、训练思维等需要，加以增添、改编。但毋庸置疑，这样的教学内容是我们师生所需要的。

（4）确定基于批判与创新的教学内容。

这篇文章如此短小，却又如此难教，如此难解，师生不妨挑战一下自己，用批判的眼光来看《简笔与繁笔》文章本身是否存在一定的问题？

① 举例失当，不够精准。《水浒传》中景阳冈打虎部分，写山神庙"破落"，实际应为"败落"。《水浒传》中形容人家家道中落多用"破落户"，而形容山神庙则无。

文章说"鲁智深拳打镇关西"，实则应为"鲁提辖拳打镇关西"，因为当时他并未出家，尚未有"智深"的法号。

"那雪正下得紧"一句中"紧"字的用法得到金圣叹、鲁迅称赞，但其实单凭这一次是无法"境界全出"的，在此前作者已经多次点染风雪，是如何的彤云密布，大雪纷纷扬扬，这句话前更有《临江仙》一词加以烘托、渲染。其实在如今的山东、河南等地，"雨（雪）下紧了"这类的话仍在使用，仅是一种口头语而已，并无其他含义，后人恐有误读之嫌。

②作者观点表述不清，有自相矛盾处。作者说"文章的繁简不可单以文字多寡论"，但在论述文章的"繁简"时，却恰恰是单以文字多寡论的，凡是谈到"简"就都是文字少，而谈到"繁"则是文字多。另外，简笔既指言简意赅又指言简意少，繁笔既指烦冗拖沓又指以繁胜简。即使同一个词出现在不同处也可能含义完全不同。比如"言简意赅"和"言简意少"中的"简"意思相同吗？那么它和"简练"、"简笔"中的"简"意思相同吗？"字面上的简不等于精炼"，这里的"简"又是指什么呢？真的令师生不胜其扰，颇感头痛。这也正是导致本文观点不明，至今聚讼纷纭的主要原因之一。基于以上原因的考虑，甚至有些教育者认为该文并不适合选入教材。

如果能这样对文本加以批判性思考，并能发现一些问题的存在，相信师生可能会产生超越课堂、超越教材、超越自我的成就感，师生的思维也会得到较大的提升。目前，语文教学应从"知识型"向"思维—创新型"发展。即在语文教学观念、知识系统、教学内容、教学方法中要以发展思维能力为核心，其内涵是思维习惯、方法的培养，其中最为重要的是创新思维的培养，最终使我们的民族成为有思想、有创新精神的民族。

经过这次专题教研活动，笔者也认识到，语文教研活动绝不应该仅仅是听听课、评评课那么简单，而是应该有周密、细致的策划，精心、耐心的组织，深入、切身的体验与调研，明确、统一的活动主题，深刻、彻底的反思，真实、详尽的反馈。教研的角度不妨小一些，精深一些，将单一化、模式化、浅层化的教研活动变革为深入性、综合性、延续性的语文教研活动方式，以提升师生的语文思维品质。

二、浅议语文课中的思维教育

恩格斯说："一个民族想要站在科学的最高峰，就一刻也不能没有理论思维。"美国教育家贝斯特说："学校的存在，总要教些什么东西，这个东西就是思维能力。"20世纪90年代初，美国推出了100多个培养思维的项目，思维教育全面展开。同样，我们的教育也主要不应是为了获取知识，而应是为了学生成长和终身发展。为了实现这一目的，我们应该关注学生的学习经历，在语文学科的教育中潜移默化，贯彻思维教育。

在学习高三年级第一学期第五单元诗词三首时，我们有意识地融入了思维教育中部分能力的培养。首先，对三首诗进行了简单的分类。分类就是依据某一标准，将事物分为互不相交的几个类别，这可以提高认知的效率。从题材内容和体裁形式方面来分，《月夜》是中唐律诗，《夜雨寄北》是晚唐绝句，《水调歌头》是北宋词，三个作品都抒发了对家园、亲友之思。这样，诗词的创作背景以及律诗、绝句、词的形式特点就可以得以进一步明确，而学生对其思想情感也有了整体的了解。当然，分类不是目的，而是为了在共性之下找出个性，进一步认识事物的本质。这就需要第二点：比较。同样是杜甫名作，是律诗，写到月夜，写到思念亲人，涉及安史之乱，《月夜》与《月夜忆舍弟》很有可比性。它们同样是唐诗，写出了作者的孤独与落寞，同样是写给妻子，表达深切思念之情，同样渴望团聚并想象出了相会时的美好景象，极有可比性。同样借"月"这一意象表情达意，但作用、情感却大不相同，《月夜》与《水调歌头》也可一比。这样，借助比较，我们就可以同中见异、异中求同，深化对事物、知识的理解，对诗词的感悟。

但如果要对这种情感或者写法进行更为深入的学习则需要第三点：分析。这里主要是指语言分析。"语言是生命之根。"语言是人类思维的"物质外壳"和重要工具，对思维具有很大反作用，语言能力强，思维才能较好发展和开展。《月夜》中，我们主要关注了"独看"和"双照"两个词语。学生认为，"独看"是现实，既是妻子"独看"鄜州之月而"忆长安"，也是诗人"独看"长安之月而忆鄜州，更是对往日同看的美好回忆。离乱之悲，感伤之情，呼之欲出。"双照"则是美好希望，是作者渴盼夫妻团圆，更是祝愿天下离散之人团圆。以一己之悲写出众生之悲，这才是诗圣杜甫的情怀。《水调歌头中》中"但愿"二字，是词人美好的祝愿，"但愿人长久"突破时间的局限，希望离别之人善自珍重；"千里共婵娟"则突破了空间的阻隔，虽然离别，但共有朗月相照，还有何遗憾呢！这就突破了个人情感的局限，凸显出词人精神境界的丰富博大。

然而，对于诗词的学习，分析还是远远不够的，无论是创作还是鉴赏，我们都还需要另一种思维能力：想象。它是对原有感性形象进行重新组合而创造出新形象或引起猜想、联想的思维活动。只不过作者进行的是创造想象，而我们根据语言描述或者图像显示进行的则是再造想象。想象是创造性思维的重要方式。《月夜》中，明明是诗人长安望月，却从想象妻子鄜州望月，思念自己的角度来写，这固然是因为离愁、思念本是双方的，更因为是此种写法效果奇妙，如明代陆时雍《诗镜总论》所说："代为之思，其情更远。"而当诗人细致入微、如临其境地想象出妻子中夜难眠，云鬟为香雾打湿，玉臂因清辉而寒的景象时，这固然写出了妻子对诗人的思念与担忧，却更突显出诗人对妻子思念之浓烈及离别之伤痛，双方禁不住都要有"泪痕"了。所以，自然地我们也就想象出另一个团聚的场景。学生描述，夫妻二人，终于团聚，倚靠窗前，窗帷薄而透明，月色朦胧，浪漫又美好，虽已夜深，二人还是不肯睡去，恨不得让月亮把泪痕照干。一说，这是形象化说法，此情此景，二人内心愉悦，不再有这种离别的悲伤感觉了，就是"泪痕干"。一说，天下太平，夫妻团聚，自然可以任意地无休止地由月色来抚慰伤痛，此即"泪痕干"。这样，通过想象，学生产生了一些新的理解和领悟，思维也会有不同程度的提升。而《水调歌头》中把酒问天、今夕何年的想象，明显具有屈原《天问》、李白《把酒问月》的狂放不羁与兀傲不群；而乘风归去、琼楼玉宇的想象则体现出列子御风与鲲鹏逍遥的道家风范以及诗人自喻其志、向往高洁及自由的愿望。

此外，质疑、批判能力，是学生人格独立的标志，是创造力的内驱力。爱因斯坦说，提出一个问题比解决一个问题还要重要。学生质疑，《夜雨寄北》中，夫妻团聚，西窗剪烛，情话绵绵，温馨美好，本有无数柔情蜜意可说，可诗人为何偏要提及先前给妻子回信时的"巴山夜雨"呢？后经讨论分析认为，其实"巴山夜雨涨秋池"是实写诗人所处的背景及氛围，时节之凉、身世之悲、漂泊之伤、思念之浓如秋池之水满溢而出；而诗人想象的"却话巴山夜雨时"是虚写，不是场景而更像是心情，回忆起往日写信时的秋雨连绵，心情悲苦，思念异常浓烈，如今团聚才终于可以向妻子倾诉了，可谓悲欣交集。然而，这种团聚是否能实现呢？这是难以预料的。我们如果此时再回头诵读第一句"君问归期未有期"，更能领悟这是多么伤痛的一句，它更增添了眼前归期不定的痛苦……

最后，诗词的解读还可以通过整体研究与考察，这种从整体上认识事物的特点与规律的思维能力即综合能力。这对于学生学习经历中去除"知识碎片化"的倾向大有良效。如高三学习《归去来兮辞》，我们联系了初中、高一的教材内容，补充了该文的序言、《归园田居·其一》、《五柳先生传》、《读〈山海经〉》以及两篇现代文阅读。一篇涉及他的作品"浑身静穆"还是"金刚怒目"的讨论，另一篇则谈论他读书"不求甚解"的真正含义。我们借此了解到他年轻时也有"大济苍生"、"猛志逸四海"的胸怀、志向，从《读〈山海经〉》中看出他"金刚怒目"、"陶潜酷似卧龙豪"的一面，从《归去来兮辞》的"惆怅、悲、遑遑、疑"等词看出他回归时的矛盾、挣扎、纠结、痛苦与最后的沉静。我们又将"但使愿无违"的"愿"，"此中有真意"的"真意"，"性本爱丘山"的"性"，"田园将芜胡不归"的"归"等几个词语联系在一起，结合了他所接受的儒家、道家、玄学思想，跨年级跨学段进行了综合学习，希望能够给学生一个较为立体、丰满、全面、客观的陶渊明形象。也许学生们毕业后再无机缘接触这些伟大作家的优秀作品，所以我们有责任这样做，我们也希望他们在处于痛苦、磨难时能够从这里寻找到精神支柱和人生的信仰。

也许思维能力不是靠训练和培养形成的，但我们可以引导学生的学习经历，形成思维能力和思维品质；也许思维能力的形成并不是几节课所能奏效的，但我们可以使学生养成良好的思考方式，因为无数个这样的学习经历的养成，才会最终促成"人"的成长！

参考文献

〔1〕李海林：《如何构建一个可用的阅读教学内容体系》，《中学语文教

学》2010 年第 11 期。

〔2〕俞本昆:《语文"思维——创新"型教学初探》,《上海教育》2000
　　年第 4 期。

〔3〕明学圣:《说理文教学内容的选择》,《中学语文教学》2011 年第
　　5 期。

〔4〕周先慎:《〈简笔与繁笔〉的写作体会》,《语文学习》1995 年第
　　7 期。

〔5〕胡明道:《拿来主义备课策略》,《语文教学通讯》2008 年第 7 期。

〔6〕刘永康:《〈简笔与繁笔〉课堂实录》,《中学语文》2010 年第 21 期。

〔7〕赵雷:《〈简笔与繁笔〉教学实录》,《中学语文教学参考》1999 年第
　　Z1 期。

〔8〕孙德生:《我教〈简笔与繁笔〉》,《语文教学与研究》1994 年第
　　7 期。

〔9〕杜华国:《〈简笔与繁笔〉问题商榷》,《语文教学通讯》1987 年第
　　Z1 期。

〔10〕唐建新:《文体三分应该引起高度重视》,《中学语文教学》2010 年
　　第 12 期。

第五章　文本深读与学情认识

　　走进中小学课堂就不难发现，目前课堂教学模式仍然有不少是灌输—接受式的，学生处于一种被动接受的状态，即使教师有些提问，学生也处于被动应答式的状态。钟启泉教授认为，这种学习方式的弊端是"窒息人的思维和智力，摧残人的学习兴趣和热情。它不仅不能促进学生智力的发展，反而成为学生发展智力的阻力"。因此，"学习方式（教学方式）的转变是本次课程改革的显著特征。改变原有的单纯接受式的学习方式，建立和形成旨在充分调动、发挥学生主体性的学习方式，自然成为这场教学改革的核心任务"。[1]

　　《上海市中长期教育改革和发展规划纲要（2010—2020 年）》指出，未来上海教育改革和发展，要以育人为本，把"为了每一个学生的终身发展"作为核心理念。要求全面实施素质教育，使所有学生的个性特长得到发展，潜能得到激发，创新意识、创新精神和实践能力显著增强，终身学习意识和能力显著增强……那么如何去做才能逐渐实现纲要的这些要求呢？根据实践经验，越

---

〔1〕 钟启泉等：《为了中华民族的复兴、为了每位学生的发展——〈基础教育课程改革纲要（试行）〉解读》，华东师范大学出版社，2001，第 278—279 页。

来越多的教育者认识到了"以学定教"的重要性。真正关注学生在课堂上是怎样学的，通过了解学生在课堂上如何讨论、交流、合作、思考、获得结论及其过程等学生的行为表现，评价课堂教学。这就要求教研员在开展教研活动时也要立足学情，进行服务、指导、研究工作。

一、立足本校，研究学生，根据学情需要调整教学

我们在松江一所普通高中调研时发现，某校学生的课堂教学参与度不够。教师牢牢把握课堂的话语权，以讲授为主，不肯或不敢、不愿下放权力。如在《采薇》教学中，教师对字词和句子进行翻译、串讲；在《无韵之离骚》授课中，教师自问自答，把有关书评的特点和写法说出来；在《边城》课堂上教师把有关"命运"的结论塞给学生；在《水调歌头》课上教师把"隐遁"思想加给苏轼让学生接受……还有个别学生睡觉或在课堂上玩东西。

又如某老师讲授《无韵之离骚》一课时，用接近 20 分钟讲解司马迁、李广、李陵、屈原、《太史公自序》等，用近 20 分钟时间学习了前三段内容。补充创作者及创作背景还有其他相关知识有时是必要的，但可以考虑一下方式方法，最好能在课下解决，比如下发资料，学生阅读就可以了。在课堂上讲解这些，一是比较花费时间，另一个就是学生缺乏兴趣，容易造成课堂上教学效率低下。

那么，造成这种现象的原因是什么呢？可能是教师对学生缺乏信心，担心学生难以回答问题，回答不好问题，或者是会偏离自己的既定教学内容，或者认为学生反应慢，拖延课堂时间，打乱自己的教学计划……教师只是从自己着眼，从"教"的层面着

眼，较少从学生"学"的角度看问题。

在课下与该教研组语文教师交流时，我们提出，教师不能"只见教材，不见学生"，要舍得花时间去琢磨学生、琢磨课堂，关注学生在课堂上可能的反应，思考相应的对策，了解学生的需要，才能真正上好每一节课。课上要多让学生体悟，或者是引导学生去体悟这些结果。课堂不是让学生学习、接受问题的答案和结果而是让他学会发现问题、解决问题，学会学习的过程。

我们建议该校教师要调查学生睡觉的原因是什么。学生的精力、兴趣去哪儿了？是疲累还是对未来缺乏信心？或者是课堂上听不懂？对语文学习缺乏兴趣？也许该中学的学生基础是薄弱了一些，这也就对我们的教师提出了更高的要求。语文应该是最生动、最有趣、最受人欢迎的科目之一，我们语文教师应该在这方面做些工作，下些功夫，立足本校，研究自己学生的喜好，以喜闻乐见的方式传授知识，调动学生。

经过这番交流后，另一位教师课堂上的做法就很好，随时关注学生的反应，能够调动学生的积极性。

张老师从事高一年级教学，她非常了解学生的心理，了解学生的兴趣和喜好，比较容易与学生进行交流，在教学过程中，利用一切因素鼓励学生大胆发言，在教学《种树郭橐驼传》一文时，让学生把不理解的问题说出来，然后与学生一起解答，这些教学方式培养锻炼了学生，非常符合目前课程改革的理念。在教学起始年级时，她注重对学生行为习惯的培养，在课前检查学生的预习作业十分细致，比如要求学生在国庆假期抄写一遍文言文，注释要注明，不懂的地方要标示，学生的预习作业写得非常认真；上课要求把预习本放在左上角，教师进行一一登记，这一过程评价的落实，有利于今后教学工作的展开；给学生阅读的时间，要求"看好的同学抬头示意我"；在讲到文学常识时，要求在笔记本中整理下来，我们觉得如果学生的行为习惯能够这样不断养成，不仅有利于语文学习，而且一定是让学生受益终生的习惯。

二、多让学生表达，把机会让给学生

教师在课堂上应该让学生多说话。海德格尔在《通往语言的途中》中说："人，说话。"人，有言说的权利和需要。否则我们如何"立人"？能否在公开场合，较为自然、自如、自信地说话，理解别人的话语，回答别人的问题，也是考评一个学生素质的标准。否则学生的理解力和思维都会有问题。而且，如果学生不会去倾听教师，倾听同学及他人的讲话，这是比较可悲的。课堂教学也不应再成为教师自我展示的舞台，让学生在课堂上"学会"和"会学"，才是教师的本职工作。教师要由讲授者变为组织者、引导者、合作者、调控者、赏评者。教师要善于当好配角，一位教师能否引导学生积极主动地参与到教学中来，能否使学生既掌握知识又提高能力更为重要。教师应该给予学生充分自主学习、探究的机会，使学生在课堂上获得充分的发展。

在调研过程中，我们发现周老师的一节作文课很有特色。作文题目是《这个地方》，她先让学生说出选择的地方，学生回答有学校、家、故乡、旅游的地方、外地、考场和人的心灵等，然后让学生说说为什么选择这个地方，教师总结其中的原因无非一个"情"字；接着让学生说说，你写这个地方想给读者带来什么？学生说要引起联想、回忆、共鸣、反思和思考等，带着这一目的师生一起分析学生的习作。教师将学生习作展示在多媒体上，这些习作非常优秀，写了很多细节，打动了学生，也给了学生很好的引导。最后，教师总结出叙事类文体的写作要素，可以

说是水到渠成。这一作文课程的教学内容完全是教师根据学生写作情况进行的建构，这些知识和教学过程是比较宝贵的经验材料，值得推广。

三、自主学习，制造悱愤，提升学生兴趣

《论语》中说："不愤不启，不悱不发。"在课堂教学中可以让我们的问题设计更科学、更有趣、更开放，更有些层次，有些水平，有些深度，也从而更有效一些。而目前我们的问题设计还比较凌乱，不够清晰、明确、精炼；也比较浅显，不够深入和开放，不能很好地调动学生的兴趣，让他们产生较为深入的思考。

自主学习是一种学习者在总体教学目标的宏观调控下，在教师的指导下，根据自身条件和需要，自由地选择学习目标、学习内容、学习方法，并通过自我调控的学习活动完成具体学习目标的学习模式。[1]

比如在《香菱学诗》教学中，教师首先让学生预习，并书面提问，由课代表收齐后交给教师，由教师整理后，提炼出下列问题，作为教学的内容：宝钗为什么不当老师？黛玉为什么甘为人师？黛玉讲诗要旨和错误是什么？为什么陆游的诗不可学？香菱是"聪明伶俐"还是"呆头呆脑"？宝玉的话有何含义？梦中真能作诗吗？为何要写惜春午睡？香菱学诗为何笑……这些问题既是学生感兴趣的，同时也是学生的疑难之处，甚至部分问题也是教师感到疑难的地方，这样学生在课堂上也更有兴趣，表现更积极，也使得使师生双方共同努力，进行交流、讨论，向文本和思维的更深处进发。形成论文后发表在《语文学习》刊物上。

---

〔1〕宋乃庆等：《中国基础教育新课程的理念与创新》，中国人事出版社，2002，第131页。

以下设问可供参考：你们有没有发现……你发现了什么秘密？往下读，你还会有发现。你有什么新的发现？你又发现了什么？看看有什么新的发现？同学们，上了这堂课，大家一定发现……[1]

四、合作学习，平等交流

合作学习小组成员每个人都有明确的责任、具体的任务；小组成员平等互助，碰撞思维，合作竞争，分享成果；教师为"平等"中的首席，对学生学习中遇到的问题给予点拨和辅导；通过课堂提问、测验等多种方式反馈每个学生自己对学习目标的达成度；鼓励学生多思、多问，对学生提出有新意的观点和问题予以赏识。

五、探究式学习，深入文本

探究式学习一般是指从学科领域或现实生活中选择和确定一些问题作为研究主题，在教学中为学生创设一定的情境，通过学生自主、独立地发现问题和解决问题等一系列探究活动，从而促进学生知识技能、情感态度，特别是探索精神和创新能力等方面发展的学习方式和学习过程。

比如，在研究性课程"《红楼梦》导读"课堂上，师生针对《香菱学诗》中"香菱为什么学诗？"（即香菱学诗的动机、原因有哪些？）"香菱为什么学习诗歌而非词、曲、文？"两大问题进行了深入探究。教师布置学生分组，下发一些相关资料，学生课下自己补充资料，交流看法，写出自己的观点，然后整合成文章，

---

[1]　王春燕：《〈猴王出世〉教学实录》，《人民教育》2009 年第 2 期。

做成 PPT，面向全班学生汇报成果。比如，就第二问题而言，学生小组从诗歌体裁特点、作者身世、作者审美情趣和文学观念等入手加以总结、概括，比较客观、深入、全面，可见各小组的同学都下足了功夫。文章发表在《语文学习》2010 年第 6 期上。

六、依据学情，制定、落实学案

先学后导，即让学生在课下先预习、质疑、提问，教师根据学生的这些情况制定学案，然后在课堂上先自学，在自学中要落实"学案"。当然，要防止学案变成教案，学案变成作业负担。此外，还要明确学习目标、学习内容和学习方法。然后"以学导教"，教师根据"学情"进行引导、点拨，提高"教"的目的性、实效性，提高教学的效率和质量。

七、以学精讲，有所不讲

"讲"要突出重点，不能面面俱到，不深不透。要讲学生理解不了的问题，比如疑点、难点；讲学生归纳不了的问题，如规律、方法；讲学生运用不了的问题，如知识的迁移、思维的深化。不需要讲的是较简单的问题，因为学生可以自己解决，属于已知内容。也要根据学情，不讲过难的问题，如超过本阶段教学深度的问题，也不讲过偏的问题。

八、以学精练，练在课堂，练得有效

"练"要精选题目，确保练的质量和练的适度；突出题目的典型性、针对性和开放性，禁止使用机械记忆的题目、低水平重复的题目、偏难怪的题目；要依据学科特点和课堂教学的目标任务，控制好"讲"与"练"的时间关系。

学生的"练"，包括课堂自学、问题讨论、交流体验、实际操作、作业练习等等，使学生的能力在"练"中得到形成与发展。

比如，有些课堂拓展延伸效果较好，但有的拓展内容缺乏有效性。如某老师在《种树郭橐驼传》课堂教学时，首先是检测学生对重点字词的解释和少数句子翻译及句式。学生回答不尽如人意。那么，之后呢？学生的字词障碍出现原因在哪里？怎么去引导学生理解字词？字词讲解有门道，是结合词语的现代意义，还是结合成语，还是结合相近似的词语加以讲解呢？怎样让学生记得牢呢？检测过后还不算完，要有对策。其次是学习、讲解该文的写作特色：设事说理。最后是引荐作者的其他寓言故事《蝜蝂传》，并进行了翻译，学生理解了大意。但不如让学生谈谈这篇拓展的文章是怎样设事说理的、它和课文之间的异同点等，会更有效一些。如果教学未能和教学目标、教学内容较为紧密地结合，就难以达到良好的效果。

九、以学反馈

及时地将诊断性反馈、过程性反馈、形成性反馈贯穿于教学的全过程，根据学情加以调整，以便于吸取经验教训。

第六章　文本深读与传统文化教育

一、传统文化教育在中学实践中的十大误区

1. 何为传统文化：对传统文化概念与内容的认识误区。

（1）概念不清，鱼目混珠。要进行传统文化教育，首先要分清什么是传统，什么是文化，什么是传统文化，什么是伪传统文化，什么是优秀传统文化。

"传"，即"传示后人也"。"统"，"继也"。二者皆指前后继承的意思。现代汉语中的"传统"，是英文 tradition 的汉译，指由历史沿革而来的、世代相传的、具有特色的社会因素，如文化、思想、道德、习俗、艺术、制度等。中国文化是指在中华人民共和国的疆域内从古至今的文化，是多民族共同创造的文化。由于文化是个宽泛的概念，传统文化这一概念自然也包容传统思想、传统道德、传统习俗、传统艺术、传统制度等方面。

中国传统文化是中华民族几千年来创造的精神现象的总称，包含着极其丰富的内容。它具有顽强的生命力、再生力与非凡的延续性；具有非凡的包容精神；重伦理道德观念；以德性修养为安身立命之本，以入世思想为主导性心理；崇尚智慧、重道轻

器；具有朴素的整体观念，推崇天人合一的思想；重直觉、体悟思维方式而少逻辑推理；以人为本，重人文而轻科技。

近来社会上似乎出现了"国学热"的现象，古代诗词、古典小说、古代历史一时之间纷纷扬扬，好不热闹，而传统文化教育似乎也在大、中学校大行其道。但实际上是怎样呢？

再联系到前些年闹得沸沸扬扬的武侠小说进教材的问题，笔者以为，该类作品在文笔及想象力方面或有可取，而在思想性上则不敢恭维，更因其文史方面错讹甚多、妄加窜改等因素，以及才子佳人、英雄美人、哥们义气、愚忠愚孝等封建庸俗观念于其中，遂使人多精神麻醉，流毒不可谓不小。笔者不禁怀疑，作为一名教育者，我们难道不该用第一流的作品去影响人、熏陶人、教育人吗？

如今，越来越来越多的人认识到了传统文化教育的重要性，并不遗余力地付诸实施，这是件好事，但我们首要的问题是要搞清楚什么是传统文化，什么是优秀的传统文化，什么是经典，什么是伪经典，经过鉴别之后才能"拿来"，看是否适合进行教育。由此可见，我们要慎重地厘清某些概念，莫使之混淆，避免使某些作品鱼目混珠、滥竽充数，也避免实施者好心反而办坏了事。

（2）传统文化教育内容泛政治化、泛道德化。传统文化的确与伦理道德有着千丝万缕的联系，这是其主要特点之一，但我们不能因此就过分强调这一点。确切地说，中学语文的教学向来不缺少"道德"方面的教育，而在人性、人格、审美、高雅的趣味培养等方面却是不够的。而即使是伦理道德方面的教育，也不等同于以枯燥的说教方式进行。将爱国主义、道德教育等片面扩大化，难免会导致传统文化教育内容的泛政治化与泛道德化，其效果难免会适得其反。此外，我们还必须认识到，语文、音乐等科目虽然也具有道德教育责任，但它们绝对不是思想政治课，更非道德说教课。它们还要具备文学性与一定的美感教育以及人性化。

（3）片面理解传统文化，未能进行整体性教育。仅将传统文化视为古诗词、文言文教学，或者仅等同于儒家文化。

古典文学、文化是传统文化的重要组成部分，在中学教育中也多进行古诗词、文言文教学，在中学进行传统文化教育，很大程度上的确是在进行古典诗词及古典文学的教育，但这并不意味着可以简单地将传统文化教育等同于文言文教学或古诗词教学，也不能将传统文化仅仅视为儒家文化。传统文化教育除了以语言文字为主的古代文学传统、古代史学之外，还包括哲学传统、伦理道德传统、宗教传统、教育传统、经学传统、军事学传统、科技传统、艺术传统等。如艺术传统中即包含音乐、书法、绘画、舞蹈、雕塑文化等，而建筑文化中的园林文化，饮食文化中的茶文化、酒文化等，无不具有较高价值，如何使其紧密结合、相得益彰，是一个值得深思的问题。在中学教育中，传统文化教育并非只靠语文教学就能胜任的。民族乐器的丝竹管弦之音、书法的挥毫泼墨、国画的丹青妙笔、茶道的氤氲芳香、戏曲的优美唱腔与戏文……都可以对学生加以传统文化的熏陶。可见，传统文化教育是一个整体性教育，我们不能将其割裂，只注重文学方面的学习。我们最好能够在中学进行合理的组织与安排，实施整体性的有体系的传统文化教育，将语文科目与其他科目结合起来，使其并行不悖。

传统文化除了儒家文化外，还包括墨家、道家、法家、佛家等文化。儒家文化的确取得了主导地位，但其他诸家文化也不可忽视。

比如，在《周易》文化中，六十四卦中蕴涵着中国文化的伟大智慧。大多数的流派、观点、智慧、境界、方法、手段均可在

《周易》中找到源头。如乾卦中的"自强不息"、坤卦中的"厚德载物"早已化为中华民族伟大的民族精神，再如同谦卦中的谦虚谨慎、节卦中的勤俭节约、解卦的迎战困难等等，无不与我们的日常生活紧密相连，无不与当代青年的学习、生活、行为、心态直接相关。

又如，代表中下层劳动者利益的墨家，提出"兼爱"、"非公"、"尚贤""尚同"、"节用"等思想，主张和平、互爱，反对侵略战争，推崇贤德之人以及社会平等，主张节约，反对奢侈浪费，并主张身体力行。这些对于今天的我们来说仍然适用。他们那种"摩顶放踵而利天下"的精神与襟怀仍然值得我们学习。

中国的道家文化是浓厚辩证法色彩与人生哲学相结合的生命文化。从老子《道德经》主张无为而治及其朴素辩证法，到后来庄子的"逍遥游"的生活态度，折射出古人的智慧思维，其文化精神则化为中国历代知识分子的一种人格境界。道家在修身养性，益寿延年，发挥生命个体的生命能量方面也做出了重大贡献，对于今天的人体验自我生命真谛，升华生命境界有独到的意义。

佛教传入中国后即发生变异，成了中国化的佛教。慧能等人将高深烦琐的佛学道理日常化、生活化，化为一颗智慧的"平常心"，从而创立了中国特色的禅宗思维，使人之心态可调节为一种美好的平衡，使人心境平和、安详、安宁、自在，对于青年一代塑造自我、平衡心态将有可取之处。此外，佛教文化还极大地丰富了中国的绘画、雕塑、舞蹈、音乐，丰富了中国文学作品的精神内涵，提高了中国文学作品的艺术境界，甚至到了"不懂禅，不足以言诗"，"不懂禅，不足以论书画"的地步。唐代大诗人王维和明代后期多数的文学家对佛学的研究可谓深入，并通过其文学作品深刻地反映出来。

当然，法家的"术"、"势"之学说，"法治"思想，至今仍有借鉴之用；名家的名实之辩、一般与个别的区别，虽有诡辩之讥，但对人们智慧的启迪不无帮助；兵以诈立，古代军事学上的审时度势，运用计谋，现在来看仍具有重大的现实意义。

虽然在中学我们限于能力，也没必要去开展《周易》等难度较大的科目，但除了孔子、孟子、唐诗宋词之外，老子、庄子、墨子、孙子、韩非子还是很有必要列入我们的教材，开展一些相关选修科目的。而中学语文教材中，无论是必修课还是拓展阅读教材，对这方面都有较大的欠缺。比如上海市高中语文教材实验本曾经有历史剧《商鞅》和鲁迅小说《非攻》，师生大可以借此契机去了解法家、墨家之思想、文化的，但可惜的是在试用本教材中这些内容都遭到删除的命运，不能不说是一个遗憾，而我们有关于此的教学科目设置也可谓少得可怜。这就难免会导致学生对传统文化的理解也就只能停留在孔子及一些诗词古文的肤浅层次和表面现象上，从而无法较为深入地感受和领略优秀传统文化的博大精深、奇妙瑰丽，也就难以提高其学习兴趣，达到应有的教育效果。

2. 传统文化何为——对实施目的及意义认识的误区："道"与"器"之辩。

《周易·系词》曰："形而上者谓之道，形而下者谓之器。"中国传统文化中，人文教育一直都是核心，重形而上学之"道"，忽视"器"之用。鸦片战争的失败即暴露出这一偏颇与弱点。于是，人们开始强调学习西方列强的"船坚利炮"的器文化，提出了"中学为体，西学为用"的方针。然而，当工具理性的"器"文化成为一个社会的主流文化后，作为形而上的"道"文化便可能江河日下，甚至会销声匿迹。将极富人文精神的传统文化等同于封建文化弃而不用，将西方文化等同于现代化加以大力揄扬，都是一种新的偏颇。如果说西方文化中的"器"文化孕育出了近代到现代人类的科学发展，那么中华文化中的"道"文化却是塑造民族精神、确立文化人格的伟大智慧。所以，用中国传统文化的精华培养一代新人，就成为当今青年教育中必然的合乎逻辑的结论。

然而，我们当前中学的传统文化教育未能将其作为生命教育、人格教育、人性教育来进行，而是简单地肤浅地作为一种教材或课文来进行"学习"。缺乏人文精神和人文关怀，缺乏古典美感的体悟，缺乏诗意的熏陶，多的是进行字词和语法教育，进行翻译教育。试问，这与学习英语有何不同？将我国优秀传统文化作为外语一样来进行教育是当今中学语文教育的悲哀，更是传统文化在当今的不幸遭遇。

教育首先是培养"人"（即"道"），然后才是培养"工具"（即"器"），而作为人最重要的是人品和道德。反思当今中学甚至大学语文教育，我们现在的传统知识都在语文课里作为文学的东西传播，而从来没有作为一种价值，作为一种人生观，作为一种道德的理念来传播。

传统教育的重点在于人性教育与人文素养教育，尤其重视伦理道德教育，值得关注和研究。而教育改革仅靠体制和内容的改革也许是难以奏效的，还需要传统文化与现代文明的对接来共同实现。怎样在日常生活与精神成长中发挥传统文化的作用是我们教育工作者急需探讨的问题。而现代教育没有在知识教育和人性教育这两个方面取得平衡，而是过于偏重知识教育忽视了人性教育。这是中学教育界对传统文化教育认识上的一大误区。

3. 捧杀与棒杀、拿来与排外——对传统文化态度的误区。

（1）捧杀或棒杀。我们对于传统文化的态度，如同鲁迅所言，不是"捧杀"就是"棒杀"。五四时期，新文学革命者不惜一切代价必欲置其于死地而后快。但当时为了冲破封建思想、旧礼教，创建新文学，不得已而为之，进行了"棒杀"，虽矫枉过正，实属情有可原。后来却发现我们与传统几乎断了联系，外国文化蜂拥而入，国人英文水平大有胜过国文水平之趋势，对外国快餐和外国服装的喜爱也大大胜过了本国衣食，于是人们彷徨四顾起来，终于想起了老祖宗的"宝贝"。于是电视节目忽地就"国学"了起来，《三国演义》、《红楼梦》、《玄奘》、《史记》、李白、杜甫、苏东坡、康熙、乾隆齐上，电视讲坛、书籍出版、教育教学多管齐下……

忽如一夜春风来，千树万树梨花开。似乎传统文化教育的形势不是小好，而是一片大好。百花齐放，万紫千红，但似乎并非是传统文化教育的春天，而传统文化仿佛成了挽救道德滑坡、世道浇漓、文化素质低下的救命稻草。当然，其中鱼龙混杂、鱼目混珠、滥竽充数者也不在少数。所谓的"国学"或"传统文化"终究不过还是只沦为电视台收视率和出版社书籍码洋飙高的帮凶，此收效甚微。这似乎又走向了对传统文化的另一极端，无异于"捧杀"——人们看多了，听多了，厌倦了，难免反胃，弃之如敝屣。这种乏味、无聊、浅薄、"普及"式地对所谓民族优秀传统文化的宣扬，除了博得哈哈一笑，传授几个历史故事，进行心灵鸡汤式的按摩之外，我们还应该从中学些什么？做些什么呢？

（2）以传统文化为借口进行排外，发展狭隘民族主义心理，拒绝新文化与外来文化，否认文化的共融性。鲁迅曾经说，中国人向来有点自大。——只可惜没有"个人的自大"，都是"合群的爱国的自大"。这便是文化竞争失败之后，不能再见振拔改进的原因。所谓"合群的自大"、"爱国的自大"就是党同伐异，是"集体性的虚荣心理"。"他们自己毫无特别才能，可以夸示于人，所以把这国拿来做个影子；他们把国里的习惯制度抬得很高，赞美得了不得；他们的国粹，既然有这样的荣光，他们自然也有荣光了！"

由此可见，国人缺乏个人的自信，多的是"地大物博"、"历史悠久"、"光荣伟大"等集体虚荣和夸耀，总喜欢把老祖宗抬出来撑面子、充胖子，却恰恰反映了国人的心虚、软弱、保守、落后与不思进取。所以，此类举措难免是有些国人集体虚荣心、狭隘民族主义心理作怪，而非真心要弘扬什么民族优秀传统文化。

鲁迅说："夫国民发展，功虽有在于怀古，然其怀也，思理朗然，如鉴明镜，时时上征，时时反顾，时时进光明之长途，时时念辉煌之旧有。"（鲁迅《文化偏至论》）国人的确喜欢"上征"与"反顾式"的慎终追远，但往往会忘记自己前进与革新的脚步。如果真的想要传统文化发展延伸下去，流传继承下去，是不是应该创造更多新形势下的文化呢？传统文化不需要新形式吗？不需要与时俱进，日日新，又日新吗？否则怎能引起大众的兴趣？如何建立适合当前新情势教育的新国学也是当务之急。

4. 辩证与割裂、历史与机械——对传统文化教育方法论认识上的误区。

在传统文化教育中，我们要采用辩证思维，考虑如何吸取其精华，剔除其糟粕，对传统文化进行合理利用，并结合现代化要求进行学习。也要全面看待历史人物、文学人物及其作品，对其进行辩证分析。

比如在学习古典文学的时候，我们往往会重视、讲解、学习某位人物较为光明、正面的一方面，而忽略了其他方面，这就导致了我们师生对于所学文本及作者理解的偏颇。比如，关于李白，想起他我们就会自然而然地想起他的傲骨，似乎总是一副"安能摧眉折腰事权贵，使我不得开心颜"的伟岸与正直。其实，他这句话中有没有对先前自己所作所为的反省与自我批评呢？他在不少诗作当中是否有自以为是、大言不惭的一面？他是否为了求取功名在不少诗作中大有溜须拍马、吹捧他人之行为呢？还有杜甫，他带给我们的似乎也只有其"忧国忧民"的一面，而其实他为了功名，在长安有过"朝叩富儿门，暮随肥马尘。残杯与冷炙，到处潜悲辛"的生活。当然，他毕竟没有成为一个虚伪、庸俗的官僚，这不值得我们深思吗？而陶渊明的心境也并不总是那么一片浑然静穆，正如鲁迅先生所说，也有其"刑天舞干戚，猛志固常在"金刚怒目的一面。他的隐居生活也并不一直如他诗中所写"采菊东篱下，悠然见南山"的悠闲自得，他并不擅长种田，难免有"草盛豆苗稀"的尴尬，更有"饥来驱我去"乞食的场景。如此困苦的环境中，父老劝他重新做官，或官员请他来出山，但他都拒绝了。历来想隐居者多，但走终南捷径的弄虚作假者更多，而陶渊明在这种环境下还过隐居生活，正如朱熹所说，陶渊明才是一个真正的隐士。所以，了解陶渊明的另一面生活，对于我们较为全面、深刻地理解其人其诗都是有所帮助的。我们需要辩证地看问题，而非割裂事物的联系，片面地看问题。

此外，我们还要学会历史地看问题。比如，2007年陕西西安一位历史学教授就认为，选入中学课本的诸葛亮《出师表》不怎么样，完全应该由华歆《止战疏》替代。理由呢？他首先认为诸葛亮的忠诚就是一种"愚忠"，不值得提倡。然而，笔者认为，用这种眼光去看问题，用这种观念去思考问题是荒谬、可笑的。我们不能脱离时代去这样苛求历史人物。不让诸葛亮"愚忠"，难道让他弑君自立或者"造反"、"起义"才行？这样的话恐怕诸葛亮就不再是诸葛亮，反而会变成王莽了吧。如果带着这种有色眼镜去看古人，屈原自沉汨罗江何尝不是愚昧之极，岳飞风波亭之死岂不是毫无意义，谭嗣同横刀向天无异于自戕。该教授还认为,《出师表》还带有一种战争的意味,我们应该提倡和平,所以要改为一篇止战的文章。此话更是无知。《出师表》内容有多少涉及战争呢?它血雨腥风吗?可以说明诸葛亮是"好战分子"吗?它更多的内容、更有价值的内容难道不是怎样劝诫后主如何亲贤臣,远小人,选用人才,治理国家,取得和平吗?况且,其开诚布公、言辞恳切、谆谆告诫、语重心长、鞠躬尽瘁,这受人千古敬仰的丞相的手笔岂是其他一篇普通文章可以比拟的?由这件事情的争论我们也可知,连一位所谓的历史学教授的历史观都有问题,对文章的文学价值和人文价值都认识不清,不知道其他方面还有多少误区可言。

5. 课程设置、教材及评价的误区。

首先是课程设置方面尚有欠缺,学校重视程度仍不够。多数学校仍然以数学、物理、化学、英语为主,功利主义倾向十分鲜明。认为数理化只要努力、刻苦、多训练就能容易达到应有的效果,能够较快较为有效地取得竞赛、考试的好成绩。而社会对英语的需求更是炙手可热,甚至英语已经成为新人的必备基本素质之一,而我们的学生汉语表达、书面表达却出了很大问题,口齿不清,表达困难,错字连篇,文章不忍卒读,诗词、古文等更是欠缺功力,更莫谈什么传统文化教育了。中学里总是有人认为学语文有何用,成绩提高不快,在本国会说话写字就够了,不如去学数学、物理、化学、英语和电脑更实用。无论校方、家庭还是学生个人,甚至教师在这些方面,都具有短见,这恐怕也是传统文化教育在中学遭冷遇的原因之一。这样,直接导致的结果就是语文学科的课时并不占优势,在这有限的课时内进行古典文学的教育则更加少。在选修课及研究性课程中,关于传统文化教育者更是寥寥无几。而即使有所开设,也不成体系,不成系统,不是整体性学习,未能与历史、音乐、书法等相关科目结合起来,只是各自为战，未能做到课程的融合。或者即使有所开设，学生因为功利主义的原因或态度问题，又有多少学生愿意选择呢？

其次是关于教材问题。有关传统文化的篇目数量较少，且变动较大，其所选内容水平也高低不一，给传统文化教育带来一定困难。尤其是在诗词、古文方面，未能充分考虑到学生的接受程度及诗词、古文的难易程度，或某学期教材难度较大、篇章过于集中，或者未能充分照顾到一致性和延续性，这都不利于传统文化的教育教学工作。比如，高一年级语文教材选择了古典名著中部分章节作为课文，但高二、高三能不能继续选入一些呢？选了《香菱学诗》就不能选"湘云醉卧"、"黛玉葬花"、"宝钗扑蝶"或者"元妃省亲"等著名段落了吗？能否将其他一些层次较低的现当代文章适当减少一些呢？否则目前的传统文化教育在课堂上只能做到浅尝辄止，刚刚在高一年级之初培养了对传统文化的一点点兴趣，后来又荒废掉了，岂不可惜。

最后是高考导向问题。在诗词和古文方面，大量的字词解释、语法分析、翻译句子，还有就是对诗词的所谓"鉴赏"，无非是艺术手法、思想情感、意象、意境，听起来让人索然无味，而不能借助个人生活经历及生命体验去感悟诗词、讲解诗词。因此，这种对诗词的理解只能说是僵死的，而非活生生的、是苍白的，丢失了趣味和美感。这种考试令诗词丧失了应有的魅力，使师生不能进行个性化解读，拘束了他们的思路、思想，表面是在鉴赏，实际上却难以走近文本。

6. 忽视学生，以知识为中心的误区以及能力训练中题海战术的误区。

在过去，我们的语文教学往往忽视学生，而在传统文化教育中，无论是对古诗词还是文言文的学习中，也都过于强调知识体系，逐渐形成了以知识为中心的教学。如今，我们似乎仍旧是如此，我们仍在大量学习词汇、语法，进行翻译，却无法找到解读的抓手或立足点，进行个性化阅读，而是仍旧沿袭"字字落实，句句翻译，语法串讲"那种单一、陈旧、枯燥方法。笔者并不是说反对知识的学习，而是认为在如今信息化的时代，在很大程度上已经缩小了师生间的知识差距。我们似乎更应该重视学习方法的传授、思维的训练、口头表达及写作能力的培养等等。倪文锦教授认为，以知识为中心，必然导致对知识的烦琐分析和机械训练，并追求知识的全面性和系统性，实践证明它容易使语文教学发生异化。以知识为中心，教师只需要传授，学生则从根本上丧失了成为学习主体的可能。因为这种教学只重视知识的本体价值而忽视知识的工具价值，只承认知识重要而轻视或完全忽视经验和体验的重要，只重视掌握知识的结果而轻视掌握知识的过程。

笔者也并不是反对文言字词讲解，而是认为不如攻其一点不及其余，对重点实词、虚词讲解，尽量让学生做到举一反三。尤其重要的是，我们不能忽略其内涵、意义。比如，如果忽视了《陈情表》、《项脊轩志》中的"情"，即使一个学生没有错误地翻译完全篇文章，我们又怎能说他受到了传统文化的教育呢？此外，笔者认为，讲解词汇、语法更要注重讲解的方式、方法。其实，文言词汇的讲解，若能结合相关文化意蕴，则更能增添学生的兴趣。比如，对某字的讲解，或从词源学上来说，或从字义的发展来看，或从成语故事的角度加以点拨，或从诗词中的炼字进行感悟等等，对引发学生对文言词汇的兴趣、爱好和理解还是很有帮助的。

正如前文所说，以知识为中心的教学，难免会导致语文教学的异化，在训练能力方面则走入了题海战术误区。学习文言文不是说要否定练习题，但要做适当的练习，不能本末倒置，让学生像做数理化习题那样做文言文的练习题，搞重复练习，让学生硬记文言词语和知识，是不可以的。"提高学生的语文素养，非常关键的一点就是加强文学方面的修养和典籍方面的修养，要把语言文字包含的文化素养转化为学生的文化素养。但问题又在于人的文学方面的修养、典籍方面的修养是内隐的，不像人的言语交际能力，是外化的、对象化的，可以通过一个外在表现来进行评价。也正是由于这样的原因，即不易检测考试的原因，文学方面的修养和典籍方面的培养在实际的教学中长期不受重视。"张中行先生说，对文化遗产的吸收，吸收多少，难以测量，但读多了，理解了，心里确是多了些什么，有时候这多的什么还会成为处理社会生活的方法。可见，这些能力是具有一定的文言阅读能力之后自然而然获得的，难以通过做练习来检验和达到。

7. 文本解读的误区：浅阅读或过度诠释。

对于文本的解读，很多时候我们只是浮光掠影地走马观花，难以做到文本细读与深读。课堂讲解时，教师习惯性地让学生从文本中查找出来，简单加以概括一下完事，而未能真正进行解读。

首先来看朗读的误区。其实，对于传统文化中的诗词、古文，也许很多时候我们并不会真正地朗读，如韩愈所言："句读之不知，惑之不解。"有人说古文不是已经标点好了吗？谁还不会读呢？不错，但是有些语句恐怕我们还是不能真正读好。比如《岳阳楼记》中"把酒临风，其喜洋洋者矣"，一般人可能会读成"把酒临风，其喜洋洋/者矣"，淡而无味；但若读成"把酒/临风，其喜/洋洋/者矣"效果会怎样？是不是能够较好地体会作者的思想感情呢？所以，笔者认为，朗读并不只是个句读的问题、识字的问题、读音的问题，它应当还包括其他一些内涵。

我们知道，读古诗词、古文与读现代诗歌、现代文是截然不同的。因为古诗词和古文大多合辙押韵，读起来朗朗上口，有光英朗练之气，并且极富音乐节奏感，有音韵上的讲究。朗读有节奏和韵律的感染，有利于记忆，且朗读还有形体动作的、表情的感染力。就这个意义而言，朗读的体验效果是阅读、默读所望尘莫及的。窦桂梅老师就曾把现代汉语的朗诵与古典的吟诵自然地转换；现代汉语的抑扬顿挫在转化为吟诵之后，又转化为歌唱。她在上《游园不值》时，学生居然在她带领下，配着《让我们荡起双桨》的乐曲，很自然地把吟诵转化为歌唱。这不能不说是一种创造性诵读，当然，这是针对小学的教学对象而言的，对于初中生、高中生该如何去实践、发挥，可以由此借鉴。

笔者以为，朗读也好，背诵也罢，都不过只是一种肌肉的熟练动作和机械的记忆，还需细心加以揣摩，如果不通过读的方式揣摩古人的遣词造句、写作方法、思想情感及其所寄托之主旨，则读只能停留在一个较为浅层次的表面而已。孙绍振先生也说："朗诵的声音和动作的感染力是有条件的，只有和文本的意义、内涵和意味密切相符、水乳交融才是积极的。所谓'水乳交融'，就是不但在情感的性质上，而且在情感的程度上都要统一。一旦在情感的性质和程度上背离了文本的内涵和意味，则可能走向反面。经典文本，作为艺术品是很精致的，朗诵者情感的强度稍有不足或者稍有过度，都可能有损于对于经典文本的体悟。"可见，在朗读方面，我们既要避免不朗读、少朗读，也要避免假朗读、浅朗读的误区。

在文本分析时，较为浅显。比如在《蒋干中计》一文中，曹操送信给周瑜，而周瑜只看了信封上几个大字就勃然大怒，扯了书信，扔在地上，并喝斩来使，反应可谓极其强烈。为什么十几个字就能让周瑜大都督动怒并杀人呢？其实每个字都有含义。对"汉大丞相付周都督开拆"这几个字要进行仔细、深入解读。曹操挟天子以令诸侯，自称汉之重臣。在分析这十个字之后，再结合诸葛亮的挑拨之语，便可明白，周瑜对此为何动怒并杀人。这些隐藏的细节，须在文本中解读，才能发现其妙处，体味其趣味。如果只是浅显分析文本，这些内容的信息便会丢失。

历来对《林教头风雪山神庙》的解读，大多关注风雪，却忽视了山神庙的含义，也忽视了花枪、酒葫芦、尖刀的作用，这不能不说是巨大的遗憾。林冲为什么要在山神庙前杀敌，为何又极其残忍，以头供奉山神呢？多次写"花枪挑酒葫芦"有何目的呢？教材删减描写残忍画面的部分是不是应该？为什么？林冲的这种"忍"与《史记》中伍子胥逃亡、乞食等是否相似，两作者对其是何态度？都是值得深思和挖掘的问题。笔者就曾从细微事物入手，找了一个小的切口，写作并发表《花枪、酒葫芦、山神庙与解腕尖刀》一文；后又写成《谈谈林冲的忍与狠》一文，挖掘中国人的"忍"之精神和文化。这篇文章如同白话，看似没有阅读障碍，但说到是否真的读懂，读的层次如何，却大有不同。

解读《香菱学诗》时，很多教师注重其苦学精神，分析其怎样学诗，紧紧盯住那三首诗加以分析，鼓励学生向她学习。但我们必须知道，曹雪芹是在通过香菱进行说教吗？她为何要学诗歌，曹雪芹为什么安排她去学诗？为何要跟黛玉学诗？她这个第一薄命人为何笑着学诗？林黛玉说她聪明，小姑子宝钗却说她呆，这是为什么？宝玉对她的评价是什么意思？为什么要写惜春午睡等等，这些皆可分析，而不要忽略，否则真的可谓辜负了作者。

而过于专注林冲的所属阶级及其对立的统治集团、逼上梁山、社会黑暗等因素，过分讲解香菱的苦学等等，不从人物形象塑造角度出发进行文本解读，是失之偏颇和过度诠释的一种表现。如同前文所讲，将李白、杜甫、岳飞、诸葛亮等人无限拔高，不能辩证分析也可以称之为一种过度诠释，而教师有时会以自己的观点强加于学生，也可以说是忽视了个性化的解读。

8. 中学教育与学术研究相脱离的误区。

钱理群曾经深深地感叹教育界与学术界好像两个各自运作的系统，互不搭界，彼此相隔。而笔者也想说，高校学术研究与中学语文教育也是严重脱节的。目前高校相关学术研究似乎只局限于一个十分狭窄的范围，或使用新名词术语眩惑人心耳目，或佶屈聱牙不知所云而深奥难懂，而从来不愿以一种更为深入浅出、生动形象和喜闻乐见的方式传播学术，可谓"言而无文，行之不远"。而中学语文教育界则更是将自己的眼光局限于高考、分数、试卷、作业等琐碎的事务中去，从而忽略或不敢、不愿把眼光投向更为深入的高校学术研究中去，以此作为中学语文教学的指导和参考。这两者都是一种目光短浅的做法。其导致的结果只能是中学语文教学或者在做一些无意义的重复劳动，或者是肤浅地理解文本，而高校学术研究则成为一种孤芳自赏、自娱自乐，这是非常遗憾的。

中学语文教材中有相当数量的古诗文，都是经过精挑细选的，其丰富意蕴足以令人细细消化，而如果我们认为只是将网络上或者教学参考书中的部分资料拿来就足以应付课堂教学的话，是非常荒谬、可笑的。笔者认为，中学语文教师应该在广泛阅览该文本的学术研究成果的基础上，进行教学设计，让相关学术成果走入中学课堂中来。比如，《促织》、《香菱学诗》、《蒋干中计》、《林教头风雪山神庙》等文章选自我国经典名著，而对其进行研究的学术成果也相当丰富，教师如果不了解其整体故事情节、全书内容、相关的评点（如脂砚斋、毛宗岗、金圣叹等人的观点）、高校师生比较前沿的学术成果就匆匆进行教学，那只能做到"教教材"这一步而已，而不能引导学生深入地思考、阐发。而《促织》中的一个"上于盆而养之"还是"土于盆而养

之"的学术讨论，就可以解决我们课堂教学中的一些百思不得其
解的实际问题。看一看那些评点本可能会让我们豁然开朗、灵感
涌现。笔者建议，教师在备课时不妨查阅相关学术研究成果，化
为我用，更不妨在讲解后进行及时的总结反思，将其形成论文的
形式，尝试投稿或发表。当然，学术成果的引入不是无度的，而
是应该是在有选择的基础上进行的适量的、恰当的，更应该是经
过教师的消化之后才应用于课堂的。如今的学生思想更为成熟，
更富于个性化思考，一些肤浅、陈旧的观念或观点已经难以再满
足其需求了。因此，笔者认为，将高校学术研究成果合理、恰当
地引入中学语文教学势在必行，刻不容缓。

9. 忽视人文精神、人格培养，知行脱离的误区。

目前还有很多人把传统文化教育视为文言学习，当作一种工
具来看待，而忽略了对学生的人文精神及人格的培养。当然，我
国的传统文化都是用文言记载的，"不学因而不会，接受文化遗
产，欣赏古典文学作品等自然就做不到。则就整个国家说是不小
的损失，就个人说也是不小的损失"。然而，学好文言文、古诗
词并不仅仅是为了学习传统文化，更重要的是做人的问题，即
"立人"。

学生入了学校，并不一定就有文化，就能成为一个文化人。
美国曾经热衷于"实用教育"，其结果正如约翰·霍普金斯大学
校长莫勒所说："我们教育成功的是一批技术高超的野蛮人。"因
而后来改弦更张，大力加强人文教育。

钱理群说，教育的本质就是立人，这是整个教育的中心。要
以促进学生的健全、和谐、全面发展作为出发点和归宿。反思现
在我国语文教学，一大失误就是忽视了对文化人的培养，所谓的
"文化"，既包括现代文化，也包括传统文化，二者缺一不可。语
文教学就是要把学生培养成有语文能力的文化人。要让学生成为

文化人，学习古典文学就成了一项必不可少的任务。在这方面，传统文化教育就要面向时代，面向学生，面向语文训练。要适应时代的要求，为时代服务；更要投入实践中去，让学生学以致用，身体力行。

宋代朱熹主张知行并重："知与行，工夫须著并到，知之愈明，则行之愈笃；行之愈笃，则知之益明。二者皆不可偏废。"（《朱子语类》卷十四）具体到实践功夫，其则认为："论先后，知为先；论轻重，行为重。"（《朱子语类》卷九）明代王阳明则认为，"知"就"行"，"行"也是"知"，二者在本体上合而为一。主张回复本心和自我，实现人格自我。王廷相论知行时，又称其为实践，"笃行实践，以守义理之中"。（《王廷相集，慎言》）王夫之提出了以"行"为基础的知行统一观。可见古人是越来越看重"行"的重要性，当然他们也都未能脱离道德修养的范围。站在中国文化精神的立场看，在修炼人生、追求理想的过程中，要不断参与并随时体悟生活世界的具体内容及其价值意义。做到这一点仅仅依靠知性方面的训练还远远不够，更重要的则是"事上磨炼"方面的身心情志的各种实践性投入，使道德力量、智慧力量、情感力量三者和谐统一，才能铸造出新的理想人格和道德典范。正是在"知行学说"的影响下，一大批仁人志士用自己的行为典范开拓出一个广阔无比的人文领域内的价值与意义的世界。这正是"知行合一"学说提示给我们至今仍值得发扬光大的优良传统。所以，我们要尽力避免知行脱离的误区，在进行传统文化教育的同时、学习知识的同时，不得不提高对实践的重视。让优秀传统文化中优秀人物成为学生认识社会、塑造自我的参照系。让学生真正能够从传统文化中得到"教育"（身体力行的实践），而不是仅仅学习传统"文化"（知识）。

10. 教师素质问题及学校文化环境建设误区。

教师专业化一直是一个进度比较缓慢的问题。我国教师多，经济条件不好，教学水平也参差不齐。其弊端体现在传统文化教育方面就更为明显——具有旧学功底的教师在中学几乎绝迹。而高校相关研究者却忽视中学教育，具有较高学历的古典文学、古代汉语等专业的毕业生又较少到中学参加工作。就目前的专业师资来看，学校或相关教育部门对教师在传统文化方面的培训少之又少，而在所谓的教法、学法、教育理论方面的培训却又泛滥，只凭教师个人摸索提高自身传统文化修养是难以奏效的。这就导致了中学开展传统文化教育的极大困难，开课少，或不够专业、深入，即使开展了相关科目，也难以取得应有的效果。

有些学校通常一直以为进行传统文化教育只是教师和学生的事情，或者说只是一部分师生的事情，甚至未能将其提高到一定高度的认识，只是把它视为一种任务或负担，而未能想到传统文化教育是关系到师生自身综合素质的大事，是整个学校、整个社会环境的大事。在这个方面的科研情况可以说少得可怜，在此方面的教学资料和师资力量也薄弱得很，在此方面的专项经费少之又少或几近于无。这如何提高师生的积极性，提高其重视程度呢？可见，在传统文化教育方面，如何提高认识，加以重视，给师生以真正的支持，提供良好的条件和教学资源，举办相关活动，进行校园文化建设等等，是值得深思和探索的。

二、中学传统文化教育实践方法、对策与建议

传统文化教育在中学实践中出现了不少问题，对此，笔者在《传统文化教育在中学实践中的十大误区》一文中进行了分析。面对这些误区，我们该如何尽力去避免、改正呢？笔者结合具体

教学实践工作，列出了部分建议与对策。

（1）立足课堂，加强渗透，深化传统文化思想教育。中学语文教材中所选文章不乏传统教育的经典文本。《诗经》，《楚辞》，诸子百家作品，《史记》，李白、杜甫的诗，苏东坡、柳永的词，《西厢记》，《聊斋》，《三国演义》，《水浒传》，《红楼梦》……无不渗透着博大精深的民族文化。同时，各种优良传统思想也蕴于其中。如范仲淹"先天下之忧而忧，后天下之乐而乐"天下为公的旷达胸襟；欧阳修醉翁亭与民同乐的爱民情怀；刘禹锡"斯是陋室，惟吾德馨"的高尚情操，周敦颐爱莲之"出淤泥而不染"的高风亮节；陶渊明对自由、理想世界的美好向往；杜牧借阿房宫讽谏奢侈淫逸；魏征谏唐太宗十思；李密之孝义；岳飞之忠……"大抵南朝皆旷达，可怜东晋最风流。"我们且追随古人折戟沉沙，看吴宫花草埋幽径，晋代衣冠成古丘，看"无边落木萧萧下，不尽长江滚滚来，"倾听杜甫"百年多病独登台"的心声，感受他"国破山河在"时的花溅泪、鸟惊心，闻官军收河南河北后的狂喜，茅屋倒塌却为天下寒士而悲的情怀……在课堂讲解时，教师要富有激情，对古典文学倾尽热爱，以身作则，展开情感教学，并及时让学生进行思考，并引导学生以传统美德作为自己生活学习的准则。这样就不仅能够陶冶情操，净化心灵，让学生受益匪浅，甚至可以对学生的成长产生重大影响。

（2）利用写作练习，读写结合，启发学生对传统文化的思考。孔子云："学而不思则罔。"古人重视"学思结合"，那么如何更好地促进学生进行思考呢？我们不妨尝试读写结合的方法。一个好的作文题目，可以引导学生进行深刻的思考。例如，以"诚信"为主题，可以让学生在准备过程中去寻找与诚信有关的文史故事、名言名句，如孔子谈到每日三省吾身时与朋友交是否诚信、曾子杀猪明不欺、尾生抱柱等等故事，无不与此主题有关，这样的题目还可以让学生思考如何身体力行。此外，我们也可以直接通过文言故事，如作为写作材料，让学生进行思考和写作。比如"智子疑邻"、传统文化、传统节日等等就曾经作为高考作文材料。最能结合教学实践的一种方法就是，学习课文后，进行仿写、读后感等写作，从文章发生学的角度去亲身体验作者的情感，去感悟、体会作者的思想。如我们学习《阿房宫赋》之后进行了仿写，效果也十分理想。学生以赋的形式进行仿写，其主题可谓多样，有结合时事的奥运赋、环保赋，有结合自身生活的上课赋、考试赋、作业赋，有与生活环境相关的松江赋、松江二中赋、某班级赋、某宿舍赋，更有凭吊古人的吊嵇康赋、李太白赋，以及红颜赋等等，内容十分丰富，且语言尽量使用文言，写作质量上乘。而我们学完《红楼梦》"香菱学诗"之后进行了写作练习，学习《非攻》之后对墨子思想进行了探究等等，学生作品可以达到小论文的水平。

（3）提倡课外阅读，印刷相关资料，编选相关校本教材，扩大传统文化教育途径。课堂教育虽然是语文教育的重点，但是课外教育的作用也不可忽视。我们可以给学生列一个书单，尽量做到内容丰富，让学生根据自己的兴趣有选择地阅读。我们还在教材基础上给学生补充了不少内容，印刷后下发到每个学生手中，通过早自修等时间进行诵读。教师进行指导后挑选优秀个人和班集体参加比赛。

我校还有部分语文教师承担了传统文化培训相关课题，并在积极进行校本教材的编写。初步拟定编选古诗词鉴赏教材、培养兴趣型初级古文教材、能力提高型中高级古文教材及相关训练试题等，该项目完成后将会对我校传统文化教育大有裨益。

此外，为了提高学生的积极性，教师还可以组织一些活动。比如，我所任教的班级一直都在进行课前五分钟的课外古诗词演讲比赛。学生时间比较紧张，可能较少有时间去欣赏诗词，也很少有机会能登上讲台。为了督促学生，我们在课前进行 5 分钟的诗词讲解，按照班级学号，课下查阅资料，形成文字，熟悉内容后登台讲解，然后由老师点评。这样可以补充学生的课外知识，也可督促学生进行学习，还可领略传统文化之魅力，锻炼学生的表达能力与心理素质，可谓一举多得。

（4）开展传统文化经典诵读活动，熟读精思，口诵心忆。诵读可谓全面提高学生语文素养的重要途径之一。"诵"能增强阅读的刺激量，"读"能加深阅读的理解性，二者配合相得益彰。通过反复诵读，可以增强其语感，从而获得初步的感性知识。此外，诵读还可以帮助学生领会文章的神韵，陶冶性情；可以唤起学生的审美直觉，增强其阅读的主动自觉性。

宋代大儒朱熹就强调只有熟读精思，才能对文章把握得深透，才能准确牢固地记忆。

"须要读得字字响亮，不可误一字，不可少一字，不可多一字，不可倒一字，不可牵强暗记；只要是多诵数遍，自然上口，久远不忘。古人云，读书千遍，其义自见，谓熟读则不待解说，自晓其义也。余尝谓读书有三到，谓心到、眼到、口到。心不在此，眼不看仔细，心眼既不专一，却只漫浪诵读，决不能记，记亦不能久也。三到之中，心到最急，心既到矣，眼口岂不到乎。"（《朱子蒙童须知·读书写文字》）

"大抵读书先须熟读，使其言皆若出之于吾之口；继之精思，使其意皆若出之于吾之心，然后可以有得耳。"（《朱子大全·读书之要》）

"大凡读书，须是熟读，熟读了自精熟，精熟了自理会得。如吃果子一般，劈头方咬开，未见滋味便吃了；须是细嚼教烂，则滋味自出，方识得这个是甜、是苦、是辛，始为知味。"（《朱

子语类》卷十)

　　朱熹不仅要求读书要"成诵",而且在成诵的基础上还要反复诵读,而且是遍数越多越好。虽有研究者批评他的这种"读书千遍,其义自见"的机械的读书方法,但是,我们常说的语文学习须"要死要活",在精读方面尤其是在中小学阶段有时也的确非常需要这种"死",这样才能积累丰富的语料,目前我们的语文教学中的"半死不活""走马观花"的读书方法是不利于语文学习的。语文教学需要处理好快与慢、死与活的关系。叶圣陶先生说:"一目十行地囫囵吞枣地读下去,至多只能增进一些知识和经验并不能领会写作的技术。要在写作上得益处,非慢慢咬嚼不可。"(《叶圣陶语文教育论集》)苏东坡也曾说:"旧书不厌百回读,熟读精思子自知。"可见,熟读成诵可以让词语如同出于自己之口,增强语感,文章思想如同出于自己的思考,加深了对文章的理解和创作的领会,这样就是一种对文章、对作者的体验过程。此外,正如叶圣陶先生所言,熟悉了文章才能深入理解文章,这样对自己的写作也大有裨益。

　　叶圣陶先生还在《中学国文学习法》一文中指出:"学习文言,必须熟读若干篇。勉强记住不算熟,要能自然成诵才行……要养成熟极如流的看文言的习惯,非先熟读若干篇文言不可。"他又在《〈精读指导举隅〉前言》中说道:"文言的吟诵"……"就是心、眼、口、耳并用的一种学习方法",是"为了传出文字的情趣,畅发读者的感兴"的。他还说文言吟诵,"各地有各地的调子,彼此并不一致"。在这种曲调中吟咏、诵读,更容易理解作者的思想情感。我们在教学中虽难以使用其曲调,但读准字音,正确读出停顿、句读,读出应有的语音、语调,加入感情色彩,使之抑扬顿挫,更贴近作者,还是可以做到的。

　　诵读时从字词运用的色彩、句子的表达重点、段落间的起伏跌宕来把握语气和语感，就更易于抓住作者的行文思路和情感表达重点。也不妨采取多种形式：大声读、对读、范读、表演读、就画配诗读，配乐读……在读熟的基础上，在与学生共同鉴赏诗歌的过程中，有目的地针对课文信息，指导学生自己以大脑的"真空"状态重视理解中的整体性、直接性、非逻辑性、非时间性和自发性，尤其品味诗歌中特别突出的词句以获得感知，再与他家之言比对，去伪存真。在诵读吟咏中着意于探究人的本原特性，领悟人生真谛，减少文化隔阂，联系现实，发现自我。

（5）与拓展型课程、研究型课程相结合，课程安排注意多样性。我校的自主选修课，至今开设了较多门，有《论语》选读、《史记》导读、古诗词鉴赏、中国文学史小讲、太极拳、中医药、孙子兵法、三十六计等等，深受同学们的喜爱。对于研究型课程，我们组织了一些社团，比如红学社、文学社等等，进行了较为深入的阅读与研究，并形成了多篇论文，部分获奖。教师的备课笔记及讲解内容整理出来，作为自己的科研成果，并打算选择优秀诗文作为校本教材。此外，这些社团可以定期不定期举行各种文化活动，充分发挥学生的自主合作意识、培养文化素养和实际操作的能力。文学社与校报、校刊结合起来，积极向校内外刊物投稿，把学生的读与写、做人与作文结合起来，不断提高学生的读写能力，全面提高学生的综合素质。

（6）改革语文教学方法，构建传统文化教育的平台。改变呆板、陈旧、枯燥的教学模式，开展一些相关语文活动，提升学生学习传统文化的兴趣，加深学生对文本的理解程度，加强师生间的对话和交流。

① 观赏相关影视作品。在课堂教学中，我们播放《蒋干中计》、《香菱学诗》等影视片段，加深学生理解。在讲解鲁迅先生《非攻》时，我们播放了《墨攻》，并要求学生写影评，本文虽是

现代文，但却与中国传统文化密切相关，不了解墨子及其作品则难以深入领会鲁迅先生大作。在其他相关作品教学中，我们还观看了《鸿门宴》、《破釜沉舟》、《红楼梦》、《三国演义》、《水浒传》、《刺秦》等影视作品。

② 举行"头脑风暴式"的小型辩论、笔会、课本剧编排与表演等语文活动，丰富课堂教学。在《非攻》教学中，对于墨子止楚攻宋的历史事件及其意义我们进行了小型的辩论。此外，还组织了笔会，写作关于墨子的一些文章以及影评，多种活动的参与使学生能够对传统文化中的这一"草根英雄"、凡人式的圣人进行了较为深层的理解。最后，我们形成了《鲁迅〈非攻〉专题教学与研究》论文，并获得了 2007 年"全国中学鲁迅作品教与学"主题征文比赛一等奖。关于《蒹葭》中对伊人的形象有多种认识，可以各抒己见，关于一些比较复杂的人物形象我们也可以进行这种活动。比如林冲的忍辱负重及其凶狠暴烈，他的重情义而轻法度等等，关于曹操、周瑜的历史评价等等。

③ 和乐可歌，挥毫泼墨。我国古代的诗词本来是用来咏唱的，文学与音乐共成一体。《诗经》皆可被运用于管弦，而乐府诗更是传唱久远，唐诗的吟唱曾留下旗亭画壁的佳话，而宋词更是凡有井水饮处皆歌柳词。《春江花月夜》与音乐之结合可谓珠联璧合，相得益彰。现在，有许多人仍喜欢古诗词，尤其喜欢唐诗宋词，可是却极少见到有谁唱诗词的。这恐怕与古诗词歌曲比较难找有关。我们查找了一些用古代名篇配成的歌曲。它们的曲调有的是古曲，有的是近现代作曲家谱写的新调，还有的是现成歌曲的曲调（甚至外国歌曲的曲调）。不管属于哪一种情况，绝大多数曲调都与诗词结合得很好，能够表现诗词的意境和感情，其中有些还曾在不同的年代和不同的地域流行。喜欢古诗词的师生常常选择其中喜欢的或在选修课上或在社团展示时候吟唱。在

笔者所开设的红学社社团展示时，笔者与社团成员，采用洞箫、二胡、小提琴，共同演奏了《红楼梦》数曲，反响热烈。课堂教学时如若诗词顾问没有歌谱，我们也尽量寻找一些相关的音乐与之相配，使学生进入其氛围与意境，缩短与古代文化的距离感。如今，学校选拔了部分学生成立了民乐团，大可将古典诗词和民族音乐结合，这就为推广传统文化创造了有利条件。

音乐、绘画、文史知识的交叉，多学科的渗透可以极大提高学生对传统文化的兴趣和鉴赏水准，这种做法已广泛使用于课堂教学过程中。王维的诗中有画，可以让同学们以画读诗；学习《春江花月夜》配同题乐曲，甚至制作课件底版也照应到同一风格、氛围，打好对诗歌学习内容的个性深层认知的基础。

学校还开设了毛笔书法、水墨画的选修课。在一次语文综合性学习的公开课"盛唐诗坛两昆仑"上，我校某班将诗歌吟咏、辩论、书法、绘画等活动密切结合在一起，提高了课堂的文化内涵，达到了良好的教学效果。

④ 结合现代教学手段，提高学生对传统文化的学习兴趣和教学效率。因为有了网络的方便性和信息的多样性，教师可以尝试让学生参与备课。比如预习时的资料查找、课前诗词讲解的资料等等，还可以进行简单的课件制作以及动画等等，或者通过班级博客、师生个人博客进行评论、交流等，这样就更为便捷、有效。在传统文化教学中充分借助现代化教学手段的先进性和科学性，借助网络提供的丰富的信息资源，和资源共享的先进性，延伸课堂教学内容，开拓学生的学习途径，并通过强大信息量的刺激达到积累和沉淀知识的目的，以求厚积薄发，同时还可以借助更为先进的"人机互动"式教学模式改革课堂教学形式，提升学生在教学中的主体性，营造出师生平等、和谐发展的教学氛围，

提高学生学习语文、学习中国传统文化的兴趣和教学效率。

（7）进行师资培训，提升教师专业化发展，创设传统文化教育的科研氛围，进行课题研究，提高教师积极性。传统文化教育在中学中进行实践不是少数教师的责任，更不是其个人能力所能承担的。我们亟需更多教师参与进来。鉴于传统文化的深度与广度，该教育并非简单地可以立即施行，最好能经过学历教育、较为正规的培训或者自我研修，达到一定水准后才施行。因为我们需要在教育过程中对传统文化有较为深刻、科学的认识，这就对教师的专业素质提高了要求。学校不妨选拔部分教师进行较高层次的研修，并积极组织开展传统文化方面的课题，让有兴趣、有能力的教师在此方面加以施展。同事之间，同一语文组内，也要形成较为浓厚的学习氛围、科研氛围，加大对传统文化的学习与研究。同时在开展相关科目教学时做到有组织、有安排，各有特色，取长补短，避免重复和浪费。

（8）积极开发和利用历史文化资源，增强民族自豪感和凝聚力。中华民族有灿烂的历史文化，传承历史文化并且以此来提高学生的人文素养、提高民族凝聚力，意义重大。历史上，松江区是文化名城，有着上千年的文化积淀。同时，这里名人辈出。陆机、陆云、陈子龙、夏完淳、董其昌等等，可谓钟灵毓秀，人杰地灵。这里的名胜古迹，出土文物，民间收集的器物、图片、书籍、资料、字画不少，这些都是丰富的人文教育资源，可以借此对学生进行良好的传统文化教育，培养学生的民族自豪感和爱国主义思想。

（9）开展丰富多彩的校园文化实践活动，引导学生参与文化体验，提高学生的文化实践能力。语文教学应高度重视传统文化教育的实践活动。传统文化教育不是简单地喊几句口号、背几条名言警句，而应贯穿在校园文化建设的各种实践活动中。在丰富多彩的活动中，磨炼学生意志，锻炼其思想，培养其兴趣，陶冶其情操。良好的校园文化是开阔学生视野的窗口，是对教学内容的补充。通过开展校园文化建设，不但可以拓宽学生的知识视野，而且有利于培养学生的想象力、创造力。我校领导历来比较重视校园文化建设工作，如组织开展的校园读书月、文化艺术周等活动，经典名著朗诵比赛，名作赏析指导、演讲，辩论、征文比赛等。在文化艺术周活动中，学校举办了师生书画、摄影、小制作、小发明展览，文艺汇演等。校园文化活动的开展，为学生感受美、表现美、创造美提供了条件，培养了学生正确的审美观，提高了学生的人文素养。美能引善，美能导真，一个崇尚文化，追求真、善、美的风尚已经形成。

用传统文化点亮学生心灵，用经典名著熏陶学生文化情操，用校园文化活动培养学生审美情趣，力求把传统文化教育渗透在日常教学及各种活动中去，培养学生热爱传统文化的情感，使之成为保护、传播和弘扬传统文化的使者。

（10）以客观、科学、正确的态度对待传统文化教育，以新释旧，发掘传统文化的现实意义。年轻一代，是未来国家的栋梁，积极学习前沿成果是保持他们与时俱进的重要保障。必须把前沿成果与传统文化相结合，用新思想阐释旧经典，才能够发掘传统文化作为现代文化资源的意义，才能够既传播了中国传统文化，又适应了现实社会的发展需求。除了进行这种"文化自尊"外，我们还要重视"文化尊重"，阅读外国名著，使学生感受到异域文化的不同风采，了解区域文化的多样性。学会尊重其他文化，用人类一切优秀文化成果来培养人、塑造人。只有这样，人类文化和文明的发展才能充满生机和活力，不断推陈出新。我们通过教育来弘扬民族精神，也是在寻找一种文化认同，使中华民族能在世界之林中有独特的文化身份特征，不迷失自己，为他人所同化。文化多元化是人类难以避免的一条出路，"和生万物，同则不济"，和而不同才能化育万物。如何吸取新文化和外来文化，从而成为一种"新国学"、"新汉学"或"中华学"，也许是我们今后传统文化教育应该深思的一个重要问题。

三、国粹、武侠与传统文化教育

近来，京剧纳入九年义务教育阶段音乐课程（即"国粹"进课堂）并将在试点省市的基础上逐步在全国推广，引发热议。"什么叫国粹？照字面看来，必是一国独有，他国所无的事物了。换一句话，便是特别的东西。"当时，有人为了反对新文化而主张"保存国粹"、"整理国故"等，鲁迅先生多次撰文予以批评。他说："特别未必定是好，何以应该保存？"但他只突出了"国粹"的"特别"性，而似乎有意忽略了其另一特性——"粹"。"粹"即精华，则"国粹"想来应是一个国家与众不同的"精华"事物吧。

但当年与京剧并称"国粹"的似乎还有不少。"试看中国的社会里，吃人，劫掠，残杀，人身买卖，生殖器崇拜，灵学，一夫多妻制，凡有所谓国粹，没一件不与蛮人的文化恰合。拖大辫，吸鸦片……至于缠足，更要算在土人的装饰法中，第一等的新发明了。"久而久之，"国粹"无可救药地沦落为被嘲笑、讥讽、玩弄、开涮的词语，成了旧时代不堪回首的历史遗留下来的概念和产物。看来，"国"的未必都好，比如"国骂"、"国脚"。所以京剧、样板戏等事物的确是"国"的，但是"粹"与否还要进行辩证分析，至于是否该进课堂，如何进课堂，则更需慎重。

据说"国粹"进课堂是为了让中小学生更好地"传承中华民族优秀文化"。令人费解的是，难道只有京剧才能代表"优秀传统文化"？似乎不能简单地因为它带有一个"京"字就将其由地方戏而升格为国家戏剧吧？况且京剧要在批判的基础上加以继承为好。

我国艺术形式的种类很多，也够特别、够优秀，是否都要算作国粹？笔者并不认为豫剧、黄梅戏、越剧、川剧等地方戏比京剧差到了哪里去，而且昆曲也获得了世界非物质文化遗产称号。而民间剪纸、雕花、刺绣等哪些不属于传统文化呢？哪些不优秀呢？哪些不"国"、不"粹"呢？是否都要进课堂呢？

"国粹进课堂"就教材与师资力量来说也难免令人担忧。中小学有多少音乐老师精通京剧？聘请京剧院的专业教师不过是杯水车薪。据说教材编写和光盘研制工作也已启动，3月份开始组织开展试点学校教师培训工作。这是件好事，然而，京剧似乎并不是那么简单培训一下就奏效的。笔者尤其担心，学点皮毛，一知半解，教师自己当作业余爱好也就罢了，学生却入歧途。结果不但不能将"国粹"发扬光大，可能反而会对其有所歪曲。对学生过早地强行进行京剧教育，且学生对该文化又不甚了解甚至全然不解，难免会导致逆反心理，更无异于拔苗助长。

即使退一步来讲，京剧要进课堂，能进课堂，可是也要看它如何进课堂。我想，京剧也好，其他剧种也罢，这些都是属于个人兴趣、爱好，甚至属于专业技术行当，并非大众必修内容，正如我们不能强迫每个学生去阅读《文心雕龙》一样。它最好是非必修课而是选修课的形式。有兴趣、有特长、想在此方面发展的同学可以选报，否则可以选报其他科目。这样对学生来说才比较公平。真正的传统文化教育并不是靠行政指令能够奏效的，还要进行宣传、鼓励等，使之自觉自愿去学。牛不喝水强按头的方式恐怕有些武断。我们希望能给学生提供选择的余地，而非一刀切的方式。一般而言，毕竟河南人对于豫剧的兴趣，浙江人对于越剧的兴趣，上海人对于沪剧的兴趣，粤、港人对于粤剧的兴趣应该要远大于对京剧的兴趣吧。也许京剧进课堂只是想进行兴趣培养。

"要我们保存国粹，也须国粹能保存我们。保存我们，的确是第一义。只要问他有无保存我们的力量，不管他是否国粹。"而笔者也想说，只要能更新我们的精神，改换我们固定、陈旧、保守的思维观念，使我等进光明之前途者，无须管他"国粹"与否。倘不能，便是作秀与浪费教育资源。毕竟"传统文化"不等于"优秀传统文化"，"国粹"不等于京剧，京剧不等于"样板戏"。教材、课堂是用来干什么的？最好不要脑子一热就选为教材，进了课堂，要注意影响。否则，一不小心"国粹"就成了"国脆"，"武侠"成了"抓瞎"，而传统文化教育却迟迟没有到来。

第七章　文本深读与单元贯通

　　这一单元中三篇课文分别都给了我们小组成员截然不同的感受。面馆老板和老板娘的真善美、贫困家庭的勇敢与坚强使我们为之动容，剑桥大学那种给残疾人应有权利和尊重的环境让我们陷入沉思，老贝尔曼用生命画出自己的一生的杰作让我们深深震撼。

一、《人我关系》单元贯通

　　人与人之间是相似的，但是纵使人与人之间都有相似之处，还是有那么一些不同的地方让我们能够被区别开来。人们因为相互的不同而彼此尊重，同样需要理性看待这种彼此的不同之处。

　　比如说，我与霍金有什么不同？毕竟我和他都是人，都能够思考。但是区别就在于霍金患有渐冻症而我没有，霍金的思想高于我。《邂逅霍金》一文中的作者在一次与霍金偶然的邂逅中获得了关于人与人之间关系的一丝理解。他最终没有记录下霍金的模样，因为在剑桥，周围没有人这么做。来到剑桥的人都是尊重霍金的，他拥有像普通人一样生存的权利，我们没有任何权利去打扰与干涉。作者说霍金是幸运的，因为他生活在剑桥。确实，在剑桥，他能够像正常人一样生活，不被打扰，生活安静。人与人之间，最根本的应该是要做到相互尊重。

尊敬他人的同时，我们也应该学会审视自身。用自己的眼光看世界，对于事物的理解总会带有自己的主观性。在看待自身时，也是以自己的眼光来看待的。我们总是会批判别人身上的许多不好之处，却经常会忽略掉自己是否也有这些缺点。我们凭什么可以在不了解事实的情况下对别人妄加评判呢？用一个公平公正的眼光审视自己，可以更清晰地认识到自己所存在的问题，并且能够更好地改正。用一个中立的视角来看自己，忧伤的时候，不以主观的情感对待，痛苦自然减轻；兴奋的时候，切换到旁观者的视角，自然就不会因为一时狂喜麻痹了头脑。在我们能够清晰地认识到了自己之后，赢得他人的尊重也会理所应当。

看待自己的时候是一种主观的思想，而当我们看待别人的时候则会变成一种客观的分析。别人表现在外的，我们都要通过理解才能够明白他人的处境如何。世界上的每个人，不是人人都有过我们这样的条件。我们所看到的很多都是表象，因为别人也会将自己不愿意暴露出的东西隐藏在心里。换位思考在人与人的交往中变成了非常重要的一个因素，我们在看待他人的问题时可以设身处地地想一想。只有这样，被隐藏起来的本质才会被我们理解到，这样才会有一种更好的交流。

人与人的交往是一种互相理解的过程，我们在看他人的同时，也不能够忘记自己的存在。对于自己，我们所需要的不是对自己的怀疑，更多需要的是对自身的肯定以及坚持。自己对于自身基本上处在一个中心的位置，我们确实要去与别人进行一种沟通交流，但归根到底，最后总是会对自己产生影响。摒除坏的影响，保留好的影响，坚持自我，才能够更好地处理好人与人的关系。

人与人的关系是需要我们用一生的时间去处理的。在欧·亨利的《最后一片常春藤叶》中，老贝尔曼听完了琼珊的故事之后，用画笔画了一片永不凋落的常春藤叶，以此给了琼珊活下去的希望。而老贝尔曼因为创作这一幅杰作而导致他患上肺炎与世长辞。他在听完了故事之后对琼珊消极的心态感到了愤怒，他将一个可以说是素不相识的人当作了一个和自己有着关联的人，他没有过多地思考自己在暴风雨中会不会因此丧生，体现出了老贝尔曼的爱与善，也表现出了人情的温暖。

老贝尔曼是人与人的关系中崇高伟大的一面，而消极的琼珊就是与之相反的一个代表。那时的她脆弱并且敏感，她不愿意面对人间美好的事物，甚至连他人的好意都不放在心上，只是盼望着藤叶掉完后能够离去。她忽略掉了别的照顾她的人的感受，苏艾一直尽心尽力地帮助琼珊却得不到理解，直到老贝尔曼用生命的代价画下一片叶子后才悔悟当初的做法是多么让人失望，不仅要考虑到自己，更应该考虑别人会有什么看法。

医生在其中一直处于一个中立的态度，他从旁观者的角度看待琼珊的病情，但是他也只能看到表面体现出来的东西，他无法设身处地地以琼珊或是苏艾的视角来看待琼珊的病情。也因此，他只能给苏艾提供建议，并保证琼珊能够得到好的治疗，至于如何唤起琼珊对于生的渴望也无能为力。老贝尔曼生病后他也是用旁观者的视角看待，他并没有介入这些人物之间的联系，也就不能够看到本质上的问题在于何处。

另一篇文章《一碗阳春面》，用朴实的语言记叙了面馆老板夫妇热情接待母子三人，并在他们的言语中了解到母亲努力工作还清债务养活全家的事情。母亲的艰苦奋斗使得全家脱离苦难迎来光明，而面馆老板夫妇对他们的故事的了解让他们感动。面馆老板夫妇的勤劳、母子三人间的温情，透露出的是人情的温暖。

人永远不是一个被孤立起来的个体，或多或少地总是要与其他人发生接触。孤独的人最渴望交流，也正因为孤独，当拥有一个能够真心交流的人之后，他就可以倾诉自己。若是找不到一个知心的朋友，在一个人的时候，他们或许会在脑海中构建出这么一个可以真心交流的形象。但是即使满足了意识中的交流，也无法填补现实中的空虚，他们的内心难以揣测，与他们交流的时候，更需要我们站在中立的视角或是对方的视角，才能明白他们真正想要传达的意思。

人与人之间的关系需要用一生来体会，给予他人快乐，让自己也快乐，这是一个探索和品味的过程。

（小组成员：王欢、沈安诺、辛嘉琪、俞思琦、张依依）

二、自我与他人

一个少年问一位智者"怎样才能变成一个自己愉快也能带给别人快乐的人"，智者如是说："把自己当成自己，把别人当成别人，把自己当成别人，把别人当成自己。"我想本单元最好地诠释了这四句话。

葛剑雄教授于剑桥邂逅霍金，没错，是邂逅，是毫无准备的偶然的相遇。但就这短短的几分钟彻底震撼了他。"车驶进了，我却呆滞了，是敬仰，是震撼，是凝视，是沉思；都是，或许都不是——在他经过我的那段时间我什么也没有做，只是目送着他静静地过去。"是什么震撼了他？又是什么使他什么都没做？

是他那异乎寻常的目光，那极度冷漠又有超常魅力的目光。霍金在20岁这个风华正茂的年纪身患绝症，但不可思议的是他凭借超拔坚毅的精神力量、望尘莫及的学术水平获得了常人无法企及的成就。他把自己当成自己。

是周围人的毫无异样。霍金经过时，认识他的人或不认识他的人都尊重他作为一个正常人生活的权利。感谢剑桥！它给予了自由宽松的学术环境。感谢剑桥人！他们给予了对生命的尊重。那里的人把别人当成别人。

说实话，初读《一碗阳春面》时我内心并无太大波澜，可在反复细读后发现别有一番滋味。连续三年，母亲都穿着那件不合时令的有点褪色的短大衣，而两兄弟的服饰每年都不同。在这个生活无比拮据的家里，母亲依旧希望孩子们感受到新年的喜悦，可见母亲虽身负重担却依旧无微不至地照顾孩子，这个外表柔弱的母亲让读者看到了她内心的强大和始终保持人格尊严的魅力，她代表了这个社会上伟大的母爱和一个女人的担当。两个儿子也非常体谅母亲，在优异地完成学业的同时，哥哥送报赚钱支持家庭，弟弟买菜烧饭帮助母亲减轻生活负担，勇敢地承担起不应该在他们那个年龄所承担的责任。这种母子关系实是令人称道，他们互相体谅，互相扶持，互相鼓励，我想他们中的任何一个人在生活上遇到难处时，回想起自己的家庭，一定会不由自主地微笑起来，坚强地迎接生活的挑战。

同时，面馆老板夫妇所显示的人间温情也叫人心头一暖。他们是富于爱心的好人，他们在默默地为这苦难中的母子三人做着自己所能做的事，小说中也以典型细节刻画了他们的形象。比如，母子三人初次到来并提出要一碗阳春面时，老板娘非常爽快地答应"行啊，请，请这边坐！"并领她们坐到"靠近暖气的二号桌"。这看似应酬的言行后面是一颗善良的关爱之心。而老板在煮面时"抓起一堆面，继而又加了半堆，一起放到锅里"。面馆夫妇的言行使母子三人在浑然不觉的情况下感受到了社会的温情和关爱，同时这种在尊重前提下的帮助更让人动容。我想这正是社会中应有的人我关系吧，正所谓"把别人当成自己，把别人当成别人"。

学会"把自己当他人，把他人当自己"是非常重要的，我们可以认为这是一种变相的尊重，即换位思考，所谓"不患人之不己知，患不知人也"。对于居上位者，如果你能做到把自己当他人，把他人当自己，你就会留心观察你的下属，从而挖掘他们的天赋及才能，并为他们建立发挥才华的最佳舞台，从中得利的不仅仅是那个幸运的下属，还有整个企业在某一方面会运作得越来越成功，且调动所有员工的积极性，从而进一步提升企业的地位。孔子在这一方面显然做得很到位。他见颜回"不违如愚"，但他不止步于此，"退而省其私"，看到他其他方面的表现，从而得出"回也不愚"。其实，当一个人真正爱上了对方，他会"奋不顾身"地爱，即他愿意献出他的全部。正如《麦琪的礼物》中，德拉用自己瀑布般美丽的长发换来一根白金的怀表短链，吉姆用家传的表换来了一套昂贵的梳形发卡；《爱的奉献》中黛丽为了乔安心地继续学业，隐瞒了自己在外熨衬衫的活儿，编织了克莱门蒂娜的故事，而乔，为了减轻家里的负担，隐瞒了在洗衣店烧锅炉的活儿，以皮奥里亚主顾的故事代替。

不过，显然我们并不希望自己永远被他人当作是自己，并将他们自己当作我们。这时把自己当自己，把他人当他人就很重要了。

首先，每个人都有自己的个性特点，为人处世以及爱好自然会走向不同的渠道。比如今日你希望骑车上班，因为你觉得这是一种锻炼的方式，而且非常享受骑车的过程。而你的好朋友因为向来讨厌骑车，试图说服你不让你骑车，说是冬季雾霾较严重，会损伤呼吸道，而且冬季骑车可能会得关节炎。原本你只是想愉快地去上班，这样一来，不管你是否坚持骑车，美好的心情都会被破坏。的确，朋友是出于好意，但此时，你更希望朋友支持你而不是一味地否定。

其次，每个人都有自己的隐私，每个人都希望拥有自己的私密空间，正如孩子讨厌母亲翻看日记本，丈夫讨厌妻子的实时监视。即使同为一个家的家庭成员，也应尊重对方，保持安全距离，以免招来厌恶。剑桥人给予他人的不正是对个人隐私的尊重吗？相反，狗仔队与粉丝却牢牢盯着他们的猎物，不放过一丝一毫的举动，铺天盖地的娱乐新闻就这样传开了。原本早该离婚的不敢离，早该在一起的却不敢透露，尤其是他们的粉丝，更应当还他们以常人身份生活的机会。

最后，不要随意揣测他人的心理想法。你就是你，他就是他，他的想法如何，你无权猜测，当然，他人也无权猜测你的所思所想。因为你在猜测的同时是带着感情色彩的。例如在《我们是怎样过母亲节的》中，他们以为他们所想的也是母亲所想的，然而母亲的心又有谁会懂。他们曲解了母亲的心，这远比不理解可怕。

"把自己当成自己，把别人当成别人，把自己当成别人，把别人当成自己。"细细想来，若人人都能够知其意并践于行，那么，许多是非将就此省去，更多温情将充满世间。

（小组成员：吴翘楚、倪晓琪）

第八章　文本深读与课堂发言

一、学生如何才愿发言？

吴非先生在《语文学习》2007年第2期发表《学生为何不愿发言》一文，对这种"课堂参与度不高"的现象颇感苦恼，并从自身及学生身上寻找原因，最终认为这是因为"传统文化中消极的东西"作祟——它们"自觉迅速地传给下一代"，而青少年因为"自身抗体有限"，且"没有健康的社会环境"，所以抵御庸俗意识能力越来越薄弱。但笔者读后，并不以之为然，更不敢苟同。

第一，就课堂上教师所提出的问题而言，吴非先生说"难度并不大，提法有一定的启示性"，且觉得"这些问题很有趣"。而我所想了解的是：这些问题究竟是谁提出来的？怎么提出来的？是在以谁的角度看问题，从而得出以上问题"难度不大、有启示性、有趣"的？如果没有猜错的话，大概这些问题都来自教师的冥思苦想吧，都是教师自认为其"有趣"吧。与教师们那些"捻断数茎须"所提出来的"问题"相比较而言，我更看重的是学生所提出的问题。因为提问本身就是发展学生思维，促进其思考的一个重要方式。

第二，就教师对学生发言的评价问题而言，最好不要过于单一笼统，比如说，"你讲得不错""很有道理"等，而是要更具体，更有针对性，才不虚假。吴非先生文中说，即使学生发言到了"荒谬"的地步，他也只是说"很有意思"等，学生都认为他"富有平等意识"，是"宽容"的。笔者对此颇感震惊，教师怎可以不对学生发言内容进行具体有效且有针对性的评价，指出其利弊得失，却采用这种模棱两可的遮掩法呢！笔者不禁怀疑，这到底是所谓的"平等"、"宽容"，还是鼓励式的误导？其他学生会怎么想？久之，学生难免会对这种所谓的问答方式质疑并感到味同嚼蜡。

第三，当吴非先生说"对话效果总是一般，这使我的设计经常无法达到预期的效果"时，可见吴老师已经有"成竹"在胸了。可是笔者质疑，我们还需要原来那种设好"问题圈套"让学生钻，布置好"问题陷阱"让学生跳，制好"问题哑谜"让学生猜的方式吗？不如索性让学生自己提出问题、解决问题，教师负责组织、引导。吴非先生说，学生只喜欢听他讲，不喜欢发言，这其中是否有对权威的敬畏与崇拜呢？这难道不值得教师深思吗？教师角色是否应该转换了？教师是否应从课堂控制者转变成学生的促进者，从教学过程中的权威转变成引导者，从单纯教学者转变成教学者和研究者呢？

第四，吴非先生把学生不愿发言的原因归结于学生"老于世故"，及其对那些所谓庸俗意识的继承。这点笔者尤其不敢认同。动不动就把问题归于社会、归于学生，合适吗？我们是不是更应该把目光放在学生身上进行深入研究？我们教师是否应该更深刻地进行自我反省，改变观念或方法呢？学生不愿发言的原因很多，教师还是要自行研究本班的学生状况才好：学生有无课前预

习，对文章内容是否熟悉，课文中是否存在较大困难和障碍，班级风气如何，自信程度怎样，男女生比例如何，学生间的熟悉度及交往情况如何……如果任课教师不做班主任，且不深入学生中去的话，师生熟悉程度都有问题，更遑论交流与课堂发言。只有深入研究了，才能知己知彼，对症下药吧。

如何才能让学生发言呢？笔者以为：第一，问题最好来自学生自己，他们对其有兴趣才会去寻找答案。他们感到自己的问题被提了出来，很自豪，并认为自己同学的问题不会有什么难度，大都可以解决。第二，教师鼓励，减少学生的顾虑。所有问题都是同学提出的，很有针对性，很有价值，也希望由同学们集思广益自行解决，任何发言没有对错之分，更不存在标准答案。第三，教师的合理引导。笔者认为课堂中也可适当采用苏格拉底的"精神助产术"——假装自己对该问题一无所知，不停发问，采用辩难、反复诘难的方式，促使对方不停思考，更深入地思考，从而激发其探索真理的欲望。第四，板书。教师可提炼学生发言内容并板书关键词，加以肯定。第五，创造认知冲突，激发学生兴趣及发言欲望。第六，对积极发言者可以予以适当奖励……

最后，吴非先生说："基础教育最重要的在于发展学生思维，在于教会学生学，学生不参与，教学失去了与学生对话的过程……"但我想，我们不能为求学生参与而让其参与，不能片面追求课堂表面的热闹。课堂时间毕竟有限，而且参与的方式也并非课堂发言这一种，又何必强求人人主动、争先恐后的虚假热闹场景呢？

二、语文课堂的沉默、言说与聆听

日本教育界著名学者佐藤学先生曾经形象地把小学教室的特

征形容为"闹哄哄"（发言过剩），而高中教室则是"静悄悄"，并探究了一些原因，比如班级人数、一统化教学形式、讲究效率的课程、学校（教室）文化、追求虚假主体性的教学中的形式问题等等。[1]毋庸置疑，语文课堂是非常看重学生表达的，它是培养学生语感，有效提升学生语文素养的地方，而越来越多的教师也感受到了语文课堂上学生发言的重要性，笔者也一直在关注、思考这个问题。那么，到底是什么原因让学生在课堂上保持沉默呢？《学生为何不愿发言》一文认为，是由于传统文化中消极的东西作祟（比如言多必失等庸俗的社会意识），而且也没有健康的社会环境，才导致学生老于世故、保持沉默。[2]但这种说法看似深刻，其实是以偏概全。在随后《学生如何才愿发言》一文中，作者认为，动不动把问题归罪于学生或社会是不恰当的。教师还是应该从自身找原因，看看自己有没有调查、研究过学生，有没有采取一些有效的措施。[3]

不久之后又看到《多让学生说说话》一文，明显感到作者观点产生了转变，开始从学校教育找原因，从教师自身找原因了，更让人感到深刻的是，还从家庭方面寻找原因，谈到了家庭因素在学生发言中的巨大影响。但结尾作者还是将一切原因归结于社会环境，说西方的发达国家学生表达能力是如何强，比较学生在什么环境下说话，会得到什么评价才是值得思考的。[4]这就更让人怀疑了：难道我国中学已经堕落到难以容忍学生发言出错的地步了吗？难道我们的教师、家长在学生、子女说错后就会大加指责，挫伤其自尊心和发言积极性，已经这样缺乏素质了吗？社会环境是客观因素，它的改变不是朝夕之间所能奏效的，难道让我们的学生到国外上课不成？发现并提出问题是重要的，但如何去解决这个问题才是更重要的。病因是找到了，但并不意味着痊愈，更重要的是看如何对症下药。需要引起我们注意的是，并不是教师让学生"多说说话"他们就会"多说说话",而且这种"多让学生说说话"的居高临下、颐指气使的语气和态度仍是大有问题的,与之相比,我更看重的是"多和学生说说话"或者"多和学生对对话"。

对于那些沉默的学生,只让他们在课堂上大喊一声的做法,恐怕过于简单和武断了吧?这样学生就能打破沉默了?就能打破心理障碍了?这样就能表达好了?退一步说,即使学生敢于发言了,语文课堂"热闹"了,"万紫千红"了,问题就解决了吗?学生之所以不愿说话难道不是感到某种沉闷的教学过程令人味同嚼蜡吗?教学内容是否有一定的难度,思维是否有一定的深度,课堂上的"话题"这一媒介是否足以引发"对话人"共同的兴趣、思考和探求呢?课堂这一平台体现的是真正的完全平等吗?对此,佐藤学先生认为:"应该说,那些对枯燥无味的或者无意义的课题表现消极、毫无兴趣的学生不仅是自然的,也是健康的,对这些学生的表现,教师应该视之为理所当然,并首先有必要来一番认真的自我反思。"[5]但笔者以为,有时候看似教师认真进行自我反思了,其实并未深刻认识到自己错误的真正所在。有时候在课堂上教师看似民主,允许多人发言,多种声音出现,却忽略了真正的聆听和真正的对话。

其实,目前的课堂教学,尤其是语文课堂,教师"一言堂"的局面已经大为少见,填鸭式教学已遭鄙弃,各式各样的问答、讨论、表演倒是甚嚣尘上,有愈演愈烈之势。因此,我们除了要防止学生不愿发言、课堂过于沉闷外,更需要警惕课堂发言的"话语霸权"。[6]甚至可以说,正是由于少数师生的"话语霸权"才导致了学生不愿发言。看看到底是谁在语文课堂说话?老师还是学生?有的教师喜欢学生完全按照自己的思路回答问题,难以接受"旁逸斜出"的超出自己预设或"规范"的答案,也有时会

不等学生回答完毕就示意学生坐下等等，这样就会扼杀学生发言
的积极性，更无法了解学生内心真实的想法，漠视了个体情感体
验，更遑论"对话"与"心灵交流"！有时则是教师在课堂上过
于啰唆，表达不清，或者将学生发言多次重复甚至主动补充、抬
高，而不是善于引导、诱发，这就造成了课堂时间和教育资源的
极大浪费，对其他学生的学习也极不公平。

　　除了防止教师的"话语霸权"外，还要关注经常发言的是哪
些学生或者哪几个学生。《警惕课堂教学中隐伏的话语霸权》一
文只关注到了教师，没注意到其实部分学生也拥有这一"霸权"。
有的课堂发言不可谓少，可总是少数几个学生把持，其积极性无
可厚非，但总归不妥，否则其他学生怎么得到语文训练呢？怎么
有机会自由表达呢？有的学生十分喜爱表达，有积极的表现欲，
甚至还会打压其他同学的发言。比如，有的学生会无论对错、不
分原则地全部反对其他同学的意见，勉强提出自己并不高明或漏
洞百出的见解。其在实质却是将课堂发言视为自己的表演，以取
得自己在班级中的威信和地位。长此以往，众多其他同学或不敢
发言或厌恶发言或主动躲避退让，教师对此不能坐视不管。所
以，我们不但要积极应对沉默、沉闷、哑口无言的局面，而且还
要反对那种教师或一两个"精英"学生喋喋不休、掌控课堂的发
言情况。或许有人会认为所谓课堂发言的"话语霸权"并不存
在，人人都是平等的，发言权更是对每人来说都是公平的，需要
自己去积极努力争取发言和表达的机会，但笔者认为，我们仍然
不应忽略那些需要我们帮助的"沉默的大多数"。

　　其次，即使学生积极发言了，敢于发言了，课堂"热闹"
了，甚至有效防止了"话语霸权"了，但我们还要看课堂是不是
存在一种虚假的无谓的热闹，要注意他们表达的是什么，发言是
否有质量，发言的有效性如何。有位语文教师喜忧参半地告诉我

说，学生在课堂上发言很积极但却几乎是毫不思索，乱说一气，大多发言内容都不着边际，甚至十分荒唐。比如在欣赏舒婷的《双桅船》时，教师请学生思考并谈谈"一场风暴"、"一盏灯"等意象能使其联想到什么时，学生居然能想到日本动画片奥特曼胸前闪闪发光的武器，还有一些人想到其他一些莫名其妙的事物，令教师哭笑不得。也许这是教师设计问题的不得当，也许是某一学年阶段的学生还不适应这种诗歌鉴赏方式，但无论如何这种现象暴露出一个弊端：积极发言、敢于发言虽然很重要，但我们绝对不能只是为了追求发言的积极性而忽略了发言的质量和有效性。

在具体实践的细节方面，课堂教学的问题设计由谁提出才能更好促进学生积极发言呢？笔者曾在《学生如何才愿发言》一文说："与教师'捻断数茎须'提出来的'问题'相比较而言，我更看重的是学生提出来的问题，因为提问本身就是发展学生思维，促进其思考的一个重要方式。"而《万紫千红总是春》一文作者却说笔者"把教师设计问题这种方式全盘否定"了。[7]令人质疑的是，"更看重"和"全盘否定"二者相同吗？这两个词语的差别难道不容易判别吗？真不知道这个结论该是怎么得出的。关于评价学生发言的问题，笔者主张教师可以"一针见血"地指出学生发言中的错误或不足之处，但"一针见血"并不等于是必需的，也不等于就是唯一的方式，更不等于暴风骤雨式的严厉批评。如果教师因此担心学生自尊心会受到伤害更是大可不必。设想，如果学生连老师指出自己一个小小的发言错误都无法接受的话，恐怕就不再是语文课堂教学的问题了，那只能证明一个观点——教育是无用的。不是吗？如果教育让一个学生无法接受自己在学习中的小小错误，那教育还有什么作用？学生还怎么进步？语文教育还有什么意义？它对学生人格的培养和形成还能有什么作用？笔者认为，教师不妨指出其错误让学生学着去接受，哪怕他们有点尴尬，甚至不情愿，也总好过某些教师的虚与委蛇、文过饰非式的敷衍与"委婉"，因为后者的所作所为才是对学生真正的危害。另外，即使"万紫千红"的课堂积极发言场面出现了，恐怕也未必值得庆幸，而且也未必就是语文课堂的"春"的到来。我们是否还要注意这种"万紫千红"的表面现象之下隐藏着什么实质性的弊端，是否存在"话语霸权"或者发言质量等问题呢？万紫千红并不总是春，它也可能是秋，与那种追求课堂发言虚假热闹的所谓的"春"相比，笔者更倾向于课堂发言的成熟之"秋"。

此外，目前还有一个值得我们关注并引起警惕的问题：不少人只关注学生课堂发言是否积极，却较少关注了发言的范围，更较少地关注了发言的质量，最可怕的是忽视了课堂中聆听的作用、意义和价值。诚如有的论者指出，课程改革倡导的"对话"不只是让学生说说话这么简单，它更强调师生交流中彼此心灵的敞开与接纳。[8]

有的教师就比较害怕课堂上的"沉默"，学生哑口无言，教师便不知所措，十分尴尬。其实沉默未必是坏事，反而可能是在进行积极思考，也可能是师生之间、学生之间的无声交流。马克斯·范梅南就认为，教育机智不但可以通过言语来调和，也可以通过沉默来调和，通过眼睛、动作等加以调和。[9]所以说，有时课堂上"此时无声胜有声"的境界反而更好。在目前很多课堂教学中，教师在一个或数个问题抛出后立即就让学生回答，这可能是出于教师本人教学设计的考虑，或者是教师担心课堂时间太有限，但无论如何，如果没有较为充分的思考，学生的回答也只能像上文所说的那样，难免轻率而对，慌不择言，口无遮拦，甚至离题万里，荒唐之极。因此，除了所谓的课堂发言、对话之外，我们一样需要重点关注聆听。或者说，聆听是展开真正"对话"的一个重要部分，甚至是其前提和基础。马克斯·范梅南认为，在教育上理解就是一种敏感的聆听和观察。因此，那种没有真正聆听的"对话"又怎能称得上是"对话"呢？充其量只是个"对答"而已。聆听不仅仅是听的姿态和动作（listen），也不仅仅是指"听到"（hear）这一结果，也不仅仅是听到了什么内容，而更应该是一种"理解"（understand）的方式，甚至是"欣赏"（appreciate）式的理解，这样才能有助于教师去理解、体味学生发言的立场。课堂上，学生发言时教师却在思索下一个教学步骤该怎么办，或者在关注其他事物，并没有认真聆听学生所表达的内容，其结果只能是双方各说各的或顾左右而言他，这样就无法进行双方的心灵交流，无法激起共鸣，难以达到较好的教学效果，还会导致发言者丧失积极性。

当然，需要我们注意的是，除了这种显性的明白的能够听到的发言和对话外，还有非言语交流的隐性的"对话"，而"沉默"有时或许正是这样一种隐性的对话。比如，通过教师的"独白"式的讲解使学生领会，以及师生间的倾听和对视，彼此敞开心扉，心灵沟通，获得精神的交流与价值的分享。[10] 新课标指出，要尊重学生对知识对生活的独特体验、独特感受与理解，要呵护学生创造性的个性思维与表达。这不仅是对学生人格的尊重，更是对学生体悟与创新的尊重。学生是花朵，如果教师用心的话是能够听到花开的声音的。当然，除了师生之间的聆听外，也不可忽视学生之间的聆听。

总之，语文课堂上的"沉默"并不是那么可怕，有时那种积极性的"沉默"反而是必需的。如果要防止课堂消极性"沉默"的话，教师应该从自身寻找更多的原因，探寻多种解决方法，让学生敢于、乐于通过"言说"来表达。而对于"言说"，我们也要防止"话语霸权"的出现，更要注意发言的质量和有效性，从而相互"聆听"，达到交流和理解的目的。当然，"聆听"已不再仅仅是课堂教学的一种姿态和手段，它甚至是师生之间、学生之间进行心灵交流的前提和基础。

最后，让我们以日本学者佐藤学先生《静悄悄的革命》一书中的两段话作结："教师应意识到，自己站在教室里是在和学生一起，'共度愉快的时光'。如果这样认识的话，教师就可以从单方面地要求学生发言的想法中跳出来，而转变为在组织、引出学生发言之前，仔细地倾听和欣赏每一个学生的声音。应当追求的不是'发言热闹的教室'而是'用心地相互倾听的教室'。只有在'用心地相互倾听的教室'里，才能通过发言让各种思考和情感相互交流，否则交流是不可能发生的。""如果我们希望在课堂上更好地培养学生的言语表现力的话，那么与其鼓励他们发言，不如培养其倾听的能力。这看起来好像离得远些，其实却是一条捷径。在教室里，倾听的能力培养起来之后，课堂的言语表现才会变得丰富起来，而不是相反。"

参考文献

〔1〕〔5〕佐藤学：《静悄悄的革命——创造活动、合作、反思的综合学习课程》，李季湄译，长春出版社，2007，第22、24页。

〔2〕吴非：《学生为何不愿发言》，《语文学习》2007年第2期。

〔3〕司保峰：《学生如何才愿发言》，《语文学习》2007年第5期。

〔4〕吴非：《多让学生说说话》，《语文学习》2008年第1期。

〔6〕〔8〕王桂宏：《警惕课堂教学中隐伏的话语霸权》，《中学语文教学》2007年第5期。

〔7〕张军：《万紫千红总是春——关于课堂发言的再探讨》，《语文学习》

2008 年第 2 期。

〔9〕马克斯·范梅南:《教学机智——教育智慧的意蕴》,李树英译,教育科学出版社,2006。

〔10〕傅嘉德:《不要忽视隐性对话》,《中学语文教学》2007 年第 6 期。

第九章　文本深读与整本书阅读

一、关于整本书阅读教学的微型采访

时间：2018 年 5 月 8 日上午

地点：复旦大学附属中学博学楼

与会人员：司保峰老师及上海师范大学教育硕士

师：你们先来谈谈这节课的观后感。

生：这节课明显地要比昨天的课堂效果好。每个小组成员都有积极发言，有自己的思考。我先提几点建议。其一，PPT 上的字太小了，后排的同学可能看不到。在展示上可以直接使用 Word 文档来展示。其二，老师花费了很多时间做了 PPT，但貌似在这一节课上的用处不大，我想 PPT 上所展示的问题（给学生提供阅读抓手）是不是可以提前发给学生呢？

生：对比今天和昨天两节课，我们不妨来做个假设。假设今天的课依旧毫无进展，和昨天一样，学生不积极，甚至处于冷场状，您会怎么处理呢？

师：其实这个问题我也假设过。我的处理办法是先暂停我原先的教学计划，让学生先阅读半节课，后半节课再来做交流和分享。他们在课余时间不愿意或者没有时间来完成作业，那我就安排在课堂上来完成。或者是我来讲解其中一篇文章作为例子，剩下的文章由学生来讨论和讲解。

生（追问）：即便学生不感兴趣不配合或者是没时间顾及课外阅读等，您也会坚持把阅读教学做下去吗？

师：是的。文科的知识其实是软性的知识，包括文学、美学、人生感悟等，学文有助于学生提升生活品质，这可能关乎他的婚姻家庭、人际交往等等。虽然培养全人是很难实现的，但我们要有这样的培养全人意识。理科生较之于文科生会特殊一点，他们绝大部分上了大学之后就很少会接触语文课或者说是人文性较强的课程，要提升其文学素养，培养其人文情怀必须要抓住中学阶段，因而给理科生做这样的整本书阅读训练就显得更为必要，他们的获益也是更为明显的。另外，他们的思维品质是非常好的，经过一定的训练之后他们反而会获得更大的提升。

生：您在给学生布置阅读任务时，通常会给学生提供哪些方向性的指导呢？

师：对无章节的作品的阅读，可以让学生了解书名、序言、作品的创作背景、篇章回目、故事梗概等，其次是内容、手法、人物、作品的谋篇布局、写作手法等。

生：在整本书阅读教学的作品选择上，您的选择标准有哪些呢？

师：目前我没有非常明确的硬性的标准，但有几个方面可以纳入考虑。

（1）考虑学生的兴趣，即所选择的书籍，同学们有没有兴趣去阅读，这可能需要师生合作完成。先由老师来挑选数本书，然后让同学们从中挑选其中一本作为阅读的对象，进而开展整本书的阅读教学；或者是让每位同学推荐一本书，然后从总的书单中折中挑选出合适的读物（综合总书单中的文体、年代、国别等各方面因素）。

（2）考虑学生的学情。并不是所有好的作品都适合学生阅读，要充分考虑学生的具体情况，如受学期课时、学习基础等因素限制，而不能选择长篇小说。

（3）考虑所选书籍与当前课程的关联。我之所以选择鲁迅的《故事新编》，除了这本书是由故事组成的，易懂且有趣味以外，它和当前的语文课程教学相关，学生最近在学习的课文或是将要学习的课文均与鲁迅相关，如《为了忘却的纪念》、《药》以及萧红的《纪念鲁迅先生》，我希望借此机会让学生进一步了解鲁迅，这是我的教学设想。目前从 4 班交上来的读书汇报上看，我发现学生对鲁迅的认识已经发生改变了，他们读完《故事新编》，发现了鲁迅有趣、温和的另一面。显然，这次关于鲁迅《故事新编》的整本书阅读教学的尝试是有成效的。

（4）要考虑书籍本身的价值及其经典性。

生：整本书阅读的教学与一般的选文教学有很大的不同，请您来谈谈整本书阅读教学与培养学生读写听说语文素养的关系。

师：两者之间是紧密联系且齐头并进的。读，即阅读，训练其阅读鉴赏。说，即课堂的发言，表达自我，训练其口语表达能力。听，即记录同学和老师的发言，训练其速写、捕捉关键信息的技能。写，即在课后将自己口头表达的思考所得转化成文，即生成文字的过程，培养其写读书笔记的习惯，训练其写作技能。因此，整本书阅读教学本身是一种较全面地提升学生语文素养的途径。另外，对于学生在课堂上出现的小组间的讨论交流、同学间的相互提问与解答、对同学的观点提出质疑或进行反驳等互动环节其实也可以当作口语交际课来处理。面对不同基础的学生可以做不同的处理，因地制宜。如理科班同学则以鼓励发言为主，

而对文科班同学则会在表达的流畅、严谨等方面做出要求。

生：请大致也谈谈你对整本书阅读在课堂上的操作流程。

师：对于整本书阅读教学的流程，我们应该首先从整体上有清晰的把握，即教学实践的前期准备、实际的课堂操作、课后的生成三个板块。每一个板块中又可以细化出很多的内容来，让它变得具体、可操作；对教学成效的评价最理想的状态是做到可量化。

在这里我有一个整本书阅读的模型（框架）供你们参考，以我在喜马拉雅音频分享平台上一档节目为例。我解读的书是海明威的《永别了，武器》。其基本流程是：首先介绍作品的作者、写作背景，作品的地位、价值、意义以及其影响力等；接下来分块来讨论作品的内容，比如把《永别了，武器》分为五个部分，分别是什么，每一个部分又可以从内容和写作手法来讨论。这样的方法可以运用到篇幅较长的作品上。

生：您是怎样分配课本内容与整本书阅读教学的时间的？

师：要有所取舍，课本上一些经典文章要精讲，有一部分内容只好略讲，对最精华的内容要求学生掌握。整本书阅读的内容穿插其中，它可以是在课本内容上的延伸，比如课本中有鲁迅的文章，我们就可以借这一篇文章开展《故事新编》的整本书阅读，让学生对鲁迅的作品有一个整体的感知。

（采访者：上海师范大学教育硕士　魏彦羽记录）

二、课堂记录

《故事新编》课堂记录（一）

时间：2018 年 5 月 7 日

班级：高一（13）班

导入：鲁迅把旧的传说或历史变成新故事，他想要表达什么？可以从人物形象、思想主旨和写作手法三个角度分析。

组织形式：让大家小组讨论 3～5 分钟，然后小组代表上台发言做小组汇报。

小组 1：讲《补天》

提　出　观　点	理　　由
① 女娲性格单纯	造人过程：感觉无聊，造人是因为兴趣 补天过程
②"小人"形象是猥琐的	以自己的道德规范去制约的女娲 人类是无知的
③ 主旨：是抨击、还击	
④ 写作手法：重构	把神明降成了凡人
⑤ 思想：打破封建迷信	从④中得出

注：这一组同学提出的观点很多，并能够在书中找出支撑观点的论据

老师总结：

该小组的关键词：单纯、兴趣。

老师引导：

（1）从女娲造人是因为兴趣所致可以探讨一下生命诞生的奇迹，究竟人类的诞生是大自然的偶然之作还是精心设计的产物？

（2）可以进一步对比女娲的形象与人的形象，从而感受鲁迅所要表达的深层意义，比如人类让女娲穿衣服这一个情节是不是作者想要讽刺人类的繁文缛节？

（3）我国历来的文学作品中，都不乏"补天"的元素出现，思考"补天"有什么含义？

（4）体会鲁迅所说的"油滑"的写作手法是什么？

（5）了解胡梦华对当时"湖畔诗派"汪静之的诗集《蕙的风》的批评一事，从《补天》一文中发掘鲁迅对胡梦华说法的

反击。

（6）联系希腊神灵的故事，从对神的描述中发现这些神所具有的人的欲望，横向对比鲁迅笔下的神，找找他们的相似点和不同点。

小组 2：讲《奔月》

观　点	理　由
传统家庭到现代家庭的转变	嫦娥奔月寓意新时代妇女脱离家庭的束缚

小组 3：讲《奔月》

观　点	理　由
后羿是末路英雄	虽然箭术高超，但没有生活技能

注：这一组学生回答得比较散乱，没有特别明确的观点提出，语言表达能力也有待于加强

课堂反思：

1. 课堂反映出的问题：

（1）除了小组 1 的同学外，大部分学生在课前未对《补天》和《奔月》这两篇文章做好充分的准备。小组上台交流自己的心得体会时，有质量的观点较少，提出的看法也有些浮于表面，对于观点的陈述表达上也有些混乱和模糊。

（2）学生讨论的参与度不够高，一是小组讨论时有些组员过于沉默，组内讨论参与度不高；二是其他小组上台发言后，他们的观点也没有得到其他小组同学较为有效的回应和反馈，整个课堂上学生对于讨论的参与度也不高。

（3）老师在课堂导入部分为学生提供了三个方面的思考方向：人物形象、思想主旨和写作手法。但是可能提供的角度比较宽泛，学生思考起来会比较困难。

2. 改进：

（1）针对学生课前未做充分准备这一情况：可以在课前指定下节课要发言的几个小组，这样可以提高他们的重视度；可以让学生在课前把自己的读书体会以书面的形式呈现出来，如每个人写 200 字左右的读书笔记。

（2）针对学生讨论的参与度不够高：可以在其他小组发言时，让台下的学生用心听他们的陈述或者拿笔记下来他们发言的关键点，然后待这一小组发言完毕时，老师请台下同学对他们的发言做出评价，比如你是否赞同他们的看法？理由又是什么。

（3）针对老师提供的思考角度的细化：老师可以在一节课上专门让学生针对一个主题去讨论，如人物形象，或者思想主旨，或者写作手法；老师可以在课前让学生提前提出自己的问题，然后将学生的问题汇总分类，找到几个共性或者热点问题让学生课上讨论（这个方法可能操作起来很费时间和精力，因为学生提出的问题可能五花八门，难以归类整理，所以在第二天的课上，老师是将四班的课堂讨论的问题进行了梳理，然后将这些问题呈现给 13 班的同学看，给他们以启发）。

（上海师范大学教育硕士　徐晓涵整理）

《故事新编》课堂记录（二）

时间：2018 年 5 月 8 日

班级：高一（13）班

导入：

（1）教师用 PPT 讲解《故事新编》的序言。

（2）教师展示有关《补天》和《奔月》的问题梳理。

组织形式：让学生小组讨论 3～5 分钟，然后上台发言。

小组 1：讲《补天》和《奔月》

	观　　点	理　　由
补　天	女娲形象寓意鲁迅自己的形象	
	小人寓意别人对鲁迅的攻击和质疑	
奔　月	没有物质基础的婚姻是不会幸福的	
	后羿象征着英雄落寞，也象征着鲁迅自己的无奈和落寞	鲁迅那个时代是个平庸的时代（愚昧无知的民众）后羿用大箭射小鸟，说明他面对变化的时局不愿意做出改变

注：带波浪线的是学生表述中笔者觉得存在问题的语词和句子

师：请第二个小组在发言时先对第 1 小组的回答做出评价。

反对：

（1）不赞成第 1 小组的第一个观点：女娲是鲁迅自己形象的象征。鲁迅没那么骄傲，在他的序里提到他写这些故事是想对人和文学解释源起。（这个同学的观点是课堂上老师讲完《序》后生成的，很有价值）

（2）不赞成第三个观点：婚姻要有物质基础。对无物质婚姻的向往。

赞成：赞成对于后羿形象的分析，有自嘲的意味。

自己提出的问题：为什么作者要写小人说了一堆古文来回答女娲自己打不周山的原因？

观点：从《奔月》的结尾可以看出作者对未来生活还是充满希望的。

师：注意小说的结尾，每一篇的结尾都有深意。体会小说结尾的"消解"作用。

小组 3：讲《奔月》

自己提出的问题："熊和豹没有了"是代表什么？

观点：嫦娥的大小姐气；后羿象征着鲁迅朋友的婚姻出现问题；后羿最后放弃射月也是给意中人自由。

师：回答两个问题：一是写小人说一堆古文回答女娲的用意是什么？主要是讽刺当时的军阀混战，各路人马都打着正义的旗号行不义之事；二是"熊和豹没有了"寓意着鲁迅在五四新思潮后的落寞，没有了对手，英雄也就无用武之地了。

小组4：

观点：《补天》的结尾表达了鲁迅讽刺人们总是做一些无意义的事情，讽刺人们对那些繁文缛节的重视。（对结尾的分析这一点是学生在老师给其他小组做评价时提出的一个思考角度，学生能够迅速地捕捉到老师的点拨，当堂生成自己的看法，这种习惯弥足珍贵。）

小组5：

观点：女娲象征着大的规律和趋势，而大多数人没有眼光。

小组6：

观点：《奔月》的主题不是想批评什么，而是彰显了后羿宽容、老实的性格。虽然后羿有些沉浸在过去的负面形象，但是从结尾可以看出后羿是一个宽容的人。

学生的这个观点是针对前面小组认为后羿是负面形象的反驳，并且能够注意到小说的结尾，相信也是前面老师的点拨起到了一定的作用，虽然表达的观点有些片面，但是这是学生经过课堂的整合得出的自己的思考，是有价值和值得鼓励的，同时也侧面反映出在这节课里学生对于讨论参与度的提升。

小组7：

观点：后羿是一个真实的英雄，有战士的本色，在嫦娥离去后也并不是绝望和悲观的。

小组8：

观点：作者使用的手法是将神塑造成普通人，这使得他们更

贴近生活。

小组9：

观点：后羿的英雄气概还是在的，只是被埋没了。

课堂反思：

一、出现的问题

（1）展示的PPT上的字太小了。

（2）有些学生在发言时表达能力还是欠缺的，出现逻辑混乱和表述不清的情况。

二、反思

（1）对于学生出现的口语问题要不要及时纠正？

教师：这个问题可能还要视学生的学情而定，因为理科班的学生普遍语文基础不是非常好，首先要鼓励他们大胆发言，而如果他们一说话出错就去纠正极有可能打击他们的积极性。

（2）是不是学生过于集中在对人物形象的分析上，而忽视了对手法的剖析？

教师：我认为一堂课完全可以让学生只重点分析人物形象，这样一是学生的讨论点更为清晰和集中，学生容易上手；二是教师也容易把握课堂节奏，而手法可以在整本书都阅读完后归纳总结，因为鲁迅这本《故事新编》所使用的手法是一贯和固定的。

（3）如果今天还是出现类似上堂课学生讨论不积极的情况要怎么办？

教师：有两种应对措施：一是让学生用半节课时间读书，然后讨论，以书面形式呈现讨论结果，下节课再继续让学生发言；二是老师直接自己讲解对这篇文章的解读。但是说到最后还是要有学生在课堂上的参与和讨论才能真正培养他们对阅读的兴趣，形成他们自己的看法。

（上海师范大学教育硕士　徐晓涵整理）

三、整本书阅读存在的问题及解决方式

1. 怎么选书？

（1）学生给教师书目，全班同学每人提供一本，不能重复。

（教师从众多书目中如何挑选呢？是不是给学生提供的书目应该有一个起码的标杆。比如，与语文教材中一些作家有关，或者非文学文本，更或者是人物传记等等。标准有很多，但是教师可以先选择几个方向，让学生提供书目的时候有一定的方向性。）

（2）教师给学生 10 本书，学生来挑选。

（3）根据笔者所看的论文，有以下几种选择：

①"整体型"书目：以小说为主，如《平凡的世界》。

②"选集型"书目：其中文章类似教材中的单篇选文，以散文集、短篇小说集、诗歌集为代表，如《朝花夕拾》。

③"著述型"书目：为了培养学生的思辨性思维，以问题为驱动，以提高学生解决问题的能力为核心。

2. 整本书与单篇文章之间的区别。

（1）针对附中学生目前读的书来说，单篇连成的文本非得提前把整本书都读了不可，否则一篇篇地讲，会让学生有种在上课内文章的感觉。就算是要做专题，也要对整本书有个大概的印象。

（2）整本书需得体现该有的框架，在阅读完整本书后可以先试图将整本书的思维逻辑用逻辑图做出来，但这个更加适用于小说的阅读。

3. 课前准备的内容。

（1）提前告知学生这节课交流的内容，具体参考下表（仅供参考）。

交 流 内 容

	讨 论 范 围		
主题	母题（这本书的核心）	话题（搜集讨论的最热话题）	衍生题（从这本书拓展到另一本书，可进行比较阅读）
内容	人物形象与人物关系	主旨	写作手法

（2）根据不同的书目类型：

① 整体型书目：通读知貌→深读统整→研读讨论→总读表达。

② 选集型书目：（不可每一篇文章都进行精读，需选择有代表性的单篇进行示范性讲解。）精读单篇→连读多篇→通读全书→拓展他书；单篇→群文→专书→众书。

A. 比较选集型书目和教材选文教学上的差异（如《彷徨》中的《祝福》和沪版高中语文必修 3 中的《祝福》）。

B. 验证全书，主要采用归纳与演绎的方式，对于连读多篇阶段中的相似点、规律性的内容进行归纳得出结论。进行演绎思考，不断修正学生的阅读认识。

③ 著述型书目：问题驱动→选读引导→体系建构→赏析迁移；明确任务→集约型阅读→整体认识→思辨性读写。

4. 课堂操作问题。

（1）座位问题。

或许可以考虑将"小组"呈现得更为明显，座位可以进行调整，不是简单地前后桌转动就可以。（只是一个想法，因为这样可以让学生在形式上感受到不是在上课内的文章，而是在进行读书分享。）

（2）分享交流记录问题。

学生进行分享时，其他学生需要做好笔记（笔者观察到几乎没有一个学生做笔记），可以做几个关键词，进行简单的记录。（在其他的课上其实也可以让学生养成这样的习惯。）

（3）学生交流。

两位学生上台，一位主讲，另一位在黑板上做记录。

① 学生发言完毕，可以让其余学生进行反馈。假若反驳，可以让被反驳的学生进行再次发言，最好是在讲台上进行，而不是退下讲台后，单单由反驳学生进行发言，埋没被反驳学生。

② 教师给予反馈，但保证发言内容时间较少，只说重点。（毕竟是学生的读书交流，把舞台让给学生或许更好。）

（4）学生质疑问题的记录。

学生在第一节课发言中提出自己阅读过程中遇到的困难，教师做好记录。在下课之前，将学生们提的问题呈现给他们，并且要求在下一节课进行解答，可以由提出问题的学生进行自答，也可以让别的学生帮助回答。

5. 课后生成。

（1）学生撰写报告（报告内容写自己小组原本就形成的，以及课上有亮点的发言）。

（2）教师将课堂记录的文字写成报告。

（上海师范大学教育硕士　姚于钦整理）

四、整本书阅读的成果启示

浓郁的油画：我们的战士这样战斗
——关于《故事新编》："补天"与"奔月"

复旦附中　高一（4）班

讨论：周龚鸣、黄胤羽、黄琪雯、曲梓萱
整理：黄琪雯、曲梓萱

引言：《故事新编》无疑是鲁迅先生诸多著作中最容易被大众接受的一本书，它改编自中国古代瑰丽的神话，没有过于明显的批判与大道理，而先生自己则称他在写作过程中表现得有些"油滑"。如果说《呐喊》是铿锵的木刻画，《朝花夕拾》是含着淡淡忧伤的水彩，这就是以色泽鲜艳的神话故事做障眼法的"油画"。而在这"画"里，我们更可感受到，我们的战士是如此以一支笔坚持不懈地战斗的……

一、表现手法

周龚鸣：他的修辞最先引起了我的注意。

文中多处用到了一些近乎诡异的比喻。首先是"一个生铁一般的冷而且白的月亮"。最直接的作用就是表达月光的清冷，烘托出夜晚的冷清，表现了女娲的孤独，也为后来女娲闲来无事捏人埋下伏笔。在文末又出现了类似的比喻。给人的感觉就是，女娲制造了一群生命，但是最后世界还是孤单的，还是没有什么生机。最后女娲死了，自称是女娲嫡派的禁军还索取女娲尸体的膏腴，巨鳌们对女娲的旨意也阳奉阴违。

似乎女娲打算造出的一个世界并没有如愿地出现，这似乎也是种悲哀。

黄琪雯：两个比喻句并非"类似"，而是完全相同。如此明显的首尾呼应手法，从一个人的孤独，转至许多小人围绕却如昔的孤独。先生大约是想隐晦地讥讽一番"小人"，可战士的本心让他的"隐晦"也变得"激烈"了。女娲的悲哀，也是在这样的文章环境里被加倍凸显出来的。

周龚鸣：第二个修辞就是"那藤便拖泥带水的在地上滚，像一条给沸水烫伤了的赤练蛇"。

初次看到这一句话，我倒有些惊恐。不知为何鲁迅先生要用这赤练蛇作比？明明是带花的藤，为何像蛇？为何要用赤练蛇，而不是什么眼镜蛇，草蛇什么的？是不是赤练蛇有什么特殊的意义？？后来查明，赤练蛇并没有什么意义，估计是鲁迅先生的习惯吧。毕竟他在很多作品里，也都用到过赤练蛇。也许是小时候的童话印象之深，又也许这是鲁迅先生的什么特点吧。

黄琪雯：这确实是个与全文关系不大的比喻，但其中恰恰写出了先生的可爱。

在他那首著名的《我的失恋》中，他回赠给爱人的净是些别人眼中"上不得台面"的东西：猫头鹰、发汗药、冰糖葫芦、赤练蛇……可见这猫头鹰是他喜欢听的、发汗药是他喜欢送的、冰糖葫芦是他喜欢吃的、赤练蛇也是他喜欢看的。在大家熟悉的《从百草园到三味书屋》中也出现了赤练蛇的故事。想来先生没怎么想过花藤如何作比最合适，而是随意地用了自己喜爱的东西。

类似的地方还有后文写"饴糖样的岩浆"，我不禁想着先生写到此处时会否恰巧是想要吃饴糖的了。以及《奔月》中反反复复出现的"乌鸦炸酱面"，我相信先生当时也是写着写着便想吃炸酱面了。再结合萧红的《回忆鲁迅先生》，就更发觉先生的可爱与真实，即使是在众人眼中将自己武装起来的战士，也是有软肋、有人情味儿、有孩子气的。

周龚鸣：而后我又注意到了鲁迅对色彩的运用。

血红色的云彩、肉红的天地、乳白色的烟云……而这些色彩拼成的一幅图画有着极强的跳跃感，色彩的饱和度也非常高。这颜色配合起来，很难让人联想到实际生活。这究竟是为了什么？？烘托出后文人性之血淋淋？？或许仅仅只是为了表现那时万物开始的时候，一切都那么玄幻。

黄琪雯："热"——这是我对这些色彩设计的第一印象。如此浓郁的色调、大块面积的涂抹、抽象的天体与风景，毫无疑问地令人想到马蒂斯领衔的野兽派。一般来讲，丰富鲜亮的色彩令人想到混沌未开化时茹毛饮血的情景，女娲初醒时的场景似乎也正印证了这一点——而此处恰恰出现了唯一的冷色调：月亮，铁的白色一样的月亮。

这或许正是某种暗示吧：在沸腾的、炽热的、令人心神混乱的大时代里，女娲苏醒时最后看到的是沉静又冷漠的月亮。而这也恰恰是在世界末日、女娲死前月亮持有的颜色。

——人心不古，人心不古？

人心只是倒退回了太过古老的时候。

女娲作为重要人物出现于其中，却在"小人"的发展旅程中成确实状态，只负责"创造"，并见到"毁灭"，似乎是一个俯瞰众生的神，最后尸体亦被利用。这已经无疑是一种讽刺了。

周龚鸣：然后，我想谈谈写作手法。

鲁迅先生在叙述一整件事的时候，把很多似乎毫无关联的事情放在了一起组成了一篇文章。和女娲那时毫无关系的战争之类，都被堆叠在了一起，这是为什么？？ 就是为了体现油滑的一种文笔吗？ 那么这么做的目的是什么？ 由此问题深化到了作者的写作目的上。

首先，由前言可知，作者是为了表达自己对油滑写作手法的摒弃，同时可能是对一些"质胜文则野"的文章批判。很多年轻人会把很多华丽的辞藻、典故堆叠在一起，形成一篇看上去华丽，实际上并无任何内涵的文章。这种文章只能博人一笑，并没有任何思想上的意义。那么问题转到了写作意义上。

黄琪雯：在这一部分我和周龚鸣的理解出现了一些分歧。

"战争"是与女娲的时代毫无关系的事吗？这种说法显得并不够严谨——要知道，最开始引发天崩地裂，也就是"补天"（或称"不周山"），这一故事的起源就是祝融与共工的大战呢。

鲁迅先生或许正是想顺水推舟就着这个更为古老的起源，往故事里塞进一些不存在的战争。这才是身披铁片（实为铠甲）的"小人"看似莫名其妙地出现的真正原因。

再者说来，鲁迅先生写这文章注重的是要批判"油滑"二字吗？我相信并不是的。最开始他只是想要讽刺那些"'含泪'的批评家"，才写出了"芥子大点的眼泪"这样的句子。偏又将那小人安排站在女娲的双腿之间——一个暗含猥亵意味的地方——谴责女娲不穿衣服，本意既是讽这些批评家内心何其龌龊，又是谴责他们义正词严的批评多么经不起推敲、令人发笑。只是写完之后才发现这实在是一种"油滑"的笔法，所以写在前言里做调侃用，就算有"文胜质则史"的批判存在，也绝非主要论调。

最后我们聊到了写作意义，这是一个大大的难题，"补天"与"奔月"也应当分为两部分讨论，就为其开启一个"新篇章"吧。

二、写作意义

周龚鸣：由司保峰老师的提醒，我们从两个方面讨论这个问题。他想赞颂什么，批判什么。作者塑造了一个怎样的女娲形象呢？任劳任怨，即使被自己付出生命要保护的人们给批斗（这边我也不知道怎么表达了），也没有一句怨言。呼应了自己的一句话："肩住黑暗的闸门，放他们到宽阔光明的地方去。"另外，女娲造出了那些人，究竟希望他们怎么样？又或者是，她没有希望也就没有失望？女娲为什么要去补天？非补不可吗？（是不是可以说，无聊让人作死，作死让人出事。）

最后还想到了一点神的人性化（不过暂时没有什么展开的想法）。

黄胤羽：关于《补天》，起初看到这篇文章的时候，我的脑海中首先出现的词语是"人心不古"。无论是从那些"咿咿呀呀"

的小人从"Nga nga"的叫声至后来令女娲"不明所以"的国令，还是曾经"无邪"式的衣不蔽体至后来的以裸露为耻，这篇文章似乎都在讽刺人类在发展中越来越摈弃"思无邪"而拥有的一系列条律，其中当然也就包括对裸露的批驳。"仓颉造字，有鬼夜哭"，人类社会的确是在我们的科技水平发展之下而飞速进步着，但现在似乎越来越多的人都放弃了人类刚刚诞生时那样纯真的思想，于是我们为裸露加上淫靡的色彩，我们于是处在了"有鬼夜哭"的年代。

我们总是说"羞耻心"是人类所有进步中最值得彰显的一点，但果然如此吗？其实，每个人诞生之初都是赤裸地来到这个世界上，我们未着寸缕，是"Nga nga"地这么哭着来的；我们去的时候当然也是纯真的——那样的不带走寸缕，干净利落地走了。但是，我们似乎对这两个状态的裸露都没有什么淫邪的想法，而却在向死而生的过程中以裸露为耻。这似乎源自远古时期我们便拥有的对生殖的崇拜以及对性的追求。"生殖"与"性"，仿佛是不可提起的两个禁词，在现在的社会中被冠以一些色彩而被看待的，但追根溯源，这两个词语只是人类的生命与历史中不可避免的生理过程——我们总得繁殖下去。我还记得远古时期的那个红陶罐"人头壶"，宽大的壶身象征着女性怀孕时的形象，从眼中流出的水也象征着人类孕育的最初痛楚。史学家及考古学家把这样的艺术归类于远古人类的生殖崇拜——那时的人类毫不掩饰地用他们的艺术描绘着性和孕育的过程，即使是今日我们也不会用异样的眼光看待这样直白的表达，而到底是什么时候产生了人类思想上的质的变化？大约是从第一个古人用兽皮遮羞开始吧。而这篇文章中的小人从起初的不在意裸身至后来的种种情境，又仿佛是人类发展的缩影——我们"思有邪"。

所以，这是这篇文章给我留下的第一印象——我们的思想

"不古"。

黄琪雯：既然胤羽提起了"古代陶壶"这样有趣的例子，我也不禁想要多说一点什么了。

在我看来，女娲纯粹是个丹柯式的英雄——还是应该说，丹柯是女娲式的英雄？这不重要——在他们身上突出的高尚的精神品质都是"自我牺牲"。女娲只是因为"无聊"才创造了这些小人，却也因此自感背负了责任。哪怕一觉醒来天崩地裂，这些小人显得多么獐头鼠目、"人心不古"，女娲作为一个完全的起始的神却展现出了丰富的人性化：她会感到厌烦，感到无聊、抱怨、恼怒，但仍旧为了这些虚伪的人担负起补天的责任，并最终劳累致死。这样的"人性"，在高高在上却屠杀了万千无辜埃及人的上帝身上是不会出现的；在尔虞我诈、融合了人类许多性格缺陷的希腊神祇身上是不会出现的——只有佛陀还是释迦牟尼时才拥有。可文中的女娲又不是释迦牟尼——她的性格与情感都要丰富太多了。

她是创造者，她是救世主。

她是牺牲者，她是启示者。

她是神，她也是人。

这样的人物设置无疑是在赞美，也无疑令人想到在当时的时代大背景下那些同鲁迅一样"肩住黑暗的闸门，把他们放到光明的地方去"的战士、文字英雄们——他们对青年人有强大的责任心，也有不屈的自我牺牲精神。思想至此，又觉得鲁迅对"赤练蛇"、"饴糖"、"炸酱面"的喜爱也含有那么几分特别的意味了——战士们的"俯首甘为孺子牛"就是女娲的"人性"啊。

黄胤羽：再读时，我似乎又发现了些什么。

从小人的"背叛"上鲁迅先生仿佛又在说着些什么，而我认为，他讽刺着人类的忘恩负义。"趋利避害"是人类乃至所有生物的本能，所以我们会感到恐惧，这的确是我们的骨子里所流淌着的，是人类的演变无法改变的。但"忘恩负义"却是我们对自身利益的追逐所导致的。从小人穿着盔甲用长矛刺向女娲，以及后来的人强占了女娲丰盈的腹部，甚至自称女娲后人，这样的种种行为不难看出人类的贪婪——我们总是希望向曾慷慨给予我们的人那索取更多。

放在当时的政治背景之下，我们可以认为鲁迅先生讽刺着某些忘恩负义的国家，侵犯着中国这个曾经是他们的女娲般的存在。但时至今日，我却认为这在讽刺整个人类族群。

地球，这样的蔚蓝的美丽的星球，像女娲一样慷慨地给予我们最珍贵的生命，给予我们一切，让我们得以生存下去，而我们也像文章中的小人一样，不断地向地球索取更多却也总是回报以更多的灾祸。不论是太平洋上的巨大的垃圾带抑或是南极消融的冰川，从因儿时被塑料垃圾困住而长得畸形的海龟到因无法找到足量浮冰而瘦得皮包骨头的北极熊，无不触目惊心。我们太过自负，把自己放在食物链顶端近乎上帝的位置俯瞰众生，我们从不平等地尊重生命，我们从不尊重我们共同的女娲——地球。这样的我们的行为与那些可憎的小人又有什么区别呢？而在我们畅谈小人们的不是之处时，却完全忘记了我们自己其实也拥有着一副这样的丑恶嘴脸——这不才是可悲的地方吗？

世界从混沌到清明，人心不古，我们也依旧贪婪。

黄琪雯：胤羽说到了另一个方向，即小人的贪婪。

这是从批判的角度——那么我也该把丹柯的故事讲完了：带领族人走出黑暗森林的、掏出太阳般的心脏为族人照明并因此牺牲了生命的丹柯，在众人抵达一片丰美肥沃的平原后便被迅速地遗忘，甚至那颗心脏也被他们踩在脚底下。不过，时至今日，那些碎片仍旧在夜晚放射着点点的蓝光，象征着希望……这是一个浪漫主义的悲剧故事，因为在无比现实的人性的阴影里，丹柯的心脏碎片还在发出希望的微弱的光，"巨人的心脏被痛苦撕碎了，人们捡到一片碎片，还以为得到了整颗心"。

怒指女娲不穿衣服的是"含泪"的批评家；一心要寻仙山的白胡子是逃避者；身着铠甲敲敲打打的是看不透战争本质的挑事者；有口不回答只会重复的是没有自己思想的随波逐流者——忘恩负义、窃取成果的小人，则是对鲁迅等文学家实施攻击的鼠目寸光者，也是——正如胤羽所说——忘恩负义侵略中国的国家，放在今天又可被看成是污染地球的全人类！

那么女娲呢？她也不仅仅是精神高大的文学家了。当鲁迅写下女娲随手创造出獐头鼠目的小人出来时，就已经为其奠定了另一个形象。先天草率敷衍的教育才会酝酿出这样的人。尽管女娲当时并不知什么，但她的责任还是担负得晚了些。

女娲补天的故事比这丹柯要更加现实、更加令人叹息。鲁迅先生终归是一个"横眉冷对千夫指"的战士。在他的故事中，一个人物身上往往有几类人甚至几类事物的缩影。

黄琪雯：关于《奔月》，鲁迅先生文章的思想有多么深刻，我想同学们都是清楚的。在我们讨论《补天》、进行发散思维、查找历史背景与整理修改内容的这个漫长的过程中，大家都感到辛苦又释然，因为总归还是往下挖了些什么。

糟糕的是，我们已来不及深刻讨论《奔月》的诸多内容，而新任务——学习《采薇》与《补水》已经急匆匆地相继而来。所以我们想，还是不要将那些太过泛泛的内容记下来凑数吧——这是一种缺憾，也是一种尊重。我想鲁迅先生也是不愿意自己精神的利剑被后代青年解读成一把钝刀的。

我们一直记得《奔月》，会在以后与另两篇文章的讨论内容一起整理。

论《理水》和《采薇》

复旦附中　高一（4）班　朱濬哲　周子谦　吕盛典

　　鲁迅，中国现代伟大的无产阶级文学家、思想家和革命家，著有《呐喊》、《彷徨》、《故事新编》、《朝花夕拾》、《野草》等散文集和小说集。

　　我们先来谈谈《理水》。大禹成功治水，舜爷也为此十分欣喜，让全城百姓效仿大禹。从全文的开头开始看，先是几位学者根据家谱来认识大禹和鲧的讨论。几位学者的谈论让人感到风趣可笑，其中似乎没有几分道理却讲述了一个虚拟的故事，例如认为鲧是"鱼"，禹是"虫"，这也反映了当时社会中故弄玄虚的学者互相吹捧、散播虚伪消息的不良行为。后文也写到，鸟头先生还将他的理论写在书上，给百姓看时收一定的费用——这让我想到了，如果一个社会中的学者都头脑如此不清晰，那么这个社会的百姓岂不都成了愚民？这也暗示了百姓的麻木无知，盲目地相信那些所谓的学者的话。也就是说，正是这些无知、故弄玄虚的人带偏了社会的风气，与下文大禹的遭遇相呼应。

　　在第二部分中，作者写到了官、学、民三者的互动。在学者向考察专员陈述灾情时，众人却一改之前的抱怨，改为尽力掩饰自己生活中的不堪，而是将其装点得非常华丽。专员们也是有一套做官的手段，如果想游玩，便可以出去"考察"一番。如果真需要考察，也不耽误游山玩水。官员的做法表面上说着是体察民情，但实际上只是表面功夫，没有做到任何实事。在下民代表的推举中，头有疙瘩的人被迫去与官员交涉，简单来说就是被其余人所压榨，这里也体现了社会中百姓生活的惨淡，生活条件不如意不说，周围人的为人处世水平也极为低下。

　　在第三部分中，给我们留下深刻印象的是禹太太说的"这杀千刀的！奔什么丧！走过自家的门口，看也不进来看一下，就奔你的丧！做官做官，做官有什么好处，仔细像你的老子，做到充军，还掉在池子里变大忘八！这没良心的杀千刀！……"这一充满情感宣泄的话语中包含了对于做官不得好下场的禹的怨念和不快。文章中，我认为作者是想歌颂大禹的为人民服务、努力奉献精神，并与文化山上的那些干不了实事的学者做鲜明对比，突出作者想要歌颂的无私奉献精神。

综上所述，《理水》这篇小说由虚拟故事折射现实社会困境，讽刺了社会中不干实事、故弄玄虚的学者，又为那些有真才实学的人不受社会认可而惋惜悲伤。鲁迅希望社会风气能够有正能量，而非由愚人带偏了节奏。

接下来我们来讨论一下下列问题：

一、关于《采薇》的背景

我们知道，商代是松散的"方国联盟"关系，国与国之间的联系并不是非常紧密。历史上的伯夷和叔齐是商代方国孤竹国的王子。国王死后，传位给三弟叔齐，但叔齐依照王法，将王位禅让给伯夷，自己逃到养老院。伯夷不肯接受王位，也逃到了养老院，孤竹国人只好立其中子。但周武王篡商建周，他们在周武王建立周朝后，决定不吃周朝的粮食，于是饿死在首阳山上。很显然，鲁迅《采薇》故事的原版就是来自这个历史传说，虽然有一些不可信之处，但是茅盾评价它为一篇"可以窥见鲁迅的博览的小说"，说明这是鲁迅匠心独运的杰作。

二、论武王伐纣

鲁迅的《故事新编》，很大一部分都是通过对于历史人物的评价，完成讽刺或揭露社会现实的用处。在《采薇》中，伯夷和叔齐的性格都得到了很成功的刻画，在他们放弃王位之后，无论是在养老堂，还是听闻所谓的归马于华山之阳，还是在首阳山采

薇，最后因为不吃周粟而饿死，的确都是写明了这两个历史人物的被人们所传诵的骨气。看！这两人坚守着自己的理想，鄙夷世俗的尘污，最后带着清白的心，饿死在首阳山上，这是多么崇高的事情。

显然，读完《采薇》全文后，不难看出，鲁迅对伯夷、叔齐两个人做法的态度是非常鄙弃的，也是非常反对的。他所鄙弃的，不是他们的守旧、他们思想的顽固，而是他们遵守自己内心的所谓王道，为了"义"而死，但是可惜他们的死并不能改变现状，不能改变周武王最后讨商成功的事实，也不能给人民带来任何的幸福，只留下所谓流传千年的美名。

《采薇》全文主要以伯夷、叔齐的眼光看待这个世界，对武王伐纣的正面描写虽然不多，但这一事件却统摄了小说的全部内容。这一场战争上根本导致了国家的动荡，伯夷、叔齐离开养老堂，前往首阳山的故事情节，从小说的字里行间，便渗透着战争的阴影。在战争前，时局就貌似不大好了，而烙饼也是一天一天地小下去了，看来确也像要出事情。战争时，叔齐拉住王的马，宣扬所谓王道，不仅毫无用处，甚至连伯夷都撞在石头上，晕了过去。原本想回华山的伯夷、叔齐听闻了归马于华山之阳的消息，又遇见了华山大王小穷奇，便来到首阳山，采薇以度日。鲁迅对于伯夷、叔齐的死，是非常心痛和惋惜的，他们遵循着自己的王道，却成了周武王的王道的牺牲品。

我们来关注一下原文中的武王伐纣的场景描写，"首先是一乘白彩的大轿，总该有八十一人抬着罢，里面一座木主，写的是'大周文王之灵位'；后面跟的都是兵"。原本是篡位的事却偏偏要将父亲的灵位摆在面前，以示对父亲的孝顺。周武王践行所谓"恭行天罚"的理由，也着实让人觉得十分可笑。至于周武王伐纣的历史，谁是正义一方我们不得而知，我们在此也不予讨论，但是很显然，在当时人的眼里，周武王就是一个篡位的臣子，所以当叔齐勒住武王的马头，指责周武王说："老子死了不葬，倒来动兵，说得上'孝'吗?"这句话直接戳中了周王的要害，周王惊惧担忧的神情，甚至想把他们杀死的想法，也是可以理解的。

　　我们来看一下伯夷、叔齐所坚守的王道到底是些什么。王道似乎的确是一个虚无缥缈的东西，他只是当时愚昧的人，用于政治压迫的一种精神手段。我想要召集天下的百姓顺从我，但我没有这个实力，我不被人认可怎么办? 我有王道。王道是可以随意更改的。伯夷听叔齐说，最近时局好像不大好的时候，伯夷只是叹了一口气说，为了乐器动兵，是不合先王之道的。武王伐纣原本只是政治问题，叔齐却拉住了周王的马，大叫臣子想要杀主子，说得上是仁吗。而武王的军队在牧野大战商纣王的军队，血多得能漂起木槌的时候，伯夷和叔齐所坚持的王道又在哪里呢? 他们能对政局做出一点改观吗? 并不能。因此，《采薇》是真正批判了伯夷、叔齐所坚守的那些虚伪的王道，王道是政治家用来统治人心的一种手段，伯夷、叔齐是真正被王道所蒙蔽的人。他们在王道为他们构筑的世界里做事，虔诚地信奉他们，如同清教徒中的那些苦行僧般的，最终为自己的理想而死去，又诚然是多么可悲。鲁迅写下《采薇》，就是为了提醒社会上那些还受封建社会蒙蔽的百姓和知识分子，让他们尽早接受新思想，走出黑暗的阴影。

　　三、论归隐

　　我小时候读过一本《上下五千年》，讲到伯夷、叔齐时说叔齐不愿做王，便将王位禅让给伯夷自己逃走，而伯夷也逃走了。我读到这里，觉得很不能理解，甚至觉得很搞笑，为什么不愿接受王位的人一定要逃走呢? 为什么不能留在国家里安度晚年? 所以，伯夷、叔齐作为商朝的臣子，他们生命的意义和作用在什么地方？如果一个人有实力、有能力当国王，那么他为什么要逃走呢？孔子说，在国家有道之时就要富贵、就要显达，不然这是对不起国家的事。或许，对伯夷、叔齐并不适用。

纵观伯夷、叔齐的一生，他们的生命是非常可笑的和荒谬的。除去滑稽的让位风波后，他们逃到了养老堂，这时武王伐纣，他们向武王宣扬仁义未果，之后又逃走了。然后跑到了华山，遇到了小穷奇，小穷奇的话让他们心里不安，于是再次逃走了。他们的生命似乎充斥着逃亡，跑来跑去成为他们日常的必需之一。

他们跑来跑去的原因究竟是什么呢？我们小组经过讨论后，发现了一个有趣的对比。即，在商代时，做国王和不做国王是显达和隐退的对比。投奔周朝后，在朝堂做官和在养老堂养老，是显达和隐退的对比。武王伐纣，他们逃亡到首阳山和作为一个平民百姓继续活着，也是显达和隐退的对比。上天给了他们三次选择的机会，他们都选择了隐退，他们愿意消失在世人的眼光底下。我个人认为，除去他们所坚守的王道的理由，他们的生活状态也是非常成问题的。他们在主观上不愿有所作为，他们愿意苟且偷生。

所以他们隐退到首阳山，首阳山是他们隐藏自己身体最后的根据地。既然当事人包括我们不愿意在这世间光明地活下去，那我们就苟活于首阳山上吧。可惜他们连苟活的权利都很快失去了，他们不食周粟的建议，很快流传到了村民的耳朵里，于是阿金姐到了首阳山上，于是说出了什么"普天之下莫非王土"的言论，于是他们就饿死在首阳山上了。这一次便是他们真正的逃走了，任你什么武王伐纣，世上人的各种议论对于他们都没有任何关系了。

鲁迅讽刺的便是古代封建社会中受蒙害的士大夫所做出的愚

蠢举动。从伯夷、叔齐的第二次逃亡中，我们可以看到他们因为无法说服周武王，便选择了逃到首阳山。的确周武王以下犯上是不合先王之道的，是不仁的，但是他们却无法改变这个事实，于是只好逃进首阳山。这是典型的弃官归隐式的逃走，由于在政治上不得志，遇见强敌不得反抗，便以中庸这些话来聊以自慰，借以弃官归隐，以摆脱对这个民族、对这个社会的责任。归隐难道就不需要吃饭吗？既然有满腔热情无法抒发，那为何不在自己小小岗位上，做一些力所能及的贡献呢？因此我们可以得出结论，归隐是逃避现实者所经常使用的粉饰自己的方式。伯夷、叔齐是这种错误方式的倡导者，也引领了其后几千年中国有志知识分子的堕落。

这种归隐也可看作鲁迅生活时代的中华民族的一大缺陷。强敌入侵，无力反抗，只求自保，避重就轻，苟且偷生。鲁迅批判伯夷、叔齐的例子，就是要鼓动中华人民，从愚昧的思想中解放出来，鼓励人们去反抗统治的压迫。因为只有这样，才能真正面对现实，才能实现生命的价值。

四、论小丙君和阿金姐

这两个人物都是鲁迅想象出的人物。虽然没有更多的史料可以证明这两个人的原型究竟是谁，但是似乎这两个人都或多或少地间接或直接地促进了伯夷和叔齐的死亡。

小丙君不愧是《采薇》中的反面人物，他自视为首阳山唯一识字的人。他知道伯夷、叔齐住在首阳山后，从伯夷的口中了解了他们的身份和来这里的原因，说完之后又大肆散播流言，说什么"普天之下，莫非王土"，阻碍伯夷、叔齐最后生存的机会，容不得别人在山地里挖一点野菜果腹，就连他的婢女阿金姐也学会了这样的腔调。他跋山涉水、不辞辛苦地来到首阳山就为了向伯夷、叔齐说"普天之下，莫非王土"的言论，甚至在伯夷、叔齐死后，他还传播伯夷、叔齐吃鹿肉的流言，抹黑伯夷、叔齐的形象，他们丑恶的本相，在鲁迅笔下表露无遗。

害死了伯夷、叔齐之后，阿金姐编造了一个伯夷、叔齐吃鹿肉的故事，来推脱自己的责任，她自然不像小丙君那样，有舞文弄墨的超然的文学素养，只能明目张胆地为自己抵赖，推说自己，不过只是开了几句玩笑。《采薇》的结尾，人们仿佛看到了伯夷、叔齐张开白胡子的大口，拼命地在吃鹿肉。有些可笑之余，却又使人笑不出来。暴尸荒野的可怜人，却在死后多背上一个忘恩负义的贪心之罪。他们不是穷凶极恶、罪恶满盈的罪人，却在死后连一点致辞也得不到。尽管生前行尽可笑之事，却没有人能在这个地方笑出来，嘲笑被历史的巨轮碾死的两只螳螂。

然而我们从不曾得知伯夷和叔齐是怎么死去的，正如我们也不能真切地知道孔乙己的去向。文学于是便有了生命力，每一个人的理解都是不尽相同的。或许他们真的是贪心而死，谁又知道呢。鲁迅的文章是犀利甚至可以说锋利的，然而他始终有一颗向善的心和自己的温柔，不肯给予那些可怜的角色一个定论，使人隐约看到那个坏结局，但又向往着光明一点的那一个，也让他们在读者的心里得到一个善终。

小议《采薇》

复旦附中　高一（4）班

欧阳紫陌、钮瑜璇、许逸欣、谢子璇

《史记·伯夷列传》中记载道："武王已平殷乱，天下宗周，而伯夷、叔齐耻之，义不食周粟，隐于首阳山，采薇而食之。"司马迁高度评价伯夷和叔齐不食周粟，誓死守儒的精神品质，伯夷、叔齐的佳话流传千年。而在《采薇》中，伯夷和叔齐却并不是被推崇的对象，而是由鲁迅对整个故事进行了创造性的重述，从另一个角度审视"誓死守儒"的精神品质，也同样给读者带来了新的思考。

一、是"守儒尊礼"还是"守旧固执"？

我想鲁迅先生想传达的是儒家思想使人思想固化后让人走向灭亡的故事。纵观全文，我归结它有这三种固化的思想。

首先是叔齐。叔齐当之无愧是本篇中最跳脱的角色，不得不说叔齐这个人是十分"悌"的，每件事总会心心念念兄长，并且大哥有难办之处，他总是毫无怨言地去做，也很听兄长的话，放弃父亲给他的位置，跟随自己的哥哥做一个平民。他同样具有关心国家政事的良好作风，可是他太过于守礼，当他听到仁德的周武王去讨伐残忍的商纣王时，他觉得是应该讨伐却又认为这不合先王之道，最后竟然跑到周王面前直接指责，如果不是当时姜太公有仁，念国有尊老之礼而放了他们，他们之后的故事也便没有了。叔齐没有考虑过，自己现在只是一个平民百姓，根本没有资格直接跑到周王面前指责他。这难道不也是以下犯上？岂不是前后矛盾？他心中的礼到底是他认为的别人的礼，还是关乎所有人的礼？这种礼又是仅仅为了礼而存在的礼，还是使天下安生，像现在老有所养的礼？

我想这应该是鲁迅先生想让人们思考的：礼，到底是为了什么而存在，它存在的意义是给人带来幸福还是黑暗？看了叔齐最后的结局，虽然可怜，但是他自身顽固不化占了很大一部分原因，妇人的话其实只是加速了他们两人自作自受地死亡的步伐，他们最终还是会把薇菜吃完的，就算没有阿金姐大概也总会因为自己思想的固化而饿死。

其次是伯夷。对于伯夷，其实我觉得他是很冤枉的。因为从一开始他就表现得不在乎，他没有像叔齐那样有着对礼固化的思想，他的思想固化在有点像道家的无为而治，"外物与我何与也"的安生。我只关心关乎我的事物，像饼越来越小了，劝叔齐不要多想，打打太极拳就好了。但这种无为之道又不是真正的道家思想，而是一种随波逐流的人生态度。待在养老堂，只是因为这里可以养老，不管国家发生什么事，都不该怨恨，也不该闹事，就像书中所说的，为了养老而养老，实际上他活着和没活着已经没什么区别了。除了活下去，他没有任何的追求，也没有对事物的思考，如同一个精神麻痹的植物人，留在世上吃吃喝喝，就这样直到死亡。后文很多事都是叔齐拉着他去做的，他的思想就是别人的思想，叔齐说什么他就是什么，没有了自己对这个世界，甚至是对自己的思考。看了伯夷的处事态度，我认为鲁迅先生觉得他们二人互相谦让王位也许完全是因为伯夷不愿当，而叔齐限于礼制固化思想，认为不给大哥当是不合礼的。

而书中其他人的思想固化是他们对人性的冷淡。书中经常会出现与"这是文王订下来的老规矩"相类似的句子。人们表面对于像伯夷、叔齐这样的老者、智者持着恭敬的态度，可实质并不然。开始出来的小穷奇便是其一，实则没有一点仁爱之心，看到两位老者也不放过，以一种丑陋的虚伪的姿态称他们遵先王遗教，尊敬老人，把抢劫描述得冠冕堂皇。在抢劫的过程中，粗鲁的动作和假仁假义的语言形成了鲜明的对比，把一种戴上礼的面具却也怎么也遮不住的人性的恶表现得淋漓尽致。再看到文章结尾，阿金姐通过讲述母鹿的故事来告诉人们她所认为的伯夷和叔齐死去的原因。但是，但凡有自己思想，真的做到对老者毕恭毕敬的人，便会觉得这种所谓的因想满足了自己的欲望，而遭到上天鄙夷，从而饿死的死法，是完全不符合这些老者、智者的所作所为的，甚至可以说是相违背的，更何况相信这个故事的人中，有很多是认识伯夷和叔齐的，那就更应该清楚他们的为人，可见当时百姓思想固化之深，毫不犹豫地去相信与自己所信仰的相违背的事，只是人云亦云，寻求解脱。

再次是被称为首阳村第一等高人的小丙君，他本是妲己的亲戚，但在改朝换代后，便去新朝当官，做了祭酒，一副见风使舵的小人嘴脸显露无遗。他喜欢"摆弄文学"，上山找叔齐和伯夷二人论诗，最后气冲冲回家竟说叔齐、伯夷二人不懂诗。但叔齐、伯夷二人以前是孤竹君的二子，说他们不懂诗大概不过是他为了显出自己有才学，高人一等的惺惺作态。前文又说村中除了小丙君都是文盲，我大胆推测最后阿金姐说出的最致命的那句话不是她自己想的，而是从小丙君这里听来的。

最后是阿金姐和其他村民。我认为文末母鹿的故事是阿金姐自己编的，故事的作用在于令那些看似无辜，实则不作为的平民百姓有一个心理上的慰藉，也从侧面体现出了在这样一个病态的社会中，人们不思考、不作为的处世态度。阿金姐当时说这玩笑话时或许只是想通过批判伯夷和叔齐，显示自己的胆量和见识。但这句话可以说是压死骆驼的最后一根稻草，直接导致了伯夷和叔齐精神支柱的全面倒塌，也间接造成了他们的死亡。这告诫我们，语言有时候比实际上的行为伤害更伤人。

我认为这三种思维固化都直接或间接地导致了最后叔齐、伯夷二人的死亡。叔齐看不透历史长流中朝代更替的现象，对于守礼过于固化，而伯夷思想的僵化，令他变得木讷，像傀儡一般活着。阿金姐说的话其实是一个次要的原因，在她说这些话前，叔齐、伯夷二人能吃的薇菜就已经很少了，他们已经开始变得消瘦，死亡离他们越来越近。而我认为背后更重要的原因是其他村民的不作为，没有一个人想到出来规劝或者帮衬一下，努力改变他们的想法。我想伯夷的想法应该不算非常坚定，或许只要有人劝说，他们的结局也不会是这样的。

二、细节剖析

（一）伯夷、叔齐临死之际所作小诗

"上那西山呀采它的薇菜，强盗来代强盗呀不知道这的不对。

神农虞夏一下子过去了，我又那里去呢？唉唉死罢，命里注定的晦气！"这首诗在《史记·伯夷列传》中的原文为："登彼西山兮，采其薇矣。以暴易暴兮，不知其非矣。神农、虞、夏忽焉没兮，我安适归矣？于嗟徂兮，命之衰矣！"

小诗中，第一个"强盗"指的是周武王用强暴的手段去讨伐商纣王，而第二个"强盗"自然指的就是商纣王强暴的统治。两个"强盗"体现出了当代政治社会的混乱暴力。这也是伯夷、叔齐决定不食周粟的原因之一。而紧接着来的神农、虞、夏，便是伯夷、叔齐终身所追求的仁、道、孝，也是儒家的中心思想。其中体现了伯夷、叔齐对当代社会政治的疑惑与无奈，以及对仁孝世道的追求。

但值得关注的是在《采薇》中，鲁迅先生在原始的基础上将我要离去了改为命里注定的晦气。如此将天意与伯夷、叔齐的命运联系在一起，多了一番讽刺的意味。

因为伯夷、叔齐本是孤竹君之子，是有机会、有能力去继承王位的，如此一来，便有权去改变天下的世道，即便可能不成功，却也一定可以付诸努力，去实现自己的理想，或许最后的命运就会有所不同。可是他们却把自己的没落认为是天命，我认为在这里可能也有一点反映出他们一生限于去寻找，反而忽略了自己和实践追求的实干精神。与《补天》中的仙岛有几分相似之处的安稳的桃花源般的世界是不可能等待来的，它需要世人通过努力去创造。这也算是在鼓励当时的人们振作起来，去追求属于自己的权利，去创造更美好的无产阶级社会。

（二）"烙大饼"与"不食周粟"

文中多处提到大约过了"烙好几张大饼的工夫"。这一处的矛盾点在于伯夷、叔齐在历史上是以不食周粟的美德而受人称赞，但是却将世事都以烙大饼来计时。我觉得这可能是说明伯夷、叔齐即使是品德高尚的贤者，依旧需以粮食来维持生计。其实在养老堂的时候他们的关注点一直都在大饼上，比如今天的大饼薄了、少了，或者量多得吃不完，便成为他们衡量世道兴衰的一个标志。虽然这的确是合理的，但这一下便把这两位历史上的伟人、圣人，以一种寻常百姓的姿态展现在大家面前。每个人都需要吃东西以维持生命，伯夷、叔齐也不例外。

这里贯穿前半部分文章的大饼，其实暗示了两人赖以生存的归根到底还是粮食，而后半部分文章大饼这条线索断了，伯夷、叔齐的命也归于尘土。他们最终也是因为没有东西吃而饿死的。我就觉得鲁迅先生说不定也在借此批判那些追求高远理论而不顾经济现实的虚伪的理论家。即使民不聊生，却还要自命清高，追求一些不切实际的东西，这究竟是伟大，还是悲哀？当时社会民众真正需要的，而且是迫切需要的就是像大饼一类能供他们生存下去的物质资源。

但是，从另一个角度来说，古代社会没有钟表，大部分人都以烧香来估测时间，而烙大饼，也不失为一种统计时间的方法，并且显得贴近民生。

（三）阿金姐的"故事"

文末，阿金姐讲述伯夷、叔齐是因贪婪而偷吃鹿肉而死的故事，依刘向的《烈士传》所言，的确有贪婪吃肉而死的说法。但依《史记》的记载，伯夷、叔齐是饿死的，并非偷食鹿肉而死。我觉得当时的百姓即使信仰神明，在显而易见的饿死，与不切实际的神话说法中，不至于愚昧到分不清两人的真实死因。这里这么说的原因，除了之前提到的村民的不作为与不反思以外，仍有一个疑点，为什么阿金姐编的是贪食而死的故事，而不说他们是因为别的缘故得罪了神明而被罚的呢？这里也有与用烙大饼来表达时间相似的地方，侧面体现出当时百姓所心系的是温饱问题，因为食物而死，更能令那时的人信服。可见在粮食都无法满足的时代，让百姓守礼与敬老其实是奢望，这才造就了当时弥漫着虚伪与讽刺意味的"谦恭"。

再一次纵观全文，我想鲁迅先生真正想表达的内容就是想告诫年轻人不要轻信也不要盲目自信，凡事都要有自己的思考。他不仅在文章中讽刺了伯夷和叔齐这类守旧固执的行为，这篇文章本身的存在也是对世人都相信的说法的一个质疑。大家都认为伯夷和叔齐是誓死守儒的贤才，鲁迅抓住这一点，写下这样一篇文章，既讽刺又直观地表达了他对于每一件事的思考，鼓励年轻人不要畏惧权威与所谓的事实，勇敢地质疑，自由地思考，希望他们能够更加直率地表达自己，更加深刻地思考问题。

玫瑰：为了被斩首而生长的头颅
——关于《故事新编》：《奔月》、《理水》与《采薇》

高一（4）班

讨论：黄胤羽、周龚鸣、曲梓萱、卢颖、黄琪雯

整理：黄琪雯

引言："对一朵玫瑰而言，生死虽是必然，过程中仍有许多美丽的奇迹。"与《补天》中纯粹为"神"的女娲不同，后羿、大禹、伯夷、叔齐都是被古人神化了的普通人。而我们的战士，鲁迅先生，他偏偏要通过戏谑的口吻将这些被神化过的人物拽下神坛，要他们最终也英雄迟暮、也被软化、也成为固执的傻瓜。——然而在先生的笔下，他们终于也有些许可取之处，那是美好的希冀，是美丽的奇迹。因此，他们是注定被斩首的头颅，也同样是曾经芬芳的玫瑰。

一、我们古老的玫瑰

无论是《理水》还是《采薇》，最重要的一点都是人的真实

性。我们从小到大对大禹治水三过家门而不入的责任精神了然于心，但是我们从未去考虑过他的妻子——我们仿佛能够自动忽视这样一个人的存在，也仿佛能够忽略禹除了作为一个"臣子"之外的另一重身份——他也是一个"丈夫"的存在呀！这篇文章中禹和他的妻子都是脱离了神话色彩而存在的真实的"人"。在《理水》中我们能够找到他妻子对他的埋怨，这曾经在我们眼中仿佛是不可理喻——禹这样的英雄明明应该去做一些更加伟大的事情，怎么可以贪恋儿女情长而留在家里呢！我们这样的先入为主的思想是对禹的最大不公平——我们把他神化了。

的确，神话传说中人的神格化是不可避免的，这当然也源自远古时期的人类对自然的力量的恐惧，于是我们创造出了神话传说，仿佛能够借其中的非常人的力量给自己一些安慰——人类中总有超人的存在，而他们一定会保护我们周全。这样的神化是不可避免的，但是我们却也应该用更公平一些的眼光来看待问题———一切英雄人物的本质，仍然是作为"人"而存在的。

当然，在神话传说流传的过程中我们也向其中加入了许多的政治、宗教、学派等因素，于是英雄人物越来越不被看作是与我们相同的"人"而存在的了。这在历史的进程中的确是无可避免的，这源自人类对自然的，在人类骨髓里根植着的恐惧；发展于人类演化过程中权力对于思想控制的需求。

鲁迅先生所著的《故事新编》恰恰提出了一个全新的观点——我们何不用看待常人的眼光看待英雄人物呢？

于是禹也会有心情阴郁的时候，禹的妻子也会因为他常年离家而抱怨，伯夷和叔齐也会拥有人性中贪婪的一面……但我们必须承认，也正是这些我们不愿意提及的，仿佛会抹黑英雄人物光辉形象的一面，才是真正成就了这些英雄的闪光点——他们不再是遥不可及的，而仿佛是在我们身边有血有肉的存在。

　　而前几篇文章中也涉及这些，《补天》中的女娲也会劳累，也会在小人说些不明所以的话的时候心烦；《奔月》里的嫦娥也会因为对生活的单调的失落而不耐烦，后羿也会是自私的，想着自己成神而不顾及自己的妻子……我认为，《故事新编》中的前三篇正是写了一个重要的方面——"被神化的人格"。

　　我们似乎是不愿意看到人性里黑暗的一面的，我们不愿意直面它，这大抵也是源自每个人对真善美的追求以及对人性阴暗面的自卑——每个人在黑暗面前都是自卑的，因为害怕自己会变得同样黑暗。

　　但是在鲁迅先生的笔下，这样的人性反而是可贵的，我们不必羞于为人，每个英雄也不必羞于自己的阴暗面，因为人性的复杂性正是人性闪光的地方——纵使我们拥有内心黑暗的角落，但我们依旧愿意善良。

　　如果说第一点能够被暂且称为"神化的人格"的话，那我想第二点，便是"真实的人性"。

　　这一点在《采薇》中不难看出。伯夷与叔齐，这两位人物的"不食周粟"的故事在儒家文化中被广为推崇，当然也被视作是对"礼"的尊重，于是这两位被尊为"圣人"。但是在这篇文章中，这两位圣人却也并非完全一心向礼。无论是扑到周王面前拉住马嚼子还是而后亦真亦假地想要杀死鹿的传说，我们都不难看出鲁迅先生对待圣人的前提依旧是首先把他们作为"人"而宽容地看待。

　　当然在《采薇》中鲁迅先生所讽刺的绝不仅仅是这一点。在伯夷晕倒后，年轻太太送来了姜汤并强行要求两位老人喝完，我姑且将这样的现象称为"强行善意"。"因为我付出了，所以你要回报于我相同的真心。"这样的事例在我们的生活中并不少见；伯夷不愿下床——他实在是太怕冷了，这样的惰性也的确是存在于我们每个人的身上的……

而鲁迅先生的如此观点不也正是他的人格的体现吗？这样的人性本恶、这样的惰性……他的笔下绝不缺这样的讽刺，但是，也一如《回忆鲁迅先生》中所提及的，他依然是一个热爱美、热爱生活的人。而他的身上是从远古至今最伟大的英雄主义——在看清了人性和生活的本质之后，依旧热爱生活。

二、当玫瑰被斩首

（一）后羿与嫦娥

黄琪雯：都说英雄迟暮，曾经的后羿是多么伟岸英俊啊！但看鲁迅的描述——墙上一把比一把威武的弓、射下太阳的壮迹，与嫦娥该是一对令人怎样艳羡的英雄美人。

可故事不是从这儿开始的：后羿不得不翻山越岭最后却只射碎一只小麻雀，墙上的弓全都蒙了尘；嫦娥为了乌鸦炸酱面大发脾气，每天的消遣只有去邻居家打麻将……夫妻俩每天貌合神离的争吵帮助他们挨过一个又一个充满乌鸦炸酱面的日子，两人真正的心灵寄托似乎只有那颗助人升天、逃离所有的妙药。

最后嫦娥率先选择了逃避，她不再是超凡脱俗的仙子，也不再是防贼窃药的烈妇。曾经射下过九个太阳的后羿连发三箭也只是让月亮抖了一抖，然后"更亮"而已。

英雄迟暮后是怎样的，迟暮英雄的家庭生活又是怎样的？

他们也是渐渐归于平凡、才华衰退，希望能够逃避一切躲入幻想之中的人。

（二）大禹

黄琪雯：前期的大禹正与所有神话故事中一样，英勇、节俭、孔武有力，"三过家门而不入"都是为了人民与百姓。他"乞丐样"黝黑的肤色，与那些受人唾弃的官员是多么不同！可是很快，害他三年没回家、双腿曲张、汗毛被泡没而最终成功的浩大工作成了人们闲谈的趣事——所有人都只关注着"禹爷晚上变成熊治水"的奇闻，而他艰苦卓绝、一点一滴取得的成功却只因为富人开始穿上绸衣、桌上端上野味才被注意到。他进城时百姓们的迎接，也不过是想满足自己的好奇心罢了。从那句"你也说些好话"开始，一切就都慢慢不同了。

大禹开始阔绰了，在祭祀时出大手笔了；平时上朝穿的衣服也与以往不同，是像点样子的绫罗绸缎了。商人们松了一口气，因为他们也看到大禹被软化了。当英雄行为沦为夸大的笑谈与做作的表象，一切照旧，什么都不影响。

这让我们不禁想起革命党诸多义士前仆后继地献出生命，民国建立后堕落者却也层出不穷。或许大禹的软化，也是在给当时诸多正处在从革命家转向政客的阶段的人敲响警钟。

（三）伯夷与叔齐

曲梓萱：这是可能的想法之一——鲁迅先生作为一个不相信神话的人，可能只是从作家的角度幽默地对待这些"英雄伟人"，甚至将其视为笑话。伯夷、叔齐毕竟是人不是神，人性贪婪的驱使使他们断送了自己最后的活路。他们大概只是，面对生活的暴虐时，无法顾及表面美德而暴露出自己虚伪内心的"英雄"们吧。

卢颖：伯夷与叔齐这两个人在史料记载中是古代圣贤君子仁人的代表。而在史料的记载中未免将人完美化，而在《采薇》中我却看到了两个生动的有血有肉的可爱老人。"伯夷怕冷，很不愿意这么早就起身，但他是非常友爱的，看见兄弟着急，只好把牙齿一咬，坐了起来，披上皮袍，在被窝里慢吞吞地穿裤子。""不过伯夷还是懒得看，只听叔齐朗诵了一遍。"文章中一些小细节，就将两人的形象刻画得十分生活化了。在我们看来周武王伐纣是一件很对的事情，毕竟纣王荒淫无道，可在他们眼中这不合礼数，全改了文王的规矩，不但不孝，也不仁，于是他们不食周粟。

我始终觉得文中关于伯夷、叔齐最后想吃那头母鹿的言论是阿金姐编造出来的，他们是可以为了自己的信仰不食周粟、放弃一切甚至生命的人，怎么会做出这样的事呢？

周龚鸣：在小说《采薇》中，鲁迅先生塑造了两个与《史记》之中截然不同的伯夷和叔齐。在《史记》之中，司马迁大肆赞扬他们的忠诚、他们的完美品德。而鲁迅先生在文中似乎打破了对他们的形象，这究竟是为什么呢？

鲁迅写作这一篇文章是在 1935 年 12 月，那时正是"一二·九"运动时期，是人民爱国热情高涨的时候，他在这个时候改变人们对两位古代著名忠臣的看法，显然是要批驳一些什么。我认为，当时可能存在一些盲目崇拜、盲目模仿圣人的现象。而且，在司马迁叙述他们的事迹的时候，进行了"神化"，他们两位的所做之事或者精神高度是常人完全无法达到的，而这样盲目导致的后果是什么？很多年轻人可能会因此变得不懂变通而一味地以为抛头颅洒热血是爱国的唯一途径，而白白地牺牲。这样会导致一些不必要的冲动。另外，他也想要告诉人们，不要盲目地相信那些"圣人"，那些绝对美好的美德可以供人们瞻仰，给人们希望，但在一些物质上的基本条件还没有达到的时候，是很难做到的。我们应当接受现实同时找到合适的方法来表达我们的爱国热情，千万不可意气用事。

琪雯：卢颖和曲梓萱两位同学出现了截然不同的观点。我个人还是比较赞成卢颖的观点，即伯夷、叔齐吃鹿肉的故事是阿金姐随意编造的——具体是如何得出结论的，又有何佐证，请看第三部分，这里就不赘述了。

伯夷与叔齐最初之所以会进入"养老堂"也是因为那点继承王位的事儿：伯夷是老大，叔齐是老三，父亲死前要叔齐接受位子。一个觉得要"孝"，要听从父亲的意见，为免弟弟烦恼便先悄悄离开；一个觉得"礼"，王位必得传给大哥，为了不让哥哥为难，遂也逃之夭夭。结果二人在逃亡路上巧遇，竟干脆一起逃跑，没有一个人回去。——若要我评两人的做法，那可真是谈不上"仁"、"孝"、"礼"的。

这是两人第一次"逃避"，到了"不食周粟"那一段则是他们第二次"逃避"。

二人最初显然是很想得过且过下去的，关注的也只是烙饼的大小而已——本来嘛，两人就是因为对周文王比较赞同才投奔至此的。可很快，在他们眼里，周朝的"仁"与"孝"出现了大问题。血流漂杵的情景可绝不是他们所认同的"仁"！不能说他们对自己和对他人双重标准，只能说两人都有着单纯甚至接近于幼稚的理想主义情怀，当仁与孝的固有观念受到大挑战，他们想到了再一次"逃"，通过不食周粟来无声地抗议。这除了可以为他们换得虚名之外，似乎没有任何价值——说到此处文中有个小细节，是叔齐听到两个百姓"从君主的头聊到了女人的脚"，便皱了皱眉捂着耳朵跑了。读到这里时我不知为何，觉得叔齐迂腐，但也严格而可爱——他的心是真的，是真的在一直贯彻自己那套森严的"仁"的。

接着便是对于他们隐居生活的描述——文中屡次出现茯苓、松香之类的字眼，采薇的隐士生活看似也充满了诗意。但事实全不是这样！蒸出来的松叶糕是苦、粗、难以下咽的；小小的土坡上是常有樵夫小孩儿来玩的……这样的"隐居生活"又怎么会是伯夷、叔齐真正想要的？在闲话的蔓延与被参观的耻辱中，他们的尊严被一点点磨灭，终于最后阿金给了他们当头一棒，终于他们为了这无价值的抗议，为这除了虚名什么都换不来的"不食周粟"奉献了生命。

鲁迅先生对他们是抱有一种讽刺又怜悯的态度的：他们因为无价值的东西而固执地牺牲生命，到最后也没有察觉自己本身也并没有做到这些。但他们是那样执拗、坚定，最后留给大家的印象也只是阿金随意编造出的"吃鹿肉"。

他们很复杂，他们绝不是神一样的道德英雄。

此外我还颇想说的一点是：伯夷和叔齐的性格也是不同的，比如伯夷话多，内心很可能希望自己能名垂青史，而叔齐则纯粹是个又"迂腐"又严格的人了。

三、每朵玫瑰下都长着刺

（一）《理水》

周龚鸣：我可以从三个角度聊一聊《理水》中在英雄大禹之外，所讽刺所暗指的其他人其他事物。

一是官僚体系。

从禹的妻子劝阻禹的一番话中，很明显地体现了禹的妻子对禹当官之后的现实的理解——当官不一定有好处，甚至可能丢了性命。那些没有认认真真履行职责的官员反而生活得快乐，胖到汗中流油。而那些真正为百姓做事的官员却往往没有什么好下场，更别说赚很多的钱了。还有官僚体系中对女性的歧视。文中提到在官员中是完全没有一个女性的。女性在统治阶级中完全没有出现，女性没有做官的权利。还有就是严重的腐败现象。那些视察员一个个不走心的问题，并且并没有听人们反映的生活情况，只是为了走个过场，走个形式。

二是人民的思想。

在这篇文章中最让人觉得悲哀的就是那些"自作多情"的百姓。那些捣糨糊的官员在问他们各式各样的问题时，他们非但没有反映真实的困苦情形，还尽力做出完美的假象，试图得到官员的奖赏。最后非但得不到奖赏，连自己抗议的机会也丢了。人民在政府的压迫下，已经渐渐失去了"人"性，而却具有了"奴性"，就为了讨好那些所谓的大爷。

　　三是学者们。

　　他们是最值得批评的人。这些学者首先没有主见，死守教条而且缺乏自我思考能力，如随风草一般，哪儿有风去哪儿，做的都是一些假学问，一些不存在的东西，一些没用的东西。而且还十分守旧，没有新鲜的创意，不敢也懒于创新。同时学者们也缺乏逻辑，很多话前言不搭后语毫无联系。选择"湮"和"导"那一幕把他们的死守教条和缺乏思考表现得淋漓尽致。

　　卢颖：在我看来，《理水》是一篇讽刺意味很强的小说。

　　它讽学者。"我曾经搜集了许多王公大臣和富豪人家的家谱，很下过一番研究功夫，得到一个结论：阔人的子孙都是阔人，坏人的子孙都是坏人——这就叫作'遗传'。所以，鲧不成功，他的儿子禹一定也不会成功，因为愚人是生不出聪明人来的。"这是文章中学者所说的一句话，类似的荒谬言论还有许多，如说大禹是条虫不是人，说榆叶中含有维生素等等。给我的感觉是这些学者研究的东西荒诞不说，似乎他们还非常自负、骄傲，信奉着"万般皆下品，唯有读书高"的理念，觉得自己满腹经纶以此瞧不起老百姓。可他们又不是谁都瞧不起，对待官员，他们又是十分殷勤的，早早地迎接官员，在他们面前卖弄自己的学问。

　　它讽官员。"于是大员们下船去了。第二天，说是因为路上劳顿，不办公，也不见客；第三天是学者们公请在最高峰上赏偃盖古松，下半天又同往山背后钓黄鳝，一直玩到黄昏；第四天，说是因为考察劳顿了，不办公，也不见客；第五天的午后，就传见下民的代表。"这些官员懒惰，办公态度敷衍了事，公呈和善后的方法竟然让学者和百姓们写。而当大禹提出治水不应该堵而应该疏导时，他们又觉得自己要病了，纷纷反对。这些官员是完

274

全的利己主义者，完全没有为人民服务的思想和意识。

它还讽了百姓。文章中的百姓是愚昧的，不是指文化水平低，而是指当官员来访时他们粉饰太平，反映了一个完全不真实的生活状况给官员，他们不知道官员来访的意图也不知道他们这样的做法对他们的生活状况没有任何帮助。

黄琪雯：几位同学都已说过鲁迅在《理水》一文中对于百姓的讽刺，不过都是从那被砸了个疙瘩的人入手，谈百姓的奴性与愚昧。那么我想大可以再加一点——那就是"麻木"。

还记得在鸟头学者吃炒面时围过去要看论文的百姓们吗？那些兴致勃勃的人或许是学者的拥护者，所以迫切想要看到他的新论文；或许只是猎奇者，想来看个笑话。但更多更多的百姓两者都不是——他们又疲惫、又困苦，不赞成鸟头先生的说法也懒于出声反对。那他们为什么要站在这里挤着观看论文呢？——这便是鲁迅笔下经常出现的麻木的中国人啊。

他们累了，他们做完许多事后就无事可做，他们受官员压榨，受虚伪的知识分子鄙视——但他们自己也不知该怎么改变，似乎是无从改变的，于是便渐渐适应、渐渐疲惫、渐渐麻木。

禹所救的就是这样的百姓。

（二）《采薇》

曲梓萱：这与上部分的理解是有些矛盾的，或许也能展现出鲁迅文章的多种可解读性。

鲁迅写这个故事是为了揭露大众的麻木不仁。其中吃鹿肉的故事是阿金姐说的，然而阿金姐有没有看到伯夷、叔齐喝鹿奶而心中升起杀心这一景象是不可验证的，但是这样一来伯夷、叔齐的死就与阿金姐的刻薄态度看似没有任何关系，而是完全因为他们心怀鬼胎，果真该死。村里的人"连自己的肩膀也觉得轻松了不少"这种方式就好似掩耳盗铃，掩盖的是间接逼伯夷、叔齐的愧疚，体现的是民众的深不见底的虚伪性。

卢颖："听到这故事的人们，临末都深深叹一口气，不知怎么，连自己的肩膀也觉得轻松不少了。"村民所谓的"轻松不少"，不过是自欺欺人，肩膀上失去的不过是自己最后对于对伯夷、叔齐所作所为，对他们的见死不救，对他们的不包容而感到的一丝愧疚，也是他们的一丝良知吧。

黄琪雯：我终于要来讲述自己为何认为阿金姐是在编造故事了——鲁迅先生在写成《采薇》的一两年前写过一篇《阿金》。开篇第一句话（若我没有记错的话）便是"我近来很讨厌阿金"。文中的阿金坏毛病不少（有人评价说这是很"中国化"的一个人物）。在《采薇》中鲁迅为什么要给一个尖酸刻薄的婢女这样的名字呢？想必他对两者的感情也是差不多的吧。这样的阿金所说的话，又有几分能信？何况，伯夷与叔齐虽然固执得近乎森严，也毕竟是甘愿不食薇菜将自己饿死的人，若说"普天之下，莫非王土"，他们怎么可能想去吃一只周土之上的鹿？再者说，两个老人要搬起石头砸死一只年轻力壮的母鹿未免也太勉强了些。

所以我相信，这些话是阿金姐编造出来的。

这样尖酸刻薄、没事找事，还刻意为自己开脱以至于最后连自己都相信了的人，不得不说是可怜、可悲又可恨的。尽管她自己并没有感觉到。

再有就是"华山小穷奇"。他是可以细致分析的人物，但我时间不够，所以还是草率讲一讲吧。此人是个满口"仁义"的山匪，在路上拦人打劫，却还暗自标榜与其他山匪不同，"遵循上头的意思，是好人"。可见这周朝的"仁"传到下面去后都走成了什么样！当然也可以讲，这是"仁"只停留在表面而无法真正深入人心的无奈。

四、杂感

周龚鸣：我注意到的是《理水》中的用语。文章的用词和人物的说话方式完全不是那个时代的人。这种用语给人的感觉更是那种清朝时期和民国时期的味道。这也恰恰侧面反映了鲁迅先生写这篇文章醉翁之意不在酒，而在于讽刺那个时代的人，或者某些现象。

卢颖：关于《理水》——我曾经听别人说过鲁迅先生很希望有朝一日自己写的文章不再流行、不再被人们所提及，因为这样就说明他文章中揭示的一些问题已经不复存在。

可惜的是，就《理水》这篇而言，我读的时候被这种有些夸张、有些搞笑的风格吸引，读完后仔细一想，这些问题好像并没有被太过夸大，它实实在在地存在于我们的社会中啊。

有多少所谓德高望重的教授没有真才实学地倚老卖老，有多少身居高位的官员贪污腐败，在这个生活水平已经提高了那么多的年代，我们也许看不到那些新闻没有报道出来的事，可我们在网络上仍能见到许多愚昧的话语。这些问题过了那么多年，竟然还能深深扎根于现代社会。我一直觉得一些过了许久许久都解决不了的问题有的时候可能是与人类本身的人性有些关系的。

关于《采薇》——"不但村里时常讲到他们的事，也常有特地上山来看他们的人。有的当他们名人，有的当他们怪物，有的当他们古董……"这是村民知道了他们的事的反应。先是好奇，后来就转变为鄙夷了。这个世界从古至今就缺乏一种包容，是多数人对于少数人的包容，是主流对于小众的包容，是对像伯夷、叔齐这样特立独行的人，这样有着自己的信仰的人的包容。至少到目前为止，我们始终不能以正常的眼光看向一些所谓的少数群体。可是他们没有错，他们只是与我们不一样罢了。我们也许不理解、不接受，可我们需要尊重他们、包容他们，给予他们正常的生活权利，这是他们的权利，是他们的自由。

曲梓萱：对于《理水》这个故事没有特别深的感悟，只是注意到了十分有趣的小细节。

当时鲁迅的《中国小说史略》被顾颉刚认为是抄袭之作，鲁迅对此耿耿于怀，不止一次在作品中讥讽戏弄顾颉刚。"鲁迅《理水》中，有一滑稽的'鸟头先生'，断言大禹并不存在，是一条虫。'鸟头先生'影射历史学家指顾颉刚。顾颉刚从'禹'字的偏旁考证出大禹是一条虫子，鲁迅于是将顾颉刚的'顧'字拆解开来，演化为'鸟头先生'。'顧'字，'雇'，鸟名；'頁'本义为头，顾颉刚先生，鸟头先生也。"

可见鲁迅的《故事新编》讽刺的不仅仅是政治官员、当代政府，还有他主观不欣赏甚至是厌恶的人。这是他的小说，是他自由发挥为所欲为的理想天地。同时，他也是一个有七情六欲、有血有肉、爱恨分明的，活生生的，人。他不是神。

黄琪雯：曲梓萱所说的部分，我还想补充一点。其实那"鸟头先生"的故事可还没结束呢！他嚷嚷着"等我吃完炒面就去起诉你"，其实是暗指当时顾先生在报纸上大肆谴责鲁迅，并声称"等离开粤地就起诉"，鲁迅当然是"盖不奉陪"，还将这事儿写进了文章里。

《采薇》中鲁迅其实讽刺了许多人——逃避的，执拗的，渴望声名的，空想主义的；刻薄的，无聊的，表面主义的，尖酸自我的；麻木的，旁观的，怯懦的，随波逐流的；虚伪的，无情的，满口仁义道德的……他在讽刺，在发问……

《出关》与《铸剑》赏析

复旦附中　高一（4）班

沈安诺、王欢、吴翘楚、辛嘉琪、张依依

标题虽为《出关》，作者却用了三分之一的篇幅写孔老相争，文中的孔子完全颠覆了我们对其一贯的认知：褪去圣人的光环，作者笔下的孔子是一个忘恩负义、有些狡诈的学生形象——"他以后就不再来，也不再叫我先生，只叫我老头子，背地里还要玩花样了啊。"孔子从老子这里悟出了"道"，学成之后却不再接受老子的思想，走上了与自己老师完全不同的道路。二人间全无师生情，只有利害关系，这里大概是鲁迅先生想要讽刺那些不纯粹的师生关系，或者拓展一点，讽刺那些为了利益钩心斗角的人际关系。

文中多次提到老子"毫无动静地坐着，好像一段呆木头"。我们都知道老子开创了道家学说，且他与孔子是同一时代的人，年长于孔子20岁，相传孔子曾请教老子于礼，不难看出老子是有超出常人思想的人，怎么能说他像呆木头呢？我认为这是因为"呆木头"的比喻是站在当时旁人视角所述，对那些完全不懂得老子思想的人来说，老子思考问题时的样子确实看似无意义。老子最终选择出关，这是他的无奈之举，文章如此写也是为了借古讽今，讽刺那些庸俗的人因为不理解而嘲笑别人的样子。

但老子也不完全是正面的形象。在《出关的"关"》中，鲁迅先生写道："至于孔老相争，孔胜老败，却是我的意见：老，是尚柔的；'儒者，柔也'，孔也尚柔，但孔以柔进取，而老却以柔退走。这关键，即在孔子为'知其不可为而为之'的事无大小，均不放松的实行者，老则是'无为而无不为的'的一事不做，徒作大言的空谈家。"由此可见，鲁迅先生认为孔胜老败，其原因在于他否定道家思想的清静无为，认为这是空想，是生命力衰退的体现；虽然他也不喜欢儒家思想的繁文缛节，但其要有所作为的思想还是值得肯定。在《出关》发表后，有读者以为故事中的老子暗示的是鲁迅本人，以致很少为自己的作品辩解、澄清的鲁迅专门写了《出关的"关"》一文否认这种说法，足以体现他对道家无为思想的否定。

在孔老相争片段中，鲁迅对老子的评价偏于否定；而在出关过程的片段中，老子又是一个正面形象。出关前被关官拦下，要求讲学，他知道自己无法推辞，便顺势答应，而不是试图强行离开；他知道众人不可能理解他的"道"，就也没认真讲学、编讲义。虽然有些处事圆滑，但并不令人讨厌，只是一种明哲保身的手段。

老子秉承着"坚强者死之徒，柔弱者生之徒"的大道，不仅撰写《道德经》以传后世，且他更是身体力行这般大道。整个出关的过程明明非常简单，却被官员们拖延了 2 天。这两天里，老子先是被拉着去讲学，许多人来了，可是随着老子开讲，这些人从先前的兴致满满变为瞌睡连连；而后还不罢休，那些人编出几个冠冕堂皇的理由要求老子撰写讲义，年岁已高的老子花了一天半的时间完工，那些人终于放他出关，背地里却说着"真教人听得头痛、讨厌"的话。而整个过程中，老子没有一句怨言，没有一次拒绝，都按照那些官员的要求完成了一个又一个任务，正是践行了他"天下之至柔，驰骋天下之至坚"的大道。

反观那些官员，他们强行拦下老子要求他去讲学，但又不能理解所讲内容，让老子编了讲义又觉得"老套"、"真教人听得头痛"，只想着拿讲义去卖钱；还有人想叫老子著书卖钱，又找借口减少稿费。这些官员的庸俗，也是当时人的通病，他们崇尚利益至上原则，轻视学问。文中老子的出关，也正是一种看透社会本质的无奈。

鲁迅先生笔下的《铸剑》与其他的复仇故事有所不同，他花了大量的笔墨来描写眉间尺与一只老鼠之间的互动，体现了其优柔寡断的性格，为后文母亲说他不冷不热做了铺垫，也似乎注定了这场复仇将不会由他来直接进行，区别于俗套的子报父仇。在说出他已改变了这优柔的性情后，遇到了黑色人，这个自称能替他复仇的人，随即削下了自己的头颅，如此果决令人为之一怔。

通篇以眉间尺复仇为背景，但鲁迅先生将大王杀其父的原因由私藏了雄剑改为大王贪得无厌的性格，使复仇显得更为顺理成章，立足于道德的高位。我认为是眉间尺的迟疑产生了宴之敖这个黑色人，神秘而又果断，他的尖锐与冷酷使他成了复仇的最佳人选，从他的外貌来说，又与鲁迅先生本人极为相像，所以不难想象，这是他所投射的自己，一个英雄式的虚无之人。

荒诞的场面是《故事新编》中不可缺少的元素，三头争斗的场面震慑住了周围的人，极善与极恶这两种意识在金鼎中消失殆尽，最终只剩下无法分辨的皑皑白骨。宴之敖者从虚空而来，他说："仗义，同情，那些东西，先前曾干净过，现在却都成了放鬼债的资本。我的心里全没有你所谓的那些。我只不过要给你报仇！"最终这三人合葬在一起，一同埋入了土地，不会有人再来区别谁是复仇者，谁又是被复仇之人，只有几个"义民"很气愤，其他的不过是一群愚昧的、冷眼旁观的看客罢了。

复仇，显然是《铸剑》这篇小说的主题。而眉间尺作为复仇的主体，他从出生起的使命就是复仇。

小说开头从眉间尺见到掉在水瓮里的老鼠的场景写起。眉间尺对老鼠的态度在憎恨与可怜中徘徊不断，犹豫不决。这写出了眉间尺本身的性格优柔寡断而迟疑，这样的性格也决定了他独自报仇成功几乎是不可能的。但当他得知杀父之仇和复仇的使命时，虽然稚嫩虽然忐忑，也决心"改变优柔的性情，用这剑报仇去"。而当黑色人要求他将剑与自己的头颅交给他作为报仇的工具时，眉间尺也照做了。

最终复仇的结果是成功的：黑色人和眉间尺的头颅与王的头颅决斗，确认王的头颅是真的死了，相视而笑，心愿已了地瞑目了。而尾段百姓的行列被"挤得乱七八糟，不成样子了"，象征着暴政的终结，固有的权威和陈旧的规则的打破，反抗力量的胜利。至此，这段复仇似乎是值得讴歌的。

可是，难道眉间尺的人生就仅仅只是为了复仇吗？在走上复仇之路前，他是个优柔的孩子；走上复仇之路后，他是复仇的工具。转变来得如此突然，又是早已谱写好的必然。没有人问过他"你是不是愿意为了报杀父之仇而献出生命？"母亲没有给他选择，黑色人也决绝地要求他交出剑和头，就连他自己也默认这就是他的使命和命运。无论是母亲、黑色人或是他自己，都没有想过眉间尺也是一个人，一个独立存在的生命。他本可以有自己的生活，有独立自由的思想，可这些都被复仇打破了。当一个人的人性被仇恨吞噬，当他把生命当作复仇的工具，尽管是为了正义，但这究竟是伟大，还是悲哀？

更可怕的是，从复仇的结果来看，尽管复仇者与仇人同归于尽，但那些活着的大臣、妃子、百姓仍然没有意识到王权、体制和社会存在的问题，仍然认为两个复仇者是"大逆不道的逆贼的魂灵"。尽管权威和规则被打破，但新制度的建立也是要以社会共同的价值取向为基础的。在这样的民风下，谁能说"新"的体制就一定不同以往呢？那么，《铸剑》式的复仇，究竟是胜利还是失败？或者说，复仇的意义究竟何在？我认为，这些问题，才是表面的复仇之下，这篇小说真正带给我们思考的地方。

鲁迅先生在《铸剑》一文中用富有深意的情节引发了人们对于"复仇"的思考。复仇究竟是否有必要？复仇又能否真正带来牺牲了性命的复仇者希望的结局？

文中的复仇是复杂的。这场复仇的主角眉间尺原本是一个优柔寡断的孩子，在文章开头描写他对于该杀老鼠还是救老鼠犹豫不决时，这样顾虑重重却又带着特别的感性与细腻的他似乎难以与复仇联系起来。而最终为了报父亲的仇，眉间尺选择了抛弃自己不果决的个性。对眉间尺的复仇起了关键作用的黑色人也说："仗义，同情，那些东西，先前曾经干净过，现在却都成了放债鬼的资本。我的心里全没有你所谓的那些。我只不过要给你报仇!"这也启示我们，无论千百年来人们如何传颂复仇的故事、将一位位复仇者歌颂为正义的化身，复仇本身却始终是残忍的，并带有必然的悲剧性，复仇的本质应当是用暴力达成目的，从来不是绝对的"善"，复仇必经的道路是与人们的自然情感相违背的。

但鲁迅先生也是对于这场复仇抱有一定的肯定或期待。文中复仇的对象——王，是一个残酷而反复无常的暴君，这也意味着文中的复仇象征着一场对于恶的挑战。在复仇最终"胜利"结束后眉间尺与黑色人的"四目相视，微微一笑"的欣慰、释然与悲壮也让人感受到了鲁迅先生对于这样反抗暴君的复仇的态度。尽管不是绝对的正义，但在有一定的无奈与无望的情况下，坚决而直指目的的复仇可能是最有效的途径，意味着改变的决心和对于意义的实现。

然而，结局中王妃、大臣等一众看客为分辨大王的头颅而引发的一系列闹剧以及最终百姓们的表现也揭示了这个社会的麻木，人们习惯性地保持着对王的固有的忠诚，而这样的忠诚无疑是虚伪的，在文中也表现为了荒唐，人们为此对于正义麻木、被表面现象所限制，也引发人们对复仇究竟是否带来了我们期待的影响的思考。

《铸剑》——一首爱恨交织的史诗

复旦附中　高一（4）班　沈梓云

一、感受

我反复翻阅原文，只觉得他在反反复复讲述一件事——爱。

我敬仰这高贵的爱，是这种爱让这世间的仇恨止于悲伤，臻于慈悲。

我始终以为，这篇文章继《野草》之后，将复仇推向了登峰造极的地步。他在讲述两种复仇：向外——与黑暗社会的对抗，向内——与自身的矛盾冲突。他在讲述两种最原始的情感：一种是爱，一种是恨。

向外复仇是最为明显的，眉间尺一生下来就被注定了命运的格局，那就是为无辜枉死的父亲报仇。而在这场与世间黑暗博弈的过程里，眉间尺注定要面临一次凤凰涅槃，是属于他自己的复仇。

在第一部分中，眉间尺只是一个十六岁的少年，他像我们许多人的十六岁，年轻、单纯、善良、不谙世事，以及这个年纪独有的慈悲。"好，该死"，他想着，心里非常高兴—"活该"—憎恨—可怜—可恨可憎—可怜—非常难受。眉间尺天生敏感、心细，在处理老鼠这件事上，就存在激烈的自我矛盾。老鼠从里到外都是恶的，它夜夜咬家具，闹得他不能安稳地睡觉。但是无论它怎样可憎，当它作为一个生命在绝境中苦苦求生时，人们不可避免对他产生恻隐之心，有心理负担。这是一个人的爱，是博爱，是对一切众生的怜悯与爱惜。可是这样的爱对于眉间尺来说也是致命的，这会成为他的复仇之路上不可逾越的大山。老鼠，即使以弱者的外皮也不能遮盖丑恶的本性。这是鲁迅的观点。"狗性总不大会改变的，假使一万年之后，或许也许和现在不同，但我现在要说的是现在，如果以为落水之后，十分可怜，则害人的动物，可怜者真多，便是霍乱病菌，虽然生殖得快，那性格却何等老实。然而医生是绝不肯放过它的。"这是鲁迅的爱，他可怜天下饱受残害的苍生，所以他恨，他恨所有胡作非为最后落魄收场的恶人——一个也不宽恕。

　　眉间尺在这场斗争里对自己的灵魂犯下了不可饶恕的罪。口角流着鲜血，一条生命死在他残暴的脚下。他痛苦而又无助地彷徨，他找不到答案，找不到解决内心矛盾的办法。而后母亲又将那沉重的血海深仇告诉了他，期盼他改变优柔寡断的性情，为父报仇。眉间尺脱口说出"我已经改变了我的优柔的性情，要用这剑报仇去！"这样一个重大的决定，下得有多匆忙，就有多不可靠。"江山易改，本性难移"，眉间尺的优柔正是他的本性。具有这样的性情，他注定无法处理同人的关系，因为这种关系比同老鼠的关系还要困难得多，而他本人，"恶"（报仇之心）与"善"（同情心）在他内心总是此消彼长、势均力敌。所以他在对母亲做了保证之后，仍然无法入睡，根本不像改变了优柔性情的样子，母亲的失望也是必然的了。

　　而在第二部分，所谓的向内复仇就真正揭开了。黑色人的出现将矛盾推向了高潮。在这场遥遥无期的复仇里，眉间尺，他永远是单纯地爱、单纯地恨。这世间最难以生存的就是最洁白、最单一的感情，因为他一旦沾上污点，就是那样引人注目，不可磨灭。我们都知道化学里没有真正的纯净物。物犹如此，人何以堪呢？这注定了眉间尺复仇的悲剧。"他怕那看不见的雄剑伤了人，不敢挤进去"——这是他的仁爱；"他不觉全身一冷，但立刻又灼热起来，像是猛火焚烧着"。他总是这样乍悲乍喜，爱到极致，恨到极致。一个合格的杀手，应是剿灭同情、仗义——这些都是放鬼债的资本。为了实现他对父亲的爱，他却必须剿灭自己的同情心，变成一个硬心肠的冷酷的杀手，但以他的生性，是断然成不了杀手的，因而他的复仇计划刚一开始便一败涂地。故事在这里发生转折，眉间尺内心的撕裂由此开始，爱和恨永久在灵魂内对峙的格局形成。他为眉间尺指引了一条全新的路，让他在抛弃肉身的同时从污浊的境界得到升华。让这世俗的爱与恨不再浅尝

辄止，而是达到了爱与恨的辩证统一。

　　"我一向认识你的父亲，也如一向认识你一样。但我要报仇，却并不为此。聪明的孩子，告诉你罢。你还不知道吗，我怎么地善于报仇。你的就是我的；他也就是我。我的灵魂上是有这么多的，人我所加的伤，我已经憎恶了我自己！""宴之敖者"是鲁迅的笔名，这里又像是鲁迅的缩影，"自己背着因袭的重担，肩住了黑暗的闸门，放他们到广阔光明的地方去；此后幸福的度日，合理的做人"。这是他的爱，他的侠，敢为天下先。可黑色人又像是这世间的仇的化身，这世间有太多无能为力的悲伤与仇恨，他多么愿意自己可以消除人世间的一切疾苦，可是无力、愤懑却充斥着他的四肢，让他无力挣扎，束手无策。这是爱，是对人间众生所经历折磨的怜惜与不舍而催生的无力感、挫败感、自责感。而我更愿意将它看成是一个理想人格，黑色人是那模糊而纯净的、理念似的自我。他从"汶汶乡"而来，他要用眉间尺的爱、血和恨来实现自己，演出一场复仇的好戏。也只有他是真正的明白人，他知道这个世界满目疮痍，遍地狼狈。"人我所加的伤，我已经憎恶了我自己！"人的躯体对人的灵魂犯下的罪孽太过深沉，不可饶恕。人类被社会的重担、道德的枷锁、灵魂的撕裂压迫得无处容身。唯一的办法就是向内复仇，在灵魂人格的撕裂里、破碎中得到重整。在混沌迷茫不知所措中体验早已不可能得到的爱，最后得到你中有我、我中有你的辩证统一。

　　此般看来，充满戏谑意味的第三、第四部分就不显得突兀了。王的形象，在这里显然是反派角色。但细看，他的身上也是有爱恨交织的。他的爱饱含激情，却又专断、鲁莽。因为他对青剑的爱太过炙热，而杀死了眉间尺的父亲。这种爱太过排他，不允许包容，所以这样的爱往往透露着杀机，被自私、丑陋、贪婪所遮掩。王的形象就是缺乏自我意识的、旧的人性中的自我，饱含激情却又有太强的排他性。（可见鲁迅先生当时对中国人的处境是多么绝望痛苦）。而眉间尺的形象更像是处于社会矛盾转型期的人们，他们陷于强烈的自我冲突里。眉间尺十六岁时也是因爱（仁义忠孝）杀人，但很快这种盲目的冲动与鲁莽就幻化成了自我觉醒的意识。而最后的黑色人形象就最为鲜明了，他是摈弃了仗义、同情的眉间尺，是人类正义与精神的化身、理想人格。这三种人，既是充满了对立的角色，又是紧密不可分割的一个人的形象。没有"暧暧晦"的下流，断然不会有"堂哉皇"的伟丽雄壮，博大的灵魂容得下人性中的一切。这其中既有王的贪婪自私，有眉间尺的善良懦弱，也有黑色人的大义凛然。所以为命运驱使的这三个人终于在大金鼎的滚水中汇合了。

这是一个恐怖的大团圆，是一个壮观的统一。

我们得撕下自己的壳来

——《铸剑》、《出关》感想

复旦附中　高一（4）班　黄胤羽

《铸剑》这篇小说是以古代干将、莫邪的传说为原型改编而得到的，但是在鲁迅先生的笔下，眉间尺、黑色人以及王都再次被赋予了新的灵魂——他们当然依旧拥有原来的、传承了上千年的性情，故事也当然是一如我们所熟知的那个版本如此发展了下去，甚至连结局都没有被改变——三个头颅浑浑噩噩地被混在了一起，像是灵魂都被纠缠在一起无法分开似的。

这篇小说的开头便出现了眉间尺与老鼠"斗争"的一幕，而这样的翻来覆去中又是人性"伪善"的一面。我们总是想让自己表现出善良的那一面却又在无人能够看到的时候表现出我们内心的阴暗面——于是眉间尺便会在夜深的时候将这只老鼠"折磨"至死；同时，他对杀死一只老鼠的犹豫不决也表现出了软弱的一面。

　　当然我们得承认在一条鲜活的生命面前我们一定会拥有怜悯之心——不论是多么邪恶的生命，在我们的心里将他们定义为"将死"的时候我们总会不由自主地替他们褪去所有的丑恶，只是平等地用同为生命的眼光看待它们，这是我们从古至今所歌颂的人性中的"善"与"美"。于是我们创造出了这样的话——"人之将死，其言也善"。但是，我们在他们即将跳出"将死"的定义之时却会再次换上我们残忍的面具看待他们，这是眉间尺所反映出所有人类的通病——我们心存善意，却也满怀残忍。而我们之所以会残忍，我也认为这并不仅仅是由于它们不再面临死亡，而更多的是人类的自傲所导致的——我们从未把自己与其他所有生灵放在同一地位上看待，我们总是自负地认为自己高于所有的生灵而存在，这也就是所谓的"人类至上主义"，当然，在这里暂且不论。

　　一只老鼠的考验仿佛是被安排好的似的，如此鲜明地表现出了眉间尺的软弱与善良，恰恰在他十六岁生辰的前些时辰。而在他的母亲告诉了他曾经的杀父之仇后他却是这么说的——"我已经改变了我的优柔的性情，要用这剑报仇去！"我总是固执地认为如此十几年养成的性情与人性善良的本意是不可能只凭借一句话便改变了的——眉间尺这样的话语总是像欺骗着自己的内心，告诉他自己"这是天大的杀父之仇，我总不能在这件事上再优柔着了！"而这样的想法却又有些自欺欺人的意味。

　　鲁迅先生说过："中国人向来因为不敢正视人生，只好瞒和骗，由此也生出瞒和骗的文艺来，由这文艺，更令中国人更深地陷入瞒和骗的大泽中。"于是我总觉得这里仿佛也讽刺着中国人传统的"瞒与骗"。这样集体性地对事实真相视而不见甚至无意识地隐瞒，是因为我们不敢直面残忍的事实，一如小说中的眉间尺不敢直面自己应去复仇的人生。于是我们把"瞒"和"骗"这两种我们明面上唾弃实则暗自经营着的艺术发挥到了极致——这也就是先生所唾弃的，我们的懦弱。于是眉间尺的身上又仿佛有了整个民族的影子。

当然我也认为眉间尺的父母身上也有几乎所有中国父母的身影。我们受到千年孔孟之道的影响，对"忠"与"孝"有特殊的情结。"三年无改于父之道，可谓孝矣。"如此教条也当然是对孩子的禁锢——孩子们于是会为了不遭到道德、良心上的谴责把自己囚禁在父辈画下的牢笼中，然后又将自己的孩子禁锢起来，于是孩子们便逐渐失去了思想与希望。

无论我读出了些什么，这篇文章的主题依旧是复仇，是眉间尺向楚王的复仇，也是极善向极恶的复仇。

我认为先生笔下的眉间尺的形象更加是世间极善的代表——于是先生奢侈地花着大幅片段写着他的优柔寡断；而楚王更加是世间极恶的代表——"一发怒，便按着青剑，总想寻着点小错处，杀掉几个人。"

眉间尺在杀死了一只老鼠后都甚至是"仿佛自己作了大恶似的，非常难受"；这样的人性的鲜明对比与激烈碰撞在先生的笔下尤为明显，但眉间尺的优柔性格又似乎奠定了他无法成功复仇的悲惨结局，于是便出现了一位神秘的黑色人。

我们认为这位黑色人恰恰是仇恨的代表。"我一向认识你的父亲，也如一向认识你一样"，这样的话语乍一看中会有不解——如若眉间尺从未见过这位神秘的男子，他又怎么会认识他呢？但是后来是仿佛顿悟般想通了——实则每个人心中都有黑暗的一面，总是善良如眉间尺，也会有看见了老鼠逃脱自己掌控之后发狠心将它踩死的一幕，我们在这篇文章中被迫承认人性中一定存在我们不愿意面对的、阴暗的一面。但是我们不能认定如此

阴暗的一面永远是不好的。

先生笔下的黑色人，雷厉风行、足智多谋，反而相比起眉间尺这样的性格更招人喜欢，这更像是一种先生所喜欢的、理想的人性。这样的"争"也是曾经的中国人所缺乏的，对自己的残忍——我们总是狠不下心去否定自己，而后也无法获得新生。所以在这里我唐突地认为，黑色人与眉间尺是应该被相互联系着考虑的，而黑色人实则是眉间尺真正长大、心智成熟之后的灵魂——他依旧心存善意，所以才会对那热着死掉的头颅接吻两次——但他却能够更加冷酷地、客观地看待和解决问题。于是在这里我提出猜想——黑色人实则是成长后的眉间尺。

如此便似乎能够解释了，为什么会向来认识"你与你的父亲"，为什么会愿意割下自己的头颅替眉间尺复仇……这样一切令人不解的行为都仿佛能够解释通了！

这黑色人究竟是仇恨的化身还是心智成熟的眉间尺恐怕不得而知，但是能够确定的是先生是十分肯定这样的性格的，他也是十分肯定这样的"复仇"的，或许是因为他想让曾经的人们能够否定过去的自己而"争取"吧。

而《出关》中也能够表现出先生对"争"的向往。先生曾说过："老子书五千语，要在不撄人心，以不撄人心故，则必先自到槁木之心，立无为之治；以无为之为化社会，而世即于太平。"意为："老子写了五千字的著作，主要的意志就在于不触犯人心。为了不触犯人心的缘故，就得首先是自己做到心如槁木，提出'无为而治'的办法；用'无为'的'为'来改造社会，于是世界就会太平了。"鲁迅的《摩罗诗力说》中便极力批评了老子的思想，认为这样的避世思想是懦弱的，是无所作为的，于是希求超脱尘世的境界。其中老子便是这样思想的杰出代表。于是可以看出鲁迅先生对老子一骑青牛入大漠的批驳——当然这也就讨论到先生的"诗撄人心说"这样的言论了。

鲁迅先生对中国人最大的批驳便是"不争"，他认为这是极其荒谬的思想——因为不争于是我们成了"东亚病夫"，或许思想上的、传承几千年的疾病相比起大烟会更迅速地抽离我们的灵魂，因为我们"无为"后总能够为自己找到借口——看！我只是在实践这些个古代圣人的思想呀！老子的思想仿佛是我们避风的港湾，是我们的懦弱人性的遮羞布，是眉间尺安慰自己的话语——"我已经改变了我的优柔的性情，要用这剑报仇去！"如此种种，也不难感受到鲁迅先生对老子思想的避讳，于是他借着这篇小说呐喊着——1936 年的我们总不能再懦弱，总不能再为自己找借口了！

"我们不能再做一个'不争之民'了！"我仿佛能听到先生的灵魂在这些文字背后声嘶力竭地嘶吼着，渴望着叫醒一众麻木的中国人。他的笔下是这样的精神的狂吼。

再次看来，现在再将这两篇文章放在一起，先生对"争"的向往，对"争"的精神的向往便能撕开文字的壳而表现出来了。无论是他赞颂着的眉间尺的蜕变（我姑且如此认为），还是他对老子"无为"思想的近乎唾弃，都能表现出先生想带领着拥有思想与精神的中国人去"争"。

"争"似乎是贯穿着这两篇小说的精神，也贯穿着鲁迅先生一生的理想，无论是先生在《故事新编》中所写到的这两篇故事还是他的思想，都把这个字放在了几乎首要的地位——因为中国的人们如若是懂得了如何去争取，便能够奋起反抗，或许如此中华民族的骨子里流淌着的懦弱便能被削弱一些，晚清的政府乃至所有国人便也都不用畏首畏尾地活着，在列强的统治之下苟且。

在此，在鲁迅先生的愤怒、无奈与痛苦的笔下，在先生文字背后的狂吼之下——我们得撕开，也是时候撕开自己懦弱的壳了。

二、讨论

也许针对某个点的讨论与整体的文章相比会有较大的局限性，但或许也正因为此我们才能在一些并不明显的点上挖出更多深刻的东西。

（一）"复仇"

周龚鸣：《铸剑》，是我认为鲁迅在《故事新编》中最为正常的一篇。至少它让我看出了一个完整的神话故事。这个故事的背景在古代颇为常见，题材就是复仇。古代很多很多的故事都是以复仇展开的，可以说复仇推动了人们前行。很多人甚至为复仇而生，就在如今的影视作品中，很多很多都存在复仇者，鲁迅对复仇颇有思考，他的很多很多作品都是关于复仇的。复仇，就是终结被复仇者的生命。而"仇"何来？就是仇人杀了自己最重视的人，或者严重侵害了自己，所以报仇的人试图结束那个人的生命或让他吃苦头。那个不断出现的红鼻子的人就是一个很好的例证。

黄琪雯：插道嘴，小组有同学认为老鼠的"红鼻子"与《理水》中鸟头先生的红鼻子一样，是在讽刺别人。这或许没什么根据，又有点像是在说鲁迅先生太记仇。不过若真是这种可能，我倒觉得先生是很可爱、很倔的了——好，言归正传吧。

周龚鸣：在复仇之中，也分很多种。有些仇该报，有些仇不该报，该报的仇就该报到底，以绝后患。不该报的仇就不能报，不然冤冤相报何时了，会白白让生命浪费，让精力浪费。复仇究竟为什么存在呢？就是为了让复仇者痛快吗？为什么会有这种一命偿一命、一报还一报的形式？如果不报仇又会怎么样？报仇了，除了失去一条生命又能怎么样？也许是人的内心都有一口气，都有一个底线不可以被触碰、戳破，一旦有人打破了底线，就一定要奋战到底。

　　我觉得把《铸剑》和《出关》两篇小说排在一起很有意思。《铸剑》讲的是有冤必报，而《出关》讲的是老子的无为。

　　在文中，很让我震惊的就是老子被留下来讲学，最后很多人都听不懂、看不懂，也不愿意听，觉得很没有用。的确老子的很多思想很玄乎，很难让人理解。有同学说鲁迅是想表达老子的思想完全不好，在那个时代不适合。不过我觉得，鲁迅是想表现的是老子的思想一直被人误解，没有人可以真正地理解他的思想，而且从"红"与"黑"上也可以看出，老子的《道德经》也有很多版本，其中不免有许多误传。这种被误解的思想，带着浓烈的他人的思想气息，的确不能评判它的真伪也不能完全相信。老子的思想也只能是让那些受尽绝望无法翻身的人得以有心灵慰藉，并不能用它来概括一切，也不能用它来说教。老子本身也没有打算让自己的思想成为主流。

　　黄琪雯：既然已经聊到《出关》，我便先岔开"复仇"简单说一说对这篇小说的看法。老子的思想不能用来说教吗？不是的，他最开始不正是用自己的思想让孔子豁然开朗了吗？老子自然有其大智慧，鲁迅对他的态度也绝不是简单或有些偏激的"反对"。具体体现在何处，我会在后文结合鲁迅先生《〈出关〉的"关"》再细说。

　　卢颖：小说开头便通过老鼠一事交代了眉间尺不冷不热的软弱性格，似乎是在暗示凭借眉间尺自己是无法完成为父报仇一事的，为之后黑色人的出场埋下伏笔。而黑色人在原故事中是宴之敖的角色，在鲁迅先生的笔下，这黑色人似乎又有了新的寓意。黑色，让人联想到阴暗、邪恶等等，而这里的黑色人又像是仇恨、复仇的化身。"我一向认识你的父亲，也如一向认识你一样。但我要报仇，却并不为此。聪明的孩子，告诉你罢。你还不知道么，我怎么地善于报仇。你的就是我的；他也就是我。我的魂灵上是有这么多的，人我所加的伤，我已经憎恶了我自己!"这是黑色人所说。他认识每个心中怀有仇恨的人，在他们没有能力报仇时他便会出现来帮助他们报仇，他善于报仇，却已经憎恶了自己，是因为他报了那么多仇给那么多人带来伤害所以憎恶自己吧。他像是帮助我们报仇的人，又像是我们每个人内心那个阴暗的、果决的、狠厉的一面，也许是被仇恨激发的一面。

由这个故事的悲剧结尾看起来鲁迅先生似乎对复仇这件事并没有十分赞成，然而鲁迅先生事实上酷爱复仇又善于复仇，那么也许是鲁迅先生对于复仇有一个分类，一类是应该复的仇，一类是不该复的仇吧。

曲梓萱：复仇这个题材在文学作品中出现得再频繁不过了，《哈利·波特》、《狮子王》、《哈姆雷特》、《琅琊榜》……而此部作品的主人公——眉间尺就是抱着复仇的使命诞生在这个世界上的孩子，这是毋庸置疑的一点。而关于这个神秘的黑色人，我在一篇文章中读到过类似的话，说黑色人是执行鬼魂之愿的行动者，最后自削头颅与眉间尺共同完成复仇大业。在丸尾常喜看来，"这个'黑色的'人，与《过客》里的'过客'、《孤独者》里的魏连殳等属于一个人物系列"，而自称"宴之敖者"的黑色人有着鲁迅自身的投影。这是中肯的理解。黑色人的确是一个鲁迅式的"个人主义"的典型形象："仗义，同情，那些东西，先前曾经干净过，现在都成了放鬼债的资本。我心里全没有你所谓的那些。我只不过要给你报仇。"

黄琪雯：两位同学在讨论中都强调了"鲁迅眼中的复仇分为两类"这个点。我想关于"复仇"，大家仍没有说到最重要的部分——我便捎带着人物形象一并说了吧——黑色人是谁？他既然用了宴之敖的名字，自然就是这篇文章中鲁迅的人格了（好啊，学习到现在以来我们都已对此见怪不怪）。但这个"人格"又与以往故事中的人格不一样！诚如之前小组成员所说过的，黑色人是一个近乎理想化的人格——一改《搜神记》中传统的侠客形象！你不知他从何而来，为何而来，身上似乎只宿命般地背负着"复仇"的任务，最后也为了帮眉间尺复仇断头而死。

不知是否有人想过：为什么我们都说《搜神记》虽是传奇小说的鼻祖，却并不提倡人们去读它（甚至，这就是严锋所认为的"不必读的书"的一个鲜明例子）？原因正是人物形象的刻板与经不起推敲！鲁迅的《铸剑》是保留了原文的荒诞奇诡，又塑造了更丰满且意有所指的人物，并重新赋予"复仇"意义的大成之作。其中的"黑色人"似乎被剥离了身份与真实性，却恰恰是在抽丝剥茧之后成了一种"精神"！所以他的一切言语都可以被接受，一切复仇都可以被理解——他是那个复仇的、"横眉冷对千夫指"的鲁迅！

那么，眉间尺的形象又是怎么样的？通过查阅史料我们知道，这个名字最初来自《孝子传》，可见眉间尺的形象最初就被固化为一个"孝子"——他在《搜神记》中非常扁平，说砍头就砍头，说复仇就复仇，没有任何情绪波澜，也没有任何成长过程，到最后，几乎是将自己完全寄托在一个素昧平生的侠客身上。而在《铸剑》——恰恰与被简洁化了的黑色人相反，眉间尺的形象被大大丰富了：他优柔寡断，面对一只老鼠会迸发出人类最原本的善恶爱恨（这是眉间尺第一次在爱与恨之间徘徊）；他当然富有孝心，为父亲报仇是他的宿命；他一定仍然是个好人，所以会悄悄藏起剑锋害怕伤人；而面对耍无赖的干瘪脸少年（这也是个极有趣的人物形象，他似乎是许多想占便宜、拣软柿子捏的中国老百姓的"典范"），他的不知所措亦在说明，他那优柔的性子果然没有凭一桩他从未亲身经历的仇或一柄世间难得一见的剑就改变。

眉间尺最后将自己的头果断地砍下来，是一个在《搜神记》中只为营造传奇小说特有气氛而在《铸剑》中被升华了的情节：在这一刻眉间尺身上同时存在着强烈交融的"爱"与"恨"。"爱"便是"善"、便是"信"，他是因此才完全地相信了黑色人；恨是他对复仇的渴望，他对失败的憎恶，也是对自己优柔寡断的大失所望——就算在离开家门前他仍然是个感情丰富的少年，在十六岁成人的那一天他便也只为了父辈的"恨"而存在。他似乎是难得一见的有意识地将自己扁平化了的人物。这样开启的复仇是如此势单力薄甚至注定失败，就平添了几分悲剧的意味。小组曾在讨论中认为鲁迅也在眉间尺身上安放了自己的人格，我想这还是有一定道理的：他通过这宿命式的悲剧在最后一次做出了毫不犹豫、毫不优柔寡断的决定，将自己转换成了另一个更加精简的、没有过多情感的冷人格上。这是先生面对政治的大波动与国家的大波动做出的决定——但他心里又该怀念着年轻的眉间尺吧？他年轻，充满"善"。而自己现在显露在外的宴之敖人格就失去了这些，甚至因此而"憎恶了自己"。

——言归正传：复仇的主体由眉间尺转向了黑色人。"爱"的戏份在这个传奇故事中基本就终结了。剩下的唯有"恨"。唯有"复仇"（碍于字数，关于王的形象、狼的形象与诸多妃子大臣的形象我便不再赘述了，其余小组已经讲得足够好）——想想看，两个头颅在滚水中互相撕咬时周围人都在做什么呢？他们当然害怕，当然惊恐，可竟还有一种"隐秘的大欢喜"！由此也可以见得，他们对这复仇是默许的，他们对王所怀有的感情也只是深埋于心底的"恨"而已。

鲁迅写《铸剑》里的复仇，是深深剖析开了复仇的内涵：复仇主体的转换即情感的转换；旁观者的态度又是辨别是非的标杆。而若这标杆一时没有了该怎么处理爱与恨在复仇之中的转换呢？或许在《铸剑》过后，这是另一个需要我们思索的问题。

（二）"关"

曲梓萱：老子并没有希望自己的道义被百姓发现，自己的追求被众人理解，这一点从鲁迅笔下流露出了惋惜之情。鲁迅当时弃医从文只为从内在拯救中国这个国家，那种知音难寻、不被理解的孤独也同样不能被理解。"文章结尾的对话，让人感受得到一种悲哀的冷寂。言，要说给懂的人听；道，却是要讲给民众的。可他心里知道，民众不懂。将他所秉承的思想说给顽石听，顽石点头了，点过之后，依然是顽石。一条只有自己笃定相信的路，只有他一个行色匆匆的路人，穿过树影如牢狱的山谷，跋涉过深而远的路径，临渊而立，本想能瞥见天际浮现的微微光亮，却只看到了漫无边际的孤独黑暗。"

沈梓云：一些杂感。这哲学便是鲁迅要一力嘲讽的道家所谓的"无为无不为"，在他看来，这徒作空言的空谈家，要无不所为，就只好一无所为了，而且仅仅是一无所为。对于道家或者传统思想，鲁迅提出了他的批判"我们是否可以从另外一个方式来完成自我批判，完成我们未完成的方案"。

黄琪雯：《出关》一文，小组其实并没有花费太多时间讨论，但这其实是很值得去讲的一篇小说。毕竟即使是鲁迅，也很少为自己的文章遭到错误理解而在报上撰文发声反驳的。

这文章便是《〈出关〉的"关"》。

我们先看原文，不难发现鲁迅设置了一个世人向来津津乐道的情节——儒与道的碰撞。再仔细看，也不难发现他是将孔子设置成了一个偏向反面的形象：一心想要"上朝廷"，悟通了老子教他的道理后竟然还起了杀心，想将老子除去！这里当然是用了整部《故事新编》中都存在的油滑笔调。而老子的人物设置则显得有些模糊，甚至因此在当时还闹出过诸多错误解读，最后引得鲁迅自己发声：

　　……

　　一种，是以为《出关》在攻击某一个人。

　　……

　　还有一种，是以为《出关》乃是作者的自况，自况总得占点上风，所以我就是其中的老子。

　　毫无疑问，两种解释都被鲁迅否定了，并认为这是"把我原是小小的作品，缩得更小，或者简直封闭了"。那么老子到底是个怎样的人？鲁迅既然不同意第二种说法，似乎也是在侧面讲到老子不是一个"凄惨"的人物（这点极其有趣，一位邱先生直截了当地在读后感中写道："……至于读了之后，留在脑海里的影子，就只是一个全身心都浸淫着孤独感的老人的身影。我真切地感觉着读者是会坠入孤独和悲哀去，跟着我们的作者……"于是鲁迅在文章中批道："这一来真是非同小可，许多人都'坠入孤独和悲哀去'，前面一个老子，青牛屁股后面一个作者，还有'以及像鲁迅先生一样的作家们'，还有许多读者们连邱韵铎先生在内，竟一窝蜂似的涌'出关'去了。但是，倘使如此，老子就又不'只是一个全身心都浸淫着孤独感的老人的身影'，我想他是会不再出关，回上海请我们吃饭，出题目征集文章，做道德五百万言的了。"）我想的确是如此的：看老子虽然多次被以呆木头形容，与孔子的两次对话更是一模一样，照搬而已——但他真的"呆"吗？当然不是，他能够一眼看出孔子的问题所在，并通过比喻的手法轻松开导他明白"道"，甚至能敏感地发觉孔子的杀意并明哲保身；他在出关时似乎只是为了应付而随口胡编，最

298

后《道德经》竟也的确成了一部史诗巨著！"呆若木鸡"的原典也好，"心如槁木"也好，总而言之老子是小说中唯一一个真正具有大智慧的人物，在孔子之上。

关于老子，鲁迅自己就又花了不少篇幅："……至于孔老相争，孔胜老败，却是我的意见：老，是尚柔的；'儒者，柔也'，孔也尚柔，但孔以柔进取，而老却以柔退走。这关键，即在孔子为'知其不可为而为之'的事无大小，均不放松的实行者，老则是'无为而无不为'的一事不做，徒作大言的空谈家。要无所不为，就只好一无所为，因为一有所为，就有了界限，不能算是'无不为'了。我同意于关尹子的嘲笑：他是连老婆也娶不成的。于是加以漫画化，送他出了关，毫无爱惜……"我想道理大家自然都已明白，似乎也不再需要我去多解释些什么了。此外仍可一提的是，我认为关于老子的"柔"是隐晦地贯穿全文的：以舌头的比喻为起；又以走入流沙的隐喻为终。甚至可以说他在面对鲁迅先生这样"毫无爱惜"的"作弄"时，也似乎怀着一股从容避开的无奈。

关于爱与恨，孔子似乎只存在着忘恩的"恨"，老子则实实在在地无甚感觉。老子并未期盼过自己的学说被众人发掘、使用，但仍因为这学说本身的局限性而受到了批判。不过到最后他还是内化出了自己的感情，在走向流沙时心中一定又感到"孤独悲凉"之外的一些惬意，那便是"爱"。或许有人觉得像巡关人这类的百姓才是真正有着"爱"与"恨"的，不过这些都太肤浅，于这部史诗中也只能做些展示作者之油滑的边角料而已了。

三、杂感

沈梓云：关于《铸剑》的一些看法——"看客"。在最后充满戏谑意味的目光审视下，复仇的崇高被消解掉了，在看客面前复仇是必然无效、无意义的了。

卢颖：小说中其他的人物也很有意思。王是荒淫无道的，妃子弄臣们在王死后表面悲伤内心却有着秘密的欢喜。而民众却被蒙蔽，为暴君的死去流下泪，视眉间尺与黑色人为逆贼。这让眉间尺与黑色人的报仇看起来又少了一份意义。黑色人在报仇时唱到"我用一头颅兮而无万夫！彼用百头颅，千头颅……"他杀了暴君，似乎解救了千万老百姓，可那些被解救的人们却将他们视作逆贼。

黄琪雯：我本想细致讲讲眉间尺那些歌的，但这篇讨论似乎已经太长了些；而其他小组对其进行的总结我看了，觉得也十分充实完整——所以终于还是只简单讲一讲鲁迅先生的笔法吧。

这两篇故事，毫无疑问都十分有趣，又都有其特殊性。《铸剑》是书中唯一一篇改编自传奇小说的，自然比其余的神话故事又多了几分奇幻的意味，至于"眉间尺的头挨了五下咬，王的却已经挨了七下"之类的细致描写，是意图在虚幻中寻找现实（玩笑：中国魔幻现实主义之祖？），对读者造成了成倍的震撼——哪怕它没有那么多天神先天性就能营造气氛。"金鼎与歌声"是这篇小说中冲击最强的部分——黑色人的黑与清晰，滚水蒸烟的白与朦胧，金鼎的鲜艳与雍容，青剑的锋利与虚无；鼎里还跳跃着一个唇红齿白的孩子头，嘴里唱的也是一半有含义、一半无含义的歌词——种种交织成了存在与虚无的激烈碰撞，给读者以强烈的视觉冲击（这要求读者要有一点通感的天赋），结合"复仇"这个血淋淋的主题，便成就了整本书中最生动、最色彩斑斓的一篇小说。

而《出关》呢？正是从这篇小说开始，在神话传奇于《铸剑》达到顶峰之后，书中的故事都以古代圣人为主人公，未尝不可说是漫长的史诗了。庄子、墨子、孔子、老子，也只有在《出关》中才有两者同时出现的安排。而孔子之于老子，未必是"锋芒相对"，倒有点像是"针尖对面团"。在《出关》中鲁迅用回了"油滑"的笔法，而这种笔法比起放在孔子、老子这样真实存在的人身上，似乎比放在大禹、女娲身上少了许多违和感，"平淡"是没有的，趣味性与哲理性所吸引的注意力就更多了。要我说，从《出关》开始，《故事新编》中的篇目才真的将讽刺藏于无形了。

"万年青，它永久如是"
——"非攻"、"起死"与鲁迅
复旦附中 2020 届高一（4）班

讨论：黄胤羽、沈梓云、周龚鸣、黄琪雯、曲梓萱、卢颖

整理：黄琪雯

引言：《故事新编》的学习已经进入尾声，《非攻》与《起死》两篇压卷之作中，主要人物形象的设置充满戏谑泼辣味道，鲁迅对他们所持的态度似乎也正好是一正一反。最近几堂课上所学习的《药》，又似乎是从另外某个角度展现了鲁迅先生的思想……课本上鲁迅的文章将结束了，然而我们对先生与他的作品、他的精神的探索不会结束——万年青，它永久如是。

一、《非攻》

黄山上的松
黄胤羽

我们不难看出墨子在鲁迅先生笔下是一个极其正面的存在——他拥有当时为数不多的人所拥有的正义感以及难得的以天下为己任的责任心。相比起《起死》中庄子的略显丑恶的嘴脸，墨子更加是表里一致、为了践行自己的思想而不辞辛劳的人。

《非攻》这篇文章开篇便用了公孙高的形象与墨子的形象形

成鲜明对比——

公孙高辞让了一通之后，眼睛看着席子的破洞，和气地问道：

"先生是主张非战的？"

"不错！"墨子说。

"那么，君子就不斗么？"

"是的！"墨子说。

"猪狗尚且要斗，何况人……"

"唉唉，你们儒者，说话称着尧舜，做事却要学猪狗，可怜，可怜！"墨子说着，站了起来，匆匆的跑到厨下去了，一面说："你不懂我的意思……"

我将这样鲜明的对比影射到古往今来的所谓"伪知识分子"身上，这样看来，这篇文章便似乎拥有很强的讽刺意味。毫无疑问，鲁迅先生对只提出理论而不去实践的"思想家"总是持讽刺态度的，而这样的态度我们也不难从这一本《故事新编》最后的两篇文章——《非攻》与《起死》中看出来。

在鲁迅先生的笔下，庄子便是那样的"伪知识分子"及"伪思想家"——他对那浑身赤裸的汉子说这"衣服是不重要的存在"，而在汉子与巡士向他讨要衣物以遮羞时却百般推脱。

巡士——（搔着耳朵背后）这模样，可真难办……但是，先生……我看起来，（看着庄子）还是您老富裕一点，赏他一件衣服，给他遮遮羞……

庄子——那自然可以的，衣服本来并非我有。不过我这回要去见楚王，不穿袍子，不行，脱了小衫，光穿一件袍子，也不行……

巡士——对啦，这实在少不得。（向汉子）放手！

如此违背自己的思想的画面也并不少见，这样的庄子在鲁迅先生的笔下更多了一层虚伪的面纱，而与墨子形成了强烈的、鲜明的对比。

《非攻》是基于《墨子·公输》中墨子止楚攻宋的故事改变而得来的。其中，墨子本是鲁国人，与宋国与楚国可谓毫无关联，但他为了践行自己"非攻"的思想不堪困苦，一路行到公输班处劝阻也能够表明他对实践自己的思想的决心。而墨子的止楚攻宋又仿佛能够映射到先生的思想——"无穷的远方，无尽的人们，都与我有关"。这样的大怜悯与大爱——于是我在这里得出一个唐突的结论，鲁迅实质上是将自己影射在了墨子的身上。

文章开篇又描写了墨子与阿廉的对话——

"阿廉！你怎么回来了？"

阿廉也已经看见，正在跑过来，一到面前，就规规矩矩的站定，垂着手，叫一声"先生"，于是略有些气愤似的接着说：

"我不干了。他们言行不一致。说定给我一千盆粟米的，却只给了我五百盆。我只得走了。"

"如果给你一千多盆，你走么？"

"不。"阿廉答。

"那么，就并非因为他们言行不一致，倒是因为少了呀！"

"阿廉"这个名字又似乎是贯彻了鲁迅先生一贯的风格——在一个人物身上表现出性格的巨大反差。他又是与庄子相似的人，他以廉为名，而实质上却又做着些贪利的事情，他的性格是几乎所有人类的性格的鲜明代表——我们总是贪婪的。而读到这里，我便又联想起《奔月》中后羿听闻嫦娥吃了仙药羽化升天后的为自己考虑的丑恶嘴脸——于是他说，"改日再去向那道士讨要一些罢"；当然，提到贪婪也就不得不说《补天》中所有人类种族的丑恶嘴脸——基于这些拥有惊人相似性的事实，我仿佛能够说整个《故事新编》不遗余力地讽刺着我们所最熟知的人性——鲁迅先生总是做着一些我们深谙却又没有勇气去做的事情。

继续读下去，便能感受到先生对墨子性情的肯定——在听到耕柱子告诉他公孙高说他们"兼爱无父，像禽兽一样"时也只是笑了笑，宽容地转身离去。这里墨子的宽容大度便再一次与公孙高以及这句话的原作者孟子的拘泥小节以及心胸狭窄形成了强烈的对比，而基于这样的事实，我认为鲁迅先生在这篇文章里对儒家文化持反对态度。

而墨子更是率真而可爱的人。他拿走了耕柱子蒸好的窝头之后，是仿佛健忘又仿佛是不顾一切地拿起了包裹转身便"他只是走"。"就一起打成一个包裹。衣服却不打点，也不带洗脸的手巾，只把皮带紧了一紧，走到堂下，穿好草鞋，背上包裹，头也不回的走了。"这样的毅然决然，这样的不顾一切的"走"也正是先生所向往的、对自我思想的最高追求——我只要能够活下去，哪怕不着寸缕我也得去告诉别人我的思想、去劝说别人接受我的思想。这样的场景又仿佛与孔子周游列国的典故形成了鲜明的对比——一个真正需要的只是别人对他的思想肯定的人，是不需要如此多的繁文缛节、学生侍从甚至是如此多不必要的外在物质的。更何况，这两起事件都发生在战争的当口——春秋之乱还有楚国攻宋的紧要关口，而这样的鲜明对比又能够表现出先生对儒家、对孔子的态度——他的确是不甚喜欢这样的注重表面的文化。

既然谈到注重表面的文化，这里也不得不提到《出关》中要求老子讲学的官吏，还有《起死》中注重衣物、礼节以及他的漆园吏的身份的庄子。"慢慢的，慢慢的，我的衣服旧了，很脆，拉不得。"这样的话语听起来是多么的可笑呵！这样的人物与人物、文章与文章之间的鲜明的、强烈的对比又是对墨子精神的强烈赞美。

继续再往下读，便是先生对人们的麻木无知的痛恨。"然而大家被攻得习惯了，自认是活该受攻的了，竟并不觉得特别，况且谁都只剩了一条性命，无衣无食，所以也没有什么人想搬家。"这样的百姓不正是被欺压着的中国百姓吗！这样的如此明显的影射，在先生的笔下并不少见。这样的令人憎恶的描述也当然能够反映出先生对当时的整个民族的痛心——那时的街上是永远缺乏思想与灵魂的交流的、那时的人民是永远缺乏爱国的热情与自卫的思想的——这样地不让自己死去是不能被称为生活的，而也不是余华笔下的"活着"——那样命运悲惨的人至少能够找到生的希望，那样的人物至少是有生气的；而绝非这样地苟活——只为了存活而存活着的生命。而这篇文章的写作目的也仿佛更复杂了一些——它也要能够打醒曾经的中国人！

《非攻》这篇小说中还有一个先生着力刻画的人物——墨子的学生曹公子。曹公子形象像极了曾经的红卫兵的那些煽动人心的愚蠢话语——我们都去死！这样愚蠢的爱国当然也是不可取的，但至少他能够懂得一些墨子的思想——也或许是鲁迅的思想。所以在这篇小说中他并不令人憎恨，而只是让读者觉得他愚蠢罢了——哪怕是愚蠢地爱国，也是拥有者能够并且愿意奋起自卫的勇气，而这也比麻木不仁地苟活强多了。鲁迅先生并不喜欢这样的思想，于是文章中的墨子并没有挤进人群去招呼他，也当然没有义愤填膺地批评他——只是默默地走开了。当然我们也可以把这一点视作是墨子（鲁迅）的宽容，是伏尔泰式的："我尊重你说话的权利。"鲁迅永远尊重别人的观点——当然他也会孩子气地将不喜欢的观点叙说者写进自己的书——如顾颉刚先生与红鼻子者。

鲁迅先生在年轻时十分喜欢老子与庄子的言论，而在他愈来愈老之后却渐渐疏远、厌恶了起来——于是我这么认为，仿佛庄子与墨子联系起来之后便构成了鲁迅先生对老庄思想的态度，他

曾经喜欢那些虚无缥缈的东西，是像庄子与老子那样喜欢逍遥的境界、喜欢那样的大道的，而在他渐渐向死亡步去的过程中，他便是终于意识到了自己那些不切实际的思想的可笑——那样的天下大同、那样的逍遥是不可能做到的，那只是一些令人发笑的思想者的乌托邦式的幻想而已，但我们也无法否认这样的想法。这样的想法也是的的确确占据过一段时间在我们的脑海的，就像我们无法否认庄子的思想的确存在一样。我们厌恶却无法否认、消除这样的幻想——这也是鲁迅先生真实的性情——他从不否认一切他不喜欢的东西的存在。无论是存在于《药》中的愚昧无知以及封建迷信的思想，还是存在于《起死》中庄子的虚伪以及存在于整本书中的人性的丑恶，这样的无情的事实我们总是无法回避的——而这也是鲁迅先生的伟大所在——他总是能够直面我们不愿意面对的东西，并且迎击它们。

而在《非攻》中我们也可以说，鲁迅先生是用那些无知的百姓鞭挞着我们的——他总是渴望有人能够因此被唤醒心中的或许被暂时尘封了的雄狮，他也总是渴望着能够——总有一天——打死我们与生俱来的奴性。

这或许是整本《故事新编》存在的意义吧。从《补天》到《起死》，一篇篇故事越来越真实——它们从依附于传说而存在到只使用一个新的视角看待曾经所真实存在的故事，但他们都是讽刺着一些相同的东西——例如人性的丑恶或者是一些别的什么，但在每个主题中也存在一些令它们每个都无法被别的故事取代的内容，这也就是它们最独特的魅力。鲁迅先生是用自己的笔创造了一整个真实世界的人。

他的笔下所讽刺的东西的反面或许是他眼中最理想的世界的最主要因素。那里我们能够心无杂念地面对赤裸的身子；那里我们能够真正忠于爱情而非自己的利益；那里我们能够追寻自己所爱的灵魂的崇高；那里我们能够一心践行自己的思想而不被外物所困。这样的理性的确是另一个文学界中的乌托邦！但是反观现在的世界，已经故去了半个世纪多了，我们的世界还是充斥着先生笔下的为他所耻的东西——我们是无法摆脱我们所厌恶的人性的丑恶的。我暂且如此下结论。

我曾经写《故事新编》是我们古老的玫瑰，而今我却是想驳倒自己了。玫瑰的确是美的，但它太过娇弱，这样充满鞭挞的、这样威风凛凛的、这样令人扼腕的文章绝不会是玫瑰，它是我们的黄山岩壁上的松！是在平静的云雾中的智者，是风暴时的引领者与保护者。

我赞美松———如我赞美先生。

二、《起死》

（一）关于语言与沟通的思考

沈梓云：在阅读这篇小说时，最先吸引我的是庄子与汉子的对话。这个在庄子的施救下活过来的杨汉反反复复只在执着一件事——找回他的衣服、包裹、伞子。

庄子和汉子在对话，与其说是对话，更像是纠缠。

庄子——现在我们是周朝，已经隔了五百多年，还哪里去寻衣服，你懂了没有？

汉子——我一点也不懂，先生，你还是不要胡闹，还我衣服，包裹和伞子吧。

······

这样的对话，在文中重复了无数次。庄子和汉子都焦急得想要将内心的话扔出去，他们不停地在说，但是没有人听得明白。庄子和汉子就像是两个时代的人。他们在转变的沟通过程中，闭耳塞听，不愿接受别人的想法，活在了自己的世界里。

其实汉子对于庄子的救命之恩没有丝毫感谢（是祸还是福，

另当别论），而且几乎无法和庄子形成任何形式的沟通和交流。这是鲁迅"狂人"家族最典型的性格特点。所谓的"狂人"就是将自己封闭起来，与外界、与现实彻底决裂，与环境失去任何精神联系，与周围的人不再沟通，只有这样，狂人才能坚守自我。《长明灯》中的疯子，不论吉光屯中的人们怎样劝解他，即使是被囚禁起来，也丝毫不肯改变自己的信念，还有《聪明人和傻子很奴才》中的傻子无论是与奴才还是与聪明人都无法沟通，《狂人日记》中狂人对周围的人完全是怀疑、拒绝、否定的。即使是给他看病，在他看来也是给他捏一捏肥瘦，以便养胖了再吃。当一个人面对极大的神经质时，会产生极大的恐惧与不安。连狗也有了"吃我"的精神。

　　而在这篇文章中的汉子就是一个彻彻底底的狂人。在鲁迅的潜意识里，人如果不能和现实一刀两断的话，就总会在现实中消融，就像涓生和子君等人的命运一样。鲁迅说："世间有一种无赖的精神，那要义就是韧性。"这种"无赖的精神"就是《娜拉走后怎样？》中的青皮精神、与黑暗做捣鼓的性格。

　　这种精神不是理性而是一种激情，一种顽强而坚固的心理意志。鲁迅曾批评林语堂是"西崽"，"但我至今还相信是良言，要他与中国有益，要他在中国留存，并非要他消灭，他能更激进，那当然很好，但我看是绝不会的，我绝不出难题给他，不过另外也无话可说了"。这种观念差别只能看作是一种："彼亦一是非，此亦一是非。"

　　鲁迅的可贵之处，在于他永远可以制造诧异。鲁迅不断地在做语言突破，用狂人、庄子或是尼采的语言，不断突破语言本意。

　　梁实秋、胡适深知鲁迅与自己操着不同的语言系统，所以对鲁迅也是无从责怪的了。

（二）高尚与世俗？

周龚鸣：在这篇文章中，鲁迅塑造了一个"高尚"的庄子形象和一个起死回生后对自己的衣物念念不忘的汉子。在我看来，这篇小说的一个写作目的就是在塑造高尚和世俗的矛盾。庄子是思想家，有远大的思想和高尚的品德，而这些似乎可以涵盖一切的大道理，对于一个无衣蔽体的汉子来说其实一文不值。不管思想多深刻，没有衣服就是没有衣服，会被人唾弃就是会被人唾弃，何况思想又是一种虚无缥缈的东西，它真正的价值也说不清楚。对于普通人来说，其实最基本的生存就可以是一切了，他们似乎并不需要那些大道理、那些思想。同时我考虑了一下那些思想存在的意义，或许也只是为了让那些无力反抗的人进行精神安慰，如果真的用来治国、用来待人处事，似乎并不会给现实带来任何好处。同时在这两个人的对比之中，也让人感觉到，一味地追求精神高度是没办法活下去的，同时一味地只追求物质也是很傻的。

另外，在小说当中我还看到了一点。作者可能旨在表达出很多人学习这种老庄思想，只是为了让别人觉得自己很高深，从而达到觉得自己比别人高尚的目的，实际上呢，他们对这些思想并没有很深的研究，也不清楚他们的内涵。这对于老庄甚至很多思想家，都是一种悲哀。

黄琪雯：高尚与世俗的分界线到底在哪里？当这个脱胎于《庄子·至乐》又"继承"了《续金瓶梅》中情节的故事出世时，庄子就不再是那个飘逸的哲学家庄子，而是为了戏谑讽刺而生的滑稽戏主人公。

当隐士削尖了脑袋追名逐利，当一个普通的警察局长都对隐士如此熟悉，当庄子失去了"化为清风而去"的洒脱只剩下被拉扯衣服、吹响警笛求救的狼狈，就连"急急如律令"的法术也只是太上老君开玩笑的游戏——庄子不再高尚，而跌进了比汉子更

低的尘埃里。

三、杂感

周龚鸣：《药》给我的最直观的感受就是这篇文章写的是革命者不被理解的悲哀和凄凉，这种推翻统治、改换思想的行为注定是极其孤独无助的。而明明是为别人的生活而奋斗，却被当作"反动派"对待，实在令人心酸。

自我意识其实就是意识到自身的一些想法、行为等，简单点说就是对自己本身的了解。当时的百姓早已失去了自我意识。麻木不仁地为了抢口饭而活，不知道活出自己的意义，自己仿佛是为了统治者而活，而不是为了自己，连自己是一个人这一点都意识不到，完全意识不到自己在做什么、自己为什么做、自己想做什么，这是很悲哀的一点。

四、百年树人

黄琪雯：我们关于《故事新编》与鲁迅的学习终于要告一段落了。也许正如语文老师所说的——未来我们考上不同的大学学不同的专业，生活里只剩下有机与化学、股票与风险，再也不见李白、杜甫他们了。像鲁迅先生这般锐利的文字，也就更少被阅读。我向来觉得自己以后要去读中文系、要去当语文老师的，应当会继续接触鲁迅而且永远接触鲁迅——但其他人呢？我们的组员、我们的同班同学，以及更多更多的中国青年学生？

所以，我们开始了《故事新编》：我们热烈地讨论，严谨地查询资料，努力去触摸文字背后的那个鲁迅，而不仅仅是一个虚浮着的"伟人"、"斗士"。当一篇篇讨论出炉时，看着洋洋洒洒万余字，我知道我们做到了。最近我在准备鲁迅青少年文学奖的决赛，也就多读了一些关于先生的文字与故事——我、我们意识到，他是个完整的、立体的"人"，他的精神像万年青一样永远不变，永远是象征希望的灯盏，挂在中国人的心里。

　　我现在所想做的事情，正是将这盏灯挂稳当了，不管以后遇到怎样的风雨都不动摇。不管以后我们是否还有花费大量时间接触鲁迅，那盏灯、那些精神都不动摇。

　　我想，我们做到了。

图书在版编目(CIP)数据

云破月来：文本深读与语文核心素养 / 司保峰著
. —上海：东方出版中心，2019.9（2019.11 重印）
ISBN 978 - 7 - 5473 - 1514 - 9

Ⅰ.①云… Ⅱ.①司… Ⅲ.①中学语文课—教学研究
Ⅳ.①G633.302

中国版本图书馆 CIP 数据核字（2019）第 151330 号

云破月来：文本深读与语文核心素养

出版发行：东方出版中心
地　　址：上海市仙霞路 345 号
电　　话：(021)62417400
邮政编码：200336
经　　销：全国新华书店
印　　刷：上海万卷印刷股份有限公司
开　　本：890mm×1240mm　1/32
字　　数：238 千字
印　　张：10
版　　次：2019 年 9 月第 1 版　2019 年 11 月第 2 次印刷
ISBN 978 - 7 - 5473 - 1514 - 9
定　　价：59.00 元